부담없이 쉽게 정복하는 사물인터넷(IoT)을 위한 아두이노 프로그래밍

부담없이 쉽게 정복하는 사물인터넷(IoT)을 위한

아두이노 프로그래밍

정보권 지음

홍릉과학출판사

머리말

이 책의 출판에 앞서 마이크로컨트롤러 ATmega128(시뮬레이터로 쉽게 배우고 아두이노로 정리하기)에서 아두이노를 언급한 적이 있다. 저자가 마이크로컨트롤러 관련 책에서 아두이노를 언급한 데에는 이유가 있었다. 관련 전공자를 포함해서 많은 사람들이 마이크로컨트롤러를 배우고 그것을 적용하여 구현하거나 개발하는 것에 어려움이 있다는 것을 현장에서 경험했기 때문에 프로토타이핑에 유리한 오픈소스 하드웨어인 아두이노가 널리 활용되길 기대했다.

아두이노 보드에 장착된 마이크로컨트롤러는 Microchip사(구 Atmel사)의 마이크로컨트롤러이다. 즉 제어 원리는 동일하기 때문에 마이크로컨트롤러의 내부 컨트롤러 동작 원리와 제어 방법을 하나씩 배워서 구현하는 것보다 아두이노를 통해 내가 생각한 아이디어가 구현 가능하거나 적합한지 우선 만들어 보고 그 다음 필요하다면 마이크로컨트롤러를 배워도 된다는 조언을 많이 해왔다. 예를들어 마이크로컨트롤러를 이용해서 시리얼 통신을 구현하기 위해서는 마이크로컨트롤러 내부의 시리얼 통신 관련 레지스터의 정확한 설정과 동작 구현을 위한 프로그램 코드를 모두 작성해야 한다. 하지만 아두이노에서는 시리얼 통신 설정 코드 한 줄과 몇 가지 함수(명령)를 익히면 된다. 아두이노는 분명히 쉽다. 그리고 자료도 풍부하기 때문에 조금만 관심을 가지면 빠른 결과물을 만들어 낼 수 있다.

아두이노에 대한 관심이 높아지면서 많은 사람들이 기발한 아이디어가 녹아든 프로젝트 결과물들을 매일같이 만들어내고 그것을 소개하고 있다. 점점 공학적 기반이라는 기존의 진입 장벽이 둔화되고 있고 이 분야에 관심을 가진 이들에게 무한한 가능성을 아두이노가 열어주고 있다.

우리가 생각하는 아이디어들은 대부분 공학을 접목해야 하는 경우가 많다. 그런데 그것을 어떻게 접근하고 구현할 것인가에 대한 해답을 찾지 못하고 아이디어로만 남는 경우가 많다. 내가 생각하고 고민하는 것들은 이미 또 다른 사람들이 동일하게 고민하고 그것을 구현하기 위해서 노력하고 있다. 그리고 그 노력의 산출물들이 오픈 프로젝트로 공개된 경우도 많고 구현된 프로젝트를 친절하게 단계별로 소개하고 개발에 필요한 모든 것을 공개하여 많은 사람들이 그것을 모방하고 좀 더 개선된 프로젝트로 발전될 수 있도록 하고 있다. 세상은 점점 이렇게 "내 것"이라는 개념에서 점점 "우리 모두의 것"으로 그 가치를 확장하고 있다.

이미 웹 상에 아두이노와 관련된 모든 것이 있기 때문에 어떻게 아두이노를 새롭게 소개할 지에 대한 고민이 많았다. 난무하는 정보 속에서 차별성과 새로움에 대한 가치를 한국형 아두이노인 오렌지 보드를 기반으로 쓰인 책이라는 점에 두고자 한다. 그리고 너무 쉽거나 또는 너무 어렵지 않게 아두이노의 기본 활용 방법을 소개하는 것을 목표로 쓰여졌고 입문 단계에서 중요하고 필수적인 내용들을 다루고 있다.

처음부터 순서대로 따라하는 방식도 좋지만 자신이 필요한 부분만 참고하는 것도 괜찮다. 기본 개념을 이해한 뒤 인터넷을 통해서 관련된 다른 프로젝트를 참고하여 가능하면 많은 예제들을 따라해볼 것을 추천한다. 오랜 시간동안 고민한만큼 이 책이 아두이노를 시작하는 분들에게 든든한 길잡이 역할을 하길 기대한다.

한국형 오픈소스 하드웨어 보급의 선봉에 있는 네패스 코코아팹, 그리고 실무에 계신 유현국 팀장님과 우종현, 오민석, 권현중의 격려와 아낌없는 지원에 감사 드리며, 묵묵히 기다려주시고 지원을 아끼지 않으신 홍릉과학출판사의 우명찬 사장님 그리고 여러 번의 교정 작업 및 편집 작업 때문에 고생하신 박찬혁 과장님께 감사의 인사를 올립니다.

불혹 이후의 지적 성장과 삶의 변화에 도움을 주신 서울과학기술대학교의 이학연 지도 교수님, 윤문에 많은 도움을 준 고상준에게 고마움을 전합니다.

차례

01 아두이노(Arduino) 소개 / 14

1-1. 아두이노란? 16

1-2. 아두이노 우노(UNO) 보드와 오렌지 보드 18

1-3. 아두이노 개발 환경 20

1-3-1 아두이노 통합 개발 환경 설치 / 21

1-3-2. 아두이노 통합 개발 환경(IDE) 실행 / 25

02 아두이노 출력 이해하기 / 36

2-1. LED 깜박임 예제를 통해 디지털 출력 이해하기 38

2-2. PWM을 이용한 LED 밝기 제어하기 42

2-3. 여러 개의 LED 상태 제어하기 46

2-4. 시프트레지스터를 사용하여 LED 제어하기-1 47

2-5. 시프트레지스터를 사용하여 LED 제어하기-2 54

2-6. RGB LED 제어하기 59

2-7. 릴레이로 LED 제어하기 63

03 아두이노 입력 이해하기 / 68

3-1. 두 개의 점퍼 케이블로 스위치 실습하기 70
3-2. 푸시 버튼으로 디지털 입력 이해하기-1 72
3-3. 푸시 버튼으로 디지털 입력 이해하기-2 74
3-4. 3색 RGB LED를 연결하여 무지개색 표현하기 77

04 아두이노 시리얼 통신 / 84

4-1. 시리얼 통신 86
4-2. 시리얼 통신으로 LED 제어하기 88
4-3. 시리얼 통신으로 여러 개의 LED 제어하기 90

05 센서 활용하기 / 98

5-1. 피에조 부저 100
5-1-1. 사이렌 효과음 만들기 / 100
5-1-2. 멜로디 만들기 / 102
5-2. 광 센서 104
5-3. 온도 센서 109
5-4. 온도 · 습도 센서 113
5-5. 토양 수분 센서 120
5-6. 초음파 센서 124
5-7. 기울기 센서 129

5-8. 적외선 근접 센서 131

5-9. 3축 가속도 센서 133

06 모터 활용하기 / 138

6-1. DC 모터 140
6-1-1. DC 모터 동작 / 140
6-1-2. 시리얼 통신으로 DC 모터 속도 조절하기 / 144

6-2. 서보 모터 146
6-2-1. 일정한 각도로 서보 모터 동작 / 148
6-2-2. 포텐셔미터에 연결된 서보 모터 / 149

6-3. 스테핑 모터 151

07 디스플레이 활용하기 / 154

7-1. FND(Flexible Numerical Display) 158
7-1-1. FND에 숫자 3 표시하기 / 163
7-1-2. 0에서 9까지 숫자 카운터 표시하기 / 165

7-2. LCD(Liquid Crystal Display) 168
7-2-1. LCD에 문자열 표시하기 / 170
7-2-2. LCD의 두 번째 줄에 숫자 표시 / 178
7-2-3. LCD에 사용자 정의 문자 표시하기 / 179

08 무선 통신 / 180

8-1. 블루투스(Bluetooth) 184

8-1-1. HC-06 블루투스 모듈 / 187
8-1-2. 스마트폰과 오렌지 보드를 블루투스로 연결하여 대화하기 / 188
8-1-3. 스마트폰과 오렌지 보드를 블루투스로 연결하여 LED 제어하기 / 198

8-2. 지그비(Zigbee) 통신 202
8-2-1. XBee 모듈과 실드(Shield) / 204
8-2-2. XBee 모듈 연결과 XCTU 설치 / 206
8-2-3. XCTU를 이용한 XBee 모듈 설정과 통신 테스트 / 213
8-2-4. XBee 모듈, XBee 실드, 오렌지 보드 연결 / 221
8-2-5. XBee 실드와 XBee USB 어댑터를 사용한 XBee 1:1 통신 실습 / 223
8-2-6. XBee 실드 두 대를 활용한 XBee 1:1 통신 실습 / 226

8-3. 와이파이(WiFi) 232
8-3-1. ESP8266 / 234
8-3-2. ESP8266 ESP-01 모듈의 환경 설정 / 236
8-3-3. AT 명령 설정 / 241
8-3-4. ESP8266 ESP-01 모듈을 이용한 LED On/Off / 250

09 디지털 통신 인터페이스 / 258

9-1. SPI 통신 260
9-1-1. SPI 통신 개요 / 260
9-1-2. SPI 통신 라이브러리 / 263
9-1-3. 오렌지 보드 간 SPI 통신 / 266

9-2. I²C 통신 271
9-2-1. I²C 통신 개요 / 271
9-2-2. I²C 동작 원리 / 272
9-2-3. I²C 통신 라이브러리 / 273
9-2-4. 오렌지 보드 간 I²C 통신 / 277

10 인터럽트 / 280

10-1. 아두이노의 외부 인터럽트 285
10-1-1. 아두이노 인터럽트 라이브러리 / 287
10-1-2. 오렌지 보드에서 외부 인터럽트 요청 0 실습 / 290

10-2. 아두이노의 타이머 인터럽트 291
10-2-1. MsTimer2 라이브러리 / 294
10-2-2. 오렌지 보드에서 8비트 타이머 인터럽트 실습 / 295
10-2-3. TimerOne 라이브러리 / 298
10-2-4. 오렌지 보드에서 16비트 타이머 인터럽트 실습 / 302

11 인터넷 연결 / 308

11-1. 사물인터넷(IoT)과 이더넷(Ethernet) 310

11-2. 네트워크 관련 용어 311
11-2-1. IP 주소 / 311
11-2-2. NAT / 312
11-2-3. MAC 주소 / 312
11-2-4. TCP와 UDP / 313
11-2-5. DHCP / 314
11-2-6. HTTP / 314
11-2-7. HTML / 315

11-3. 아두이노 이더넷 실드(Arduino Ethernet Shield) 315

11-4. 인터넷 연결하기-클라이언트 316

11-5. 인터넷 연결하기-서버 327

12 나의 첫 번째 아두이노 프로젝트 / 334

12-1. 블루투스로 움직이는 무선 탱크 만들기 336

12-1-1. 1/35 스케일 2채널 RC 탱크 모형 / 336

12-1-2. 아두이노 L293 모터 실드 / 338

12-1-3. HC-06 블루투스 모듈 / 344

12-1-4. 스마트폰 어플 'BlueStick control' / 349

12-1-5. 전원 공급 / 351

12-1-6. 추가 작업 / 352

12-2. LED 전자 주사위 만들기 354

12-3. 온도와 습도가 표시되는 디지털시계 만들기 362

부록 1. ATmega328P 데이터시트 374

부록 2. 오렌지 보드 회로도 376

부록 3. 오렌지 보드 핀 배치도 378

부록 4. HSG & JK Electronics 실습 보드 380

찾아보기 / 383

01

아두이노(Arduino) 소개

학습목표

- 아두이노를 설명할 수 있다.
- 아두이노 통합 개발 환경을 설치하고 사용할 수 있다.

1-1. 아두이노란?

이탈리아 북부에 위치한 이브레아(Ivrea)의 인터랙션 디자인 전문학교인 IDII(Interaction Design Institute Ivrea)에서 인터랙션 디자인 교육을 위해 마이크로컴퓨터 보드와 통합 개발 환경(IDE, Integrated Development Environment)으로 구성된 오픈소스 피지컬 컴퓨팅 플랫폼을 개발하는 프로젝트가 진행이 되었다. 2005년에 마시모 밴지(Massimo Banzi)와 다비드 쿠아르티에예스(David Cuartielles)가 앞서 개발된 와이어링(Wiring) 플랫폼보다 더 간략하면서 저렴한 비용으로 제공될 수 있도록 개선하였고 이탈리아어로 "절친한 친구"라는 의미를 가진 아두이노(Arduino)라는 이름으로 발표하였다.

아두이노 보드의 외형은 손바닥 위에 올라가는 명함만한 작은 크기의 기판에 마이크로칩사(구. Atmel사) 8비트 AVR 마이크로컨트롤러를 장착한 형태로 누구나 쉽고 빠르게 뭔가를 만들어낼 수 있도록 설계되어 있다. 마이크로컨트롤러 제어를 공부하거나 경험해본 사용자라고 해도 각종 센서나 모터 등의 소자들을 원하는 대로 제어하고 활용하는 것은 쉽지 않다. 하지만 아두이노를 이용하면 각종 센서류나 다양한 장치들을 쉽게 제어하고 활용할 수 있다.

[그림 1-1] 아두이노 우노(UNO)와 동전 사이즈 비교

아두이노의 개념에는 아래와 같은 구성 요소를 포함하고 있다.

> 아두이노(Arduino) = 하드웨어 + 소프트웨어 언어 + 아두이노 IDE + 웹사이트(워크숍)

아두이노 통합 개발 환경에서 컴파일 된 프로그램 또는 프로젝트는 별도의 추가 장치 없이 USB 케이블을 이용해서 쉽게 아두이노 보드로 업로드 할 수 있으며 직접 프로젝트를 개발하지 않아도 웹에 공개되어 있는 수많은 프로젝트를 이용하여 자신만의 창조적인 융합 프로젝트로 새롭게 만들어 낼 수 있다. 그리고 아두이노는 전자공학 지식이 부족하거나 프로그래밍에 대한 경험이 전혀 없는 디자이너나 예술가들을 비롯하여 마이크로컨트롤러를 처음 배우고자 하는 모든 이들에게 테크놀로지(Technology)를 연결해주는 역할을 한다.

"디자인을 말로 설명하기보다는 직접 만드는 것에 기반을 두고 있다"는 아두이노의 철학처럼 다양한 예제를 직접 만들어보며 손을 통해 창의적인 프로젝트를 생각하기 바란다.

아두이노를 시작하기 위한 가장 기본적인 준비물은 다음과 같다.

- 아두이노 우노(UNO. ATmega328P) 또는 다른 종류의 보드
- 아두이노 통합 개발 환경(IDE) 또는 Atmel Studio 7.x
- 컴퓨터와 아두이노를 연결할 USB 케이블

아두이노의 하드웨어와 소프트웨어는 라이선스가 완전히 공개되어 있어 사용자가 직접 만들 수도 있다. 하드웨어의 경우 [그림 1-2]처럼 아두이노 웹사이트에서 볼 수 있는 다양한 종류의 공식 아두이노 보드 외에도 공개된 회로도를 기반으로 변형된 호환 보드가 많이 개발되어 전 세계적으로 매우 다양한 이름으로 판매되고 있다. 하지만 외형은 달라도 기본적으로 같은 개발 툴과 라이브러리를 사용해서 프로젝트를 만들 수 있기 때문에 사용자는 쉽게 구할 수 있고 자신이 구현하고자 하는 프로젝트에 가장 적합한 보드를 선택하면 된다.

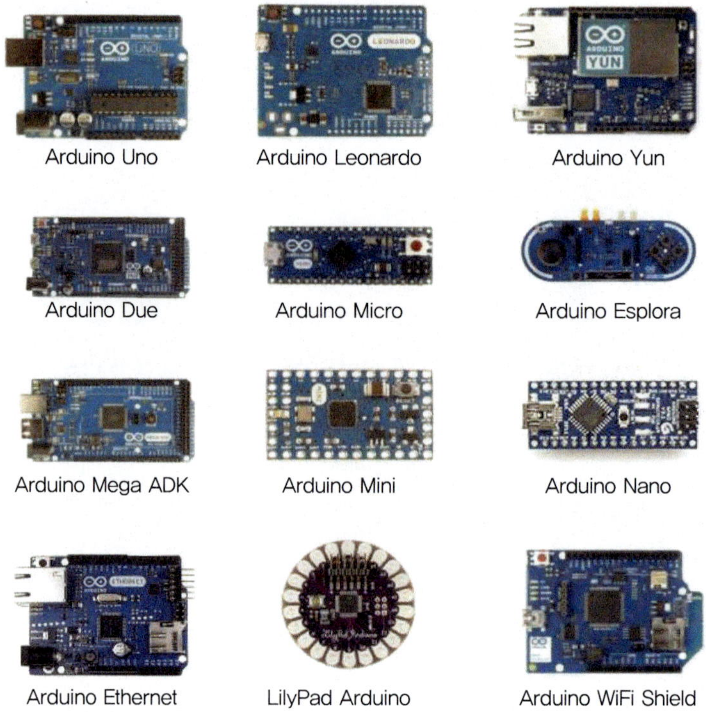

[그림 1-2] 다양한 공식 아두이노 보드

1-2. 아두이노 우노(UNO) 보드와 오렌지 보드

아두이노 우노 보드에는 마이크로칩사의 8비트 ATmega328P 마이크로컨트롤러가 장착되어 있으며 14개의 디지털 입 · 출력 핀들(이 중 6개는 PWM 출력으로 사용 가능)과 6개의 아날로그 입력 핀, 16 MHz 크리스탈 오실레이터, USB 연결, 전원 잭, ICSP 헤더와 리셋 버튼을 가지고 있다. 우노 보드는 기존 보드들과 달리 FTDI USB 직렬 드라이버 칩(USB-to-serial driver chip)을 사용하지 않고 대신 ATmega16U2에서 USB 직렬 변환(USB-to-serial converter)을 하도록 되어 있다.

그림 1-3 아두이노 UNO 보드 주요 부분

주요 특징

- 마이크로컨트롤러(Microcontroller) : ATmega328P
- 동작 전원 : 5 V
- 입력 전압(권고) : 7 V ~ 12 V
- 입력 전압(제한) : 6 V ~ 20 V
- 디지털 입 · 출력 핀 : 14개 (이 중 6개 핀 PWM 출력 기능)
- 아날로그 입력 핀 : 6개
- 입 · 출력 핀의 DC 전류 : 40 mA
- 3.3 V 핀의 DC 전류 : 50 mA
- 플래쉬 메모리(Flash Memory) : 32 KB, 이 중 부트로더 0.5 KB 사용
- SRAM : 2 KB
- EEPROM : 1 KB
- 클록 속도(Clock Speed) : 16 MHz

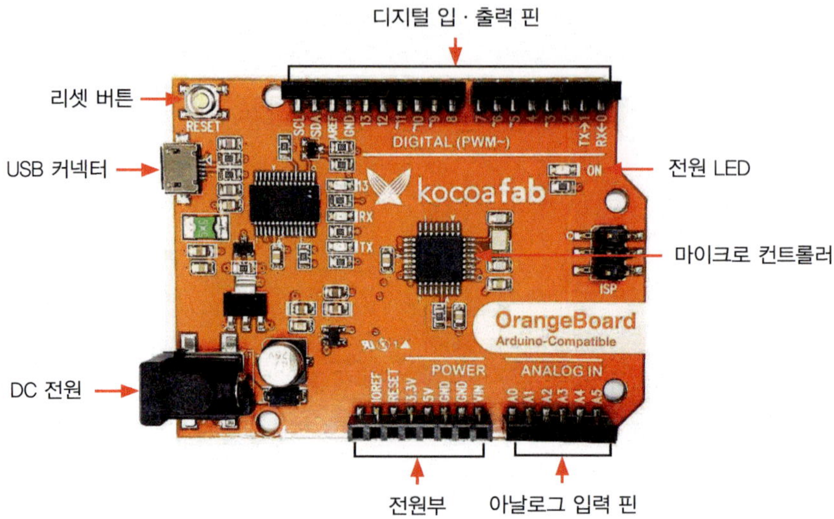

[그림 1-4] 코코아팹의 오렌지 보드 주요 부분

본 도서에서는 아두이노 우노 보드와 호환되는 코코아팹(kocoafab)의 오렌지 보드(Orange Board)를 기반으로 모든 예제를 설명한다. 모든 내용이 오렌지 보드 중심으로 설명되어 있지만 아두이노 또는 아두이노 보드라는 표현이 오렌지 보드로 바뀐 것뿐이며, 모든 내용은 오렌지 보드가 아닌 다른 종류의 아두이노 보드에 적용할 수 있다.

[그림 1-3]과 [그림 1-4]를 통해 아두이노 우노 보드와 오렌지 보드에서 외형상 변경된 부분을 보면 마이크로컨트롤러가 DIP(Dual In-line Package) 타입에서 SMD(Surface Mount Device) 타입으로 변경되었고, USB 커넥터 타입이 최근 표준으로 많이 사용되는 마이크로 5핀으로 변경된 점이다.

1-3. 아두이노 개발 환경

최신 통합 개발 환경 소프트웨어를 설치하고 PC와 오렌지 보드를 연결한 뒤 기본 예제 프로그램을 업로드 하여 기본 예제 프로그램의 실행 결과를 확인한다. 이 과정을 통해서 아두이노 개발 환경과 실습 과정을 이해하도록 한다.

1-3-1. 아두이노 통합 개발 환경 설치

❶ 아두이노 홈페이지(www.arduino.cc)로 접근한다. 메인 페이지에서 상단의 소프트웨어(SOFTWARE)-다운로드(DOWNLOADS) 메뉴를 클릭한다. 메인페이지 디자인은 언제든지 바뀔 수 있으며, 웹페이지의 디자인 변경과 상관없이 필요한 소프트웨어를 찾아서 다운로드 할 수 있어야 한다.

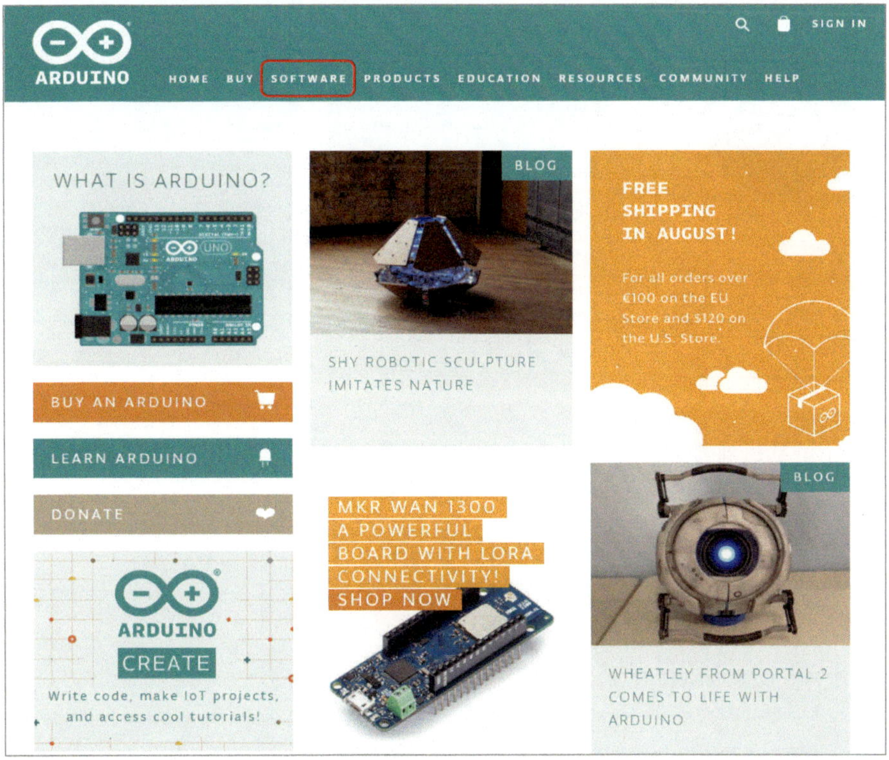

[그림 1-5] 아두이노 공식 홈페이지 메인

❷ 사용자의 운영체제에 맞춰서 다운로드 한다. 사용자의 운영체제가 윈도우인 경우 인스톨러(Installer) 파일이나 압축 Zip 파일 형태 중에서 선택한다. 본 도서에서는

윈도우 환경의 인스톨러 파일을 기준으로 설명한다. 압축 파일의 경우 설치 과정 없이 압축 파일을 푼 뒤에 아두이노 통합 개발 환경을 바로 사용할 수 있다.

소프트웨어 다운로드 시 아두이노 발전을 위한 기부금을 자율적으로 지불할 수 있으며 기부를 원하지 않을 경우 "JUST DOWNLOAD"를 클릭하여 소프트웨어만 다운로드 한다.

아두이노 통합 개발 환경의 경우 수시로 업데이트 되고 있기 때문에 소프트웨어 최신 버전은 아두이노 홈페이지에서 확인하도록 한다.

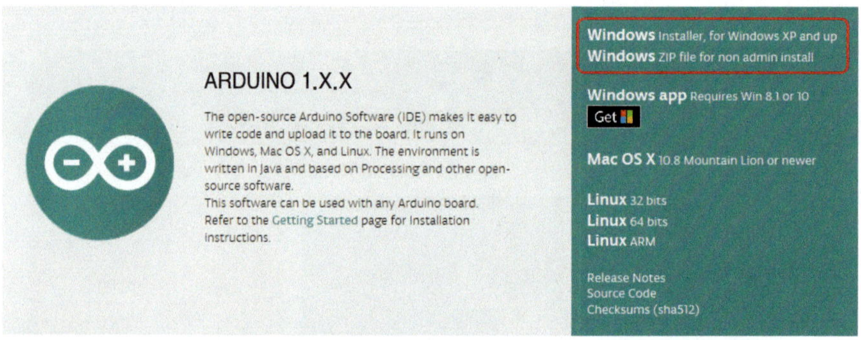

[그림 1-6] 아두이노 개발 툴 다운로드

❸ 설치 첫 단계에서 라이선스 동의 창이 뜨면 'I Agree' 버튼을 눌러 동의를 한다.

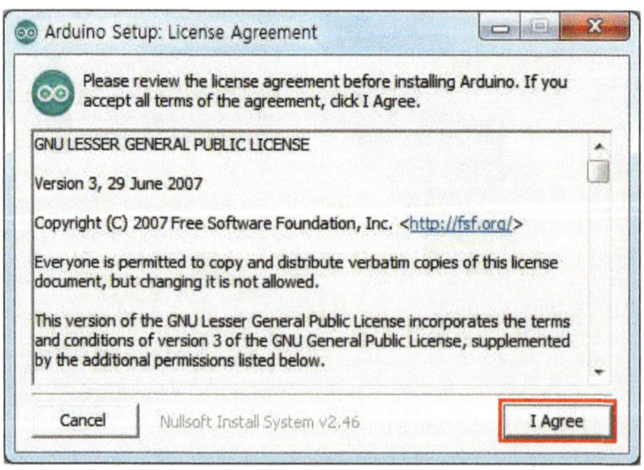

❹ 설치 옵션을 선택하는 창에서 특별한 경우가 아니면 모두 체크되어 있는 상태로 'Next' 버튼을 클릭 한다. 체크 옵션의 내용은 아두이노 소프트웨어 설치(체크 해제 안됨), USB 드라이버 설치, 시작 메뉴와 바탕화면에 바로가기 아이콘 생성, .ino 아두이노 스케치 파일 연결 옵션이다.

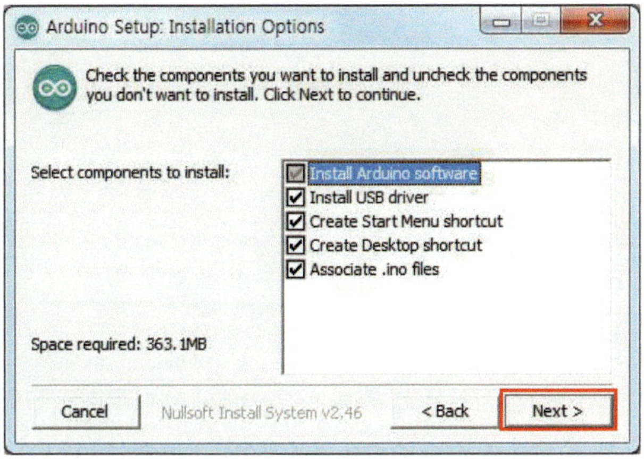

❺ 설치 폴더를 지정하는 창이 뜨는데 이 단계에서 마찬가지로 특별한 경우가 아니라면 기본 설치 위치에 그대로 두고 'Install' 버튼을 클릭한다.

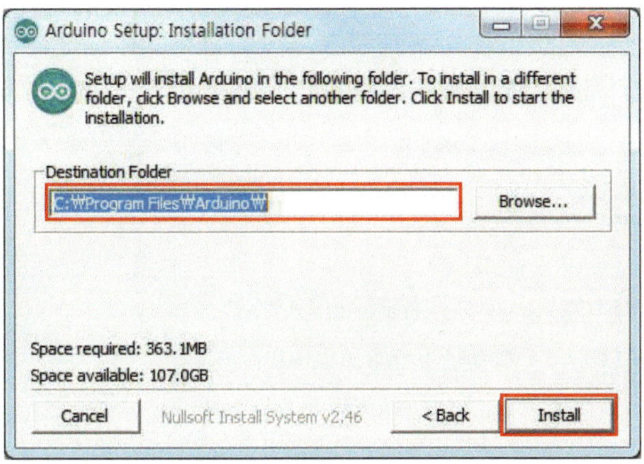

❻ 설치 완료 창이 뜨면 'Close' 버튼을 눌러 창을 닫는다.

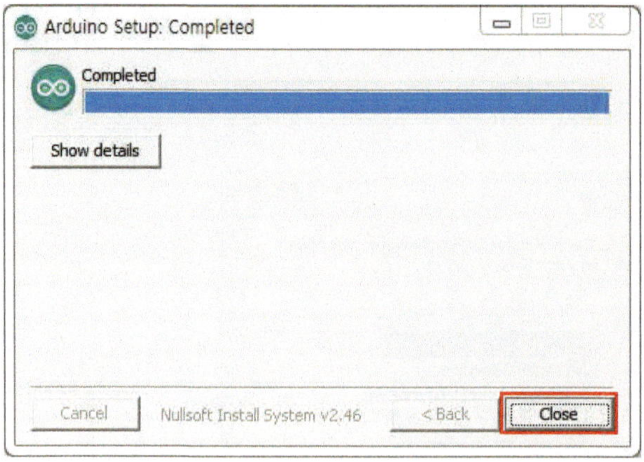

❼ 아두이노 소프트웨어를 처음 설치하는 경우 마지막 단계에서 아두이노 USB 드라이버 설치 창이 뜬다. 이 창에서 **"Arduino srl"의 소프트웨어는 항상 신뢰(A)**에 체크를 한 뒤 '설치' 버튼을 클릭한다.

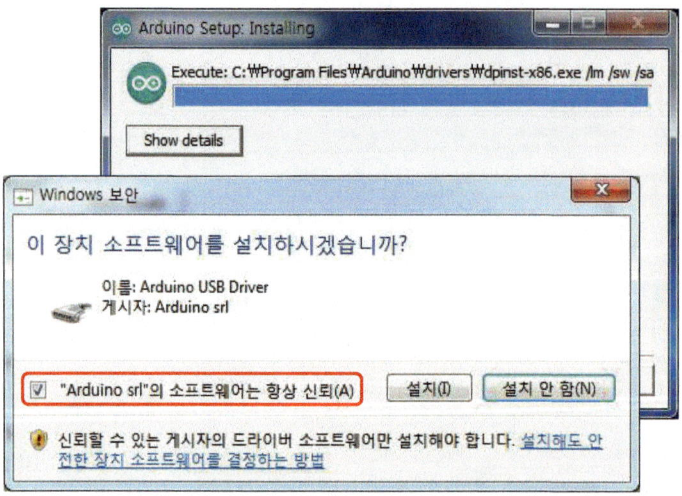

1-3-2. 아두이노 통합 개발 환경(IDE) 실행

❶ PC와 오렌지 보드를 USB로 연결한다. 아두이노 IDE를 설치하는 과정에서 아두이노 USB 드라이버를 함께 설치했기 때문에 장치 간 연결되면 자동으로 장치 드라이버 소프트웨어를 설치한다.

COM 포트 확인이 필요할 경우 제어판의 장치 관리자에서 확인을 하면 된다. 만약 USB 드라이버 인식에 문제가 있을 경우 아두이노 IDE가 설치된 폴더 경로에서 drivers 폴더를 참조하여 수동으로 설치한다. 기본 경로는 'C:\Program Files\Arduino\drivers' 이다.

[그림 1-7] 컴퓨터와 오렌지 보드 연결

❷ 아두이노 IDE를 실행한다. 다른 개발 툴들보다 상당히 심플하게 보이지만 꼭 필요한 기능들로 최적화되어 있다. 아두이노 IDE는 편집 창에 입력되는 모든 코드를 자동으로 저장하며 프로젝트에 속한 모든 파일을 자동으로 관리해주는 장점을 가지고 있다.

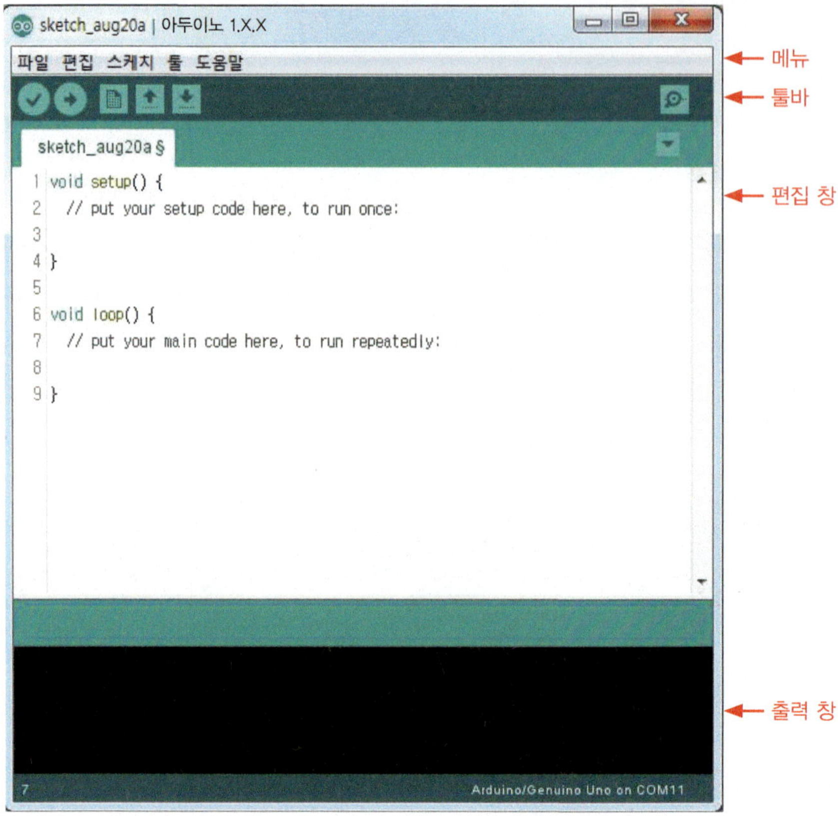

- (확인) : 현재 편집 창에 열려 있는 프로그램을 컴파일 한다.
- (업로드) : 현재 프로그램을 컴파일 한 뒤 컴퓨터에 연결된 오렌지 보드(아두이노 보드)로 컴파일 된 프로그램을 업로드 한다.
- (새파일) : 비어 있는 새로운 편집 창을 생성한다. 아두이노 IDE에서는 프로젝트를 스케치라고 부른다.
- (열기) : 저장되어 있는 프로그램을 열 때 사용한다. 그리고 아두이노 IDE에서 제공하는 예제 프로그램을 열 수 있다.
- (저장) : 현재 프로그램을 저장할 때 사용한다.

❸ 파일 → 예제 → Basics → Blink(깜박임) 예제를 연다. 또는 툴바의 열기 버튼을 클릭하여 동일한 예제 프로그램을 가져올 수 있다.

예제에서 제공되고 있는 내용을 하나하나 열어보기 바란다. 처음 시작하는 사용자들에게 아두이노 IDE에서 제공되는 예제 프로그램은 매우 유용하다.

❹ 자동 입력된 Blink 프로그램 소스는 C/C++ 프로그래밍 언어의 문법을 지원하며 입·출력 핀을 초기화 한 뒤 무한 반복 처리하는 부분 등 기본적으로 마이크로컨트롤러를 제어할 때와 유사한 코드 구조를 가지고 있다.

Blink 예제 프로그램은 오렌지 보드의 13번 핀에 연결되어 있는 LED가 1초 간격으로 On/Off 상태를 무한 반복하는 예제이다.

```
/*
  Blink

  Turns an LED on for one second, then off for one second, repeatedly.

  Most Arduinos have an on-board LED you can control. On the UNO, MEGA and ZERO
  it is attached to digital pin 13, on MKR1000 on pin 6. LED_BUILTIN is set to the
  correct LED pin independent of which board is used.
  If you want to know what pin the on-board LED is connected to on your Arduino
  model, check the Technical Specs of your board at: https://www.arduino.cc/en/
  Main/Products

  modified 8 May 2014
  by Scott Fitzgerald
  modified 2 Sep 2016
  by Arturo Guadalupi
  modified 8 Sep 2016
  by Colby Newman

  This example code is in the public domain.

  http://www.arduino.cc/en/Tutorial/Blink
*/

// the setup function runs once when you press reset or power the board
void setup() {
  // initialize digital pin LED_BUILTIN as an output.
  pinMode(LED_BUILTIN, OUTPUT);
}
```

```
// the loop function runs over and over again forever
void loop() {
  digitalWrite(LED_BUILTIN  HIGH);  // turn the LED on (HIGH is the voltage level)
  delay(1000);                      // wait for a second
  digitalWrite(LED_BUILTIN, LOW);   // turn the LED off by making the voltage LOW
  delay(1000);                      // wait for a second
}
```

- void setup() { ... }, void loop() { ... }

void setup() **함수**의 경우 아두이노 프로그램이 실행될 때 맨 처음 한 번 실행되며 프로그램 동작에 필요한 핀 모드 설정, 통신 초기화, 라이브러리 초기화 등의 코드를 포함한다.

void loop() **함수**는 C 언어의 while(1) 또는 for(;;)와 같은 의미로 숨겨져 있는 main() 함수를 보면 for(;;) 무한루프에 loop() 함수가 포함되어 있음을 알 수 있다. 대부분의 프로그램 코드는 loop() 함수에 작성되며 전원이 공급되는 동안 무한 반복으로 실행된다.

```
int main(void)
{
  init();

  initVariant();

#if defined(USBCON)
  USBDevice.attach();
#endif

  setup();

  for (;;) {
```

```
        loop();
        if (serialEventRun) serialEventRun();
    }

    return 0;
}
```

- pinMode (pin, mode)

  핀의 입 · 출력 모드를 설정한다. pinMode (LED_BUILTIN, OUTPUT)는 13번 핀을 출력 핀으로 사용하겠다는 의미이다. LED_BUILTIN은 문자 상수로 LED가 연결된 핀 번호이다. 대부분의 아두이노 보드는 13번 핀에 LED 한 개가 연결되어 있다. 입력 핀으로 사용할 때는 모드(mode) 인수에 INPUT을 입력하면 된다.

- digitalWrite (pin, value)

  디지털 핀에 HIGH 또는 LOW 신호를 출력한다. digitalWrite(LED_BUILTIN, HIGH);는 13번 핀에 HIGH(5 V) 신호를 출력한다는 것이고 digitalWrite(LED_BUILTIN, LOW);는 13번 핀에 LOW(0 V) 신호를 출력한다는 의미이다.

- delay (t);

  t(ms) 만큼 지연시킨다. delay (1000);는 1000 ms 즉 1초 동안의 지연을 의미한다.

⑤ 스케치 → 확인 / 컴파일(Ctrl + R) 메뉴 또는 툴바의 ✓ (확인) 아이콘을 클릭한다. 잠시 스케치 컴파일 진행을 보여 주며 에러 없이 컴파일이 완료되면 바이너리 스케치 사이즈 정보를 보여 준다.

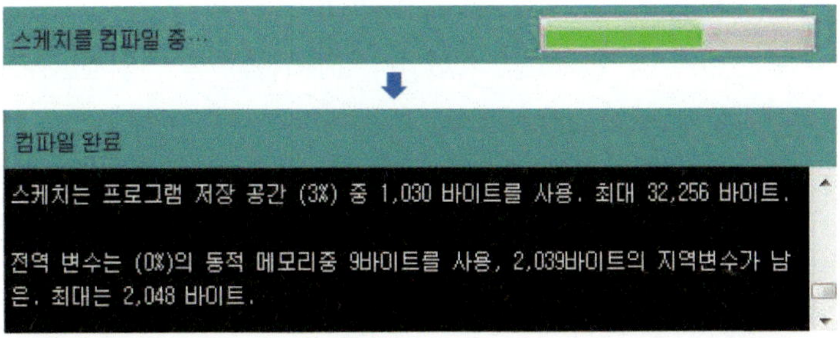

만약 프로그램 코드에 오류가 있다면 컴파일 과정에서 아래와 같이 오류 내용을 알려 주며 이때 커서는 자동으로 오류가 있는 코드 구간으로 이동한다. 컴파일 과정에서 발생된 오류는 반드시 해결해야 한다.

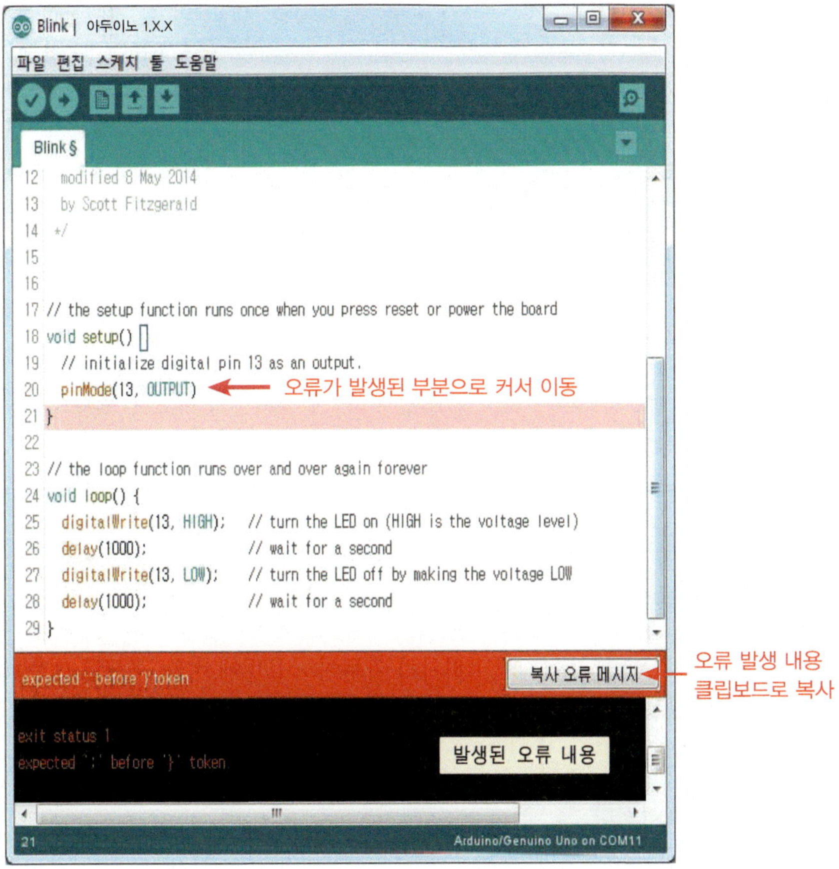

❻ 파일 → 업로드(Ctrl + U) 메뉴 또는 툴바의 (업로드) 아이콘을 클릭한다. 오렌지 보드에 LED가 1초 간격으로 점멸된다. delay(1000); 부분을 delay(100);으로 수정한 뒤 업로드를 해본다. LED가 100 ms 간격으로 깜박일 것이다.

오렌지 보드에서 어떤 LED가 동작되고 있는 것인지 확인이 어려운 경우 이렇게 LED가 깜박이는 속도를 변경해보면 된다.

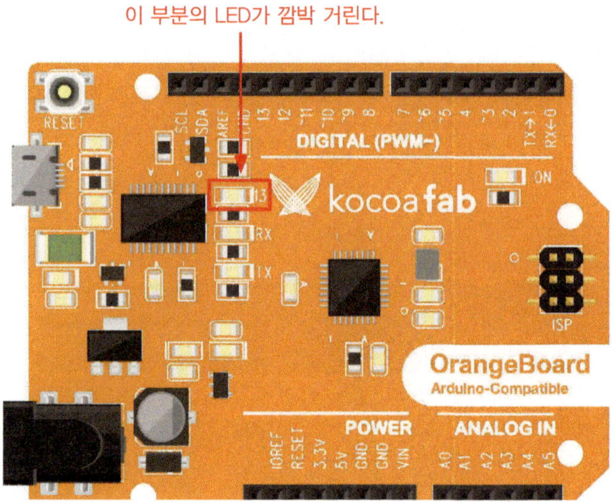

➡ 컴파일 단계에서 오류 없이 완료를 한 뒤에 업로드를 하는 과정에서 오류가 발생되기도 하는데 이때는 사용하는 보드 종류와 시리얼 포트가 잘 설정되어 있는지 확인한다. 오렌지 보드("Arduino Uno")가 다른 시리얼 포트(COMx)에 연결되어 있다면 제어판의 장치 관리자로 접근하여 오렌지 보드에 연결된 시리얼 포트를 확인한 뒤에 변경하도록 한다.

시리얼 포트 변경은 [그림 1-8]처럼 아두이노 IDE에서 **툴 → 포트** 메뉴로 접근하여 오렌지 보드와 연결된 포트를 선택하면 된다. 오리지널 아두이노 보드를 사용하면 아두이노 소프트웨어에서 인식이 되어 툴 메뉴에서 연결된 보드명이 표시된다.

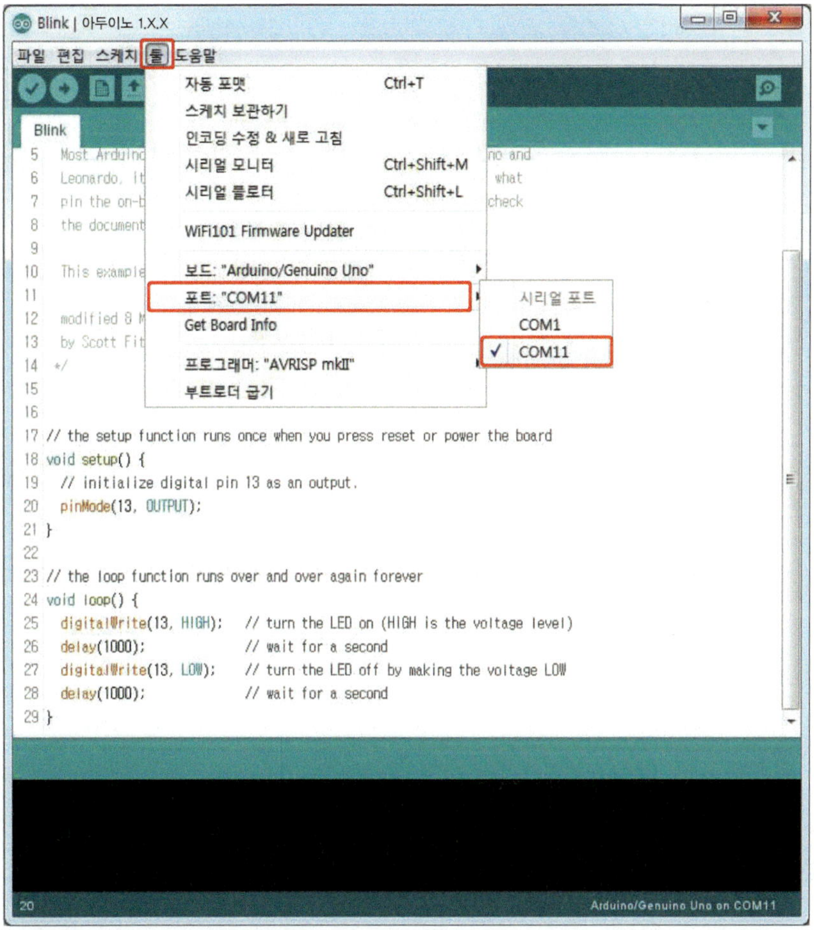

[그림 1-8] 시리얼 포트 연결 변경

1장 | 응용 실습 |

1. 아두이노 IDE에서 내장된 예제를 모두 확인하고 문서로 제출한다(아두이노 홈페이지(www.arduino.cc)의 RESOURCES-TUTORIALS-Built-In Examples 참고).
2. 기본 예제 Blink 스케치에서 LED의 점멸 주기를 다양하게 변경해보고 LED 점멸이 일정 횟수 반복한 뒤에 종료되도록 프로그램 코드를 변경한다.
3. LED의 종류를 찾아보고 가정용과 산업용으로 구분하여 실제 어떻게 활용되고 있는지 사례를 조사하고 설명한다.
4. 아두이노 보드의 종류를 모두 찾아보고 어떤 마이크로컨트롤러가 장착되어 있는지 조사하여 문서로 제출한다. 마이크로컨트롤러의 사양도 함께 조사한다.
5. 대입 연산자, 비교 연산자, 논리 연산자, 복합 연산자, 증감 연산자, 비트 연산자가 사용된 프로그램 코드를 만들어 문서로 제출한다(아두이노 홈페이지의 Reference 페이지를 참고).

02

아두이노 출력 이해하기

학습목표

- 아두이노 디지털 출력을 이해하고 활용할 수 있다.
- PWM을 이해하고 활용할 수 있다.
- 시프트레지스터 원리를 이해하고 활용할 수 있다.

2-1. LED 깜박임 예제를 통해 디지털 출력 이해하기

오렌지 보드를 기반으로 많은 부품을 사용하지 않더라도 기본적인 실습이 가능하다. LED와 저항을 이용해서 앞서 배운 실습을 다시 해보도록 하자.

LED는 극성을 가지며 다리(리드)의 길이가 긴 쪽은 양극(+), 짧은 쪽은 음극(–)이다. 극성을 가지기 때문에 +, –를 반대로 연결하여 전원을 공급하거나 저항(Resistor)없이 전류를 공급하면 LED가 파손되거나 다른 문제가 발생할 수 있다.

[그림 2-1]과 같이 330 Ω의 저항과 LED의 긴 쪽을 디지털 핀 13번에 연결하고 짧은 쪽을 GND(Ground)에 연결한다. 사실 13번 핀은 이미 저항이 연결되어 있기 때문에 13번 핀에 LED를 연결할 때는 저항을 제외해도 문제되지 않는다. (부록 2. 오렌지 보드 회로도 참고)

(a) 브레드보드를 이용한 LED 연결 (b) 브레드보드 없이 LED 연결

[그림 2-1] 디지털 핀 13번 핀에 LED와 저항을 연결

```
// setup 함수는 보드에 전원 공급 또는 리셋 버튼을 눌렀을 때 한 번 실행된다.
void setup()
{
   pinMode (13, OUTPUT);         // 13번 디지털 핀을 출력으로 설정
}

// loop 함수는 전원이 켜져 있는 동안 무한 반복해서 실행된다.
void loop()
{
   digitalWrite (13, HIGH);    // 13번 핀에 HIGH 설정. LED 켜짐
   delay (1000);               // 1000 ms(1초)동안 대기(시간 지연)
   digitalWrite (13, LOW);     // 13번 핀에 LOW 설정. LED 꺼짐
   delay (1000);               // 1000 ms(1초)동안 대기(시간 지연)
}
```

저항

저항은 전류의 흐름을 방해하는 성질을 가진 소자를 말하며 전자 소자(부품)의 보호와 전류의 흐름을 제어하고자 할 때 사용한다. 저항의 단위는 옴(ohm, Ω)이며 저항의 크기가 작으면 전류의 흐름이 방해를 덜 받기 때문에 LED 빛이 더 밝아진다. 하지만 저항을 사용하지 않는다고 LED가 점점 더 밝아지는 것이 아니고 사용된 LED의 허용 전류보다 큰 전류가 흐르게 되면서 부품에 문제가 발생될 수 있다. 그래서 항상 오렌지 보드나 전자 부품에 전류를 공급할 때는 해당 부품에 허용된 전류가 흐르도록 적당한 용량의 저항을 추가하도록 한다.

적당한 저항 크기를 어떻게 알 수 있는지 예를 들어 알아보자.

3.3 V 전압에 20 mA(0.02 A)의 전류로 동작하는 LED 1개를 구성한 회로에서 저항의 크기를 계산할 경우 아래와 같이 적용할 수 있다. 이때 공급 전압은 5 V로 가정한다.

$$\text{전압}(V) = \text{전류}(I) \times \text{저항}\ (R)$$

$$\text{저항}(R) = \frac{\text{전압}(V)}{\text{전류}(I)}$$

$$저항 = \frac{(입력\ 전압 - (LED\ 공급\ 전압\ 연결\ 개수))}{LED\ 공급\ 전류}$$

$$\frac{(5V - (3.3\ V \times 1))}{0.02\ A\ 공급\ 전류} = 85\ \Omega$$

85 Ω의 저항이 필요하다. 공식이 나오니 어렵다고 생각하는 분들이 분명히 있을 것이다. 하지만 저항 값을 자동으로 계산해주는 좋은 프로그램들이 많으니 위 공식은 참고만 하도록 한다. 예를 들어 '색연필' 같은 프로그램은 자동으로 저항 값을 읽어 주고 계산해준다.

저항 값을 읽을 때는 색 띠의 색으로 저항 값을 읽을 수 있다. 아래를 참고하도록 하자.

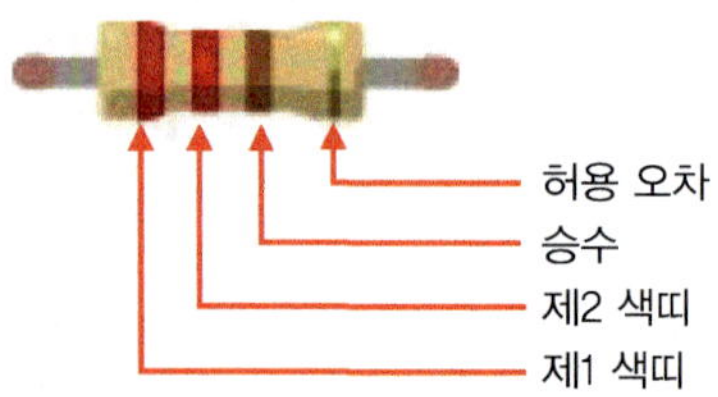

[저항 값 읽는 법]

4색 띠를 가진 저항으로 가정

빨강	빨강	갈색	금색
2	2	1	± 5 %

= 220 Ω (± 5 %)

표 2-1 저항 값 테이블

색상	제1 색띠	제2 색띠	제3 색띠	승수	허용 오차
검정	0	0	0	1 Ω	
갈색	1	1	1	10 Ω	± 1 %
빨강	2	2	2	100 Ω	± 2 %
주황	3	3	3	1000 Ω	
노랑	4	4	4	10000 Ω	
초록	5	5	5	100000 Ω	± 0.5 %
파랑	6	6	6	1000000 Ω	± 0.25 %
보라	7	7	7	10000000 Ω	± 0.10 %
회색	8	8	8	100000000 Ω	± 0.05 %

흰색	9	9	9		
금색				0.1	± 5 %
은색				0.01	± 10 %
무색					± 20 %

브레드보드(Breadboard)

오렌지 보드에 추가로 필요한 소자들을 연결할 때 번거롭게 납땜을 하지 않아도 회로를 구성할 수 있는 브레드보드를 사용한다. 종류가 크기별로 다양하게 있으나 초기에는 큰 회로를 구성하는 작업이 많지 않기 때문에 저렴한 미니 브레드보드를 사용해도 괜찮다. 미니 브레드보드의 경우는 가로줄로 길게 연결된 소켓이 없지만 큰 브레드보드의 경우 내부적으로 가로로 길게 연결된 소켓이 브레드보드의 아래쪽과 위쪽에 있다. 이렇게 길게 연결된 가로줄의 경우 비교적 큰 회로를 구성할 때 유용하게 사용할 수 있으며 한 줄에는 전원(+) 또 다른 한 줄에는 접지(-)를 연결하여 각각의 가로줄 전체를 전원과 접지 용도로 사용한다.

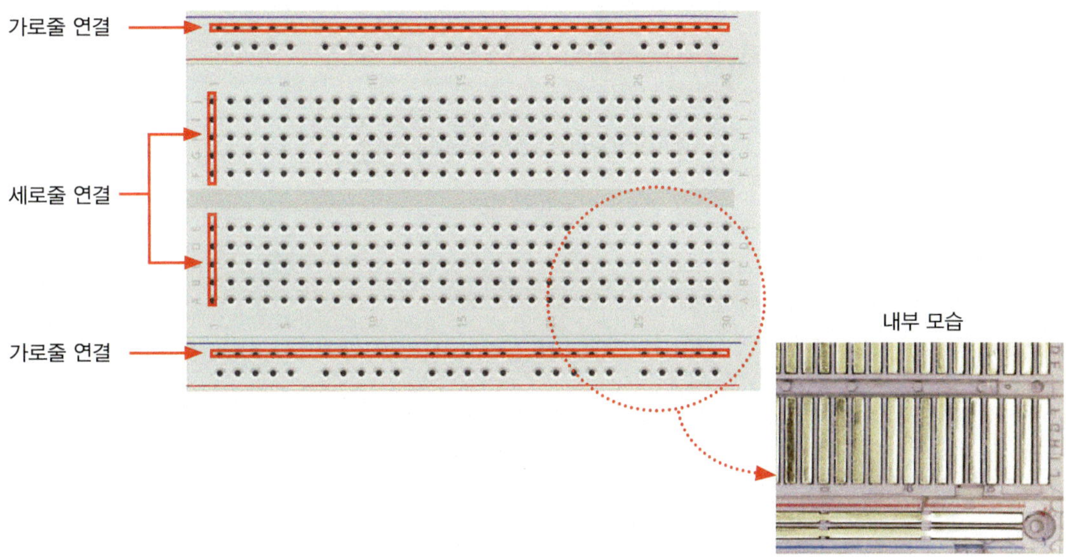

[그림 2-2] 브레드보드 내부 연결 상태

2-2. PWM을 이용한 LED 밝기 제어하기

오렌지 보드의 디지털 핀을 보면 틸드(~)가 표시된 핀들이 있다. 이 ~3, ~5, ~6, ~9. ~10, ~11 핀들에는 analogWrite() 함수를 사용하여 PWM(Pulse Width Modulation) 출력을 만들 수 있다. analogWrite() 함수는 0에서 255까지 256 단계의 연속적인 변화를 만들 수 있고 이것을 이용하여 LED를 점점 밝아지게 했다가 다시 점점 어두워지게 할 수 있다. 아래 [그림 2-3]처럼 ~9번 핀에 LED를 연결하고 **파일** → **예제** → Analog → Fading 스케치 예제를 업로드 한다.

[그림 2-3] 디지털 9번 핀에 LED와 저항을 연결

```
int ledPin = 9;                                    // 9번 핀에 LED 연결

void setup()
{
                                                   // 아무것도 하지 않는다.
}

void loop()
```

```
{
   // fadeValue 변수를 선언하고 최소값에서 최대값까지 5씩 늘린다.
   for (int fadeValue = 0; fadeValue <= 255; fadeValue += 5)
   {
      analogWrite (ledPin, fadeValue);          // fadeValue 값 설정
      delay (30);                               // 30 ms 대기
   }

   // fadeValue 변수를 선언하고 최소값에서 최대값까지 5씩 줄인다.
   for (int fadeValue = 255; fadeValue >= 0; fadeValue -= 5)
   {
      analogWrite (ledPin, fadeValue);          // fadeValue 값 설정
      delay (30);                               // 30 ms 대기
   }
}
```

아날로그 신호와 디지털 신호

우리가 일상에서 경험하는 소리, 온도, 속도, 전압, 전류 등과 같이 시간이 경과함에 따라 연속적으로 표현되는 신호를 아날로그 신호라고 하며 모든 자연 상태의 정보는 아날로그 신호라고 생각하면 된다. 반면 디지털 신호는 불연속적으로 구분되는 이산 데이터 형태로 표현된다. 아날로그 신호를 0과 1의 이진 신호 형태 즉 디지털

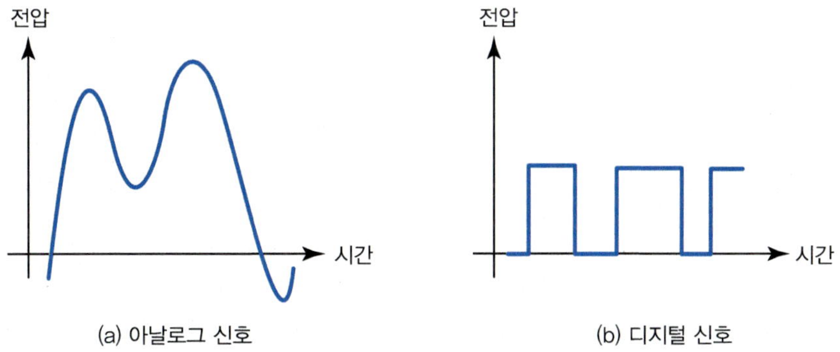

[그림 2-4] 아날로그 신호와 디지털 신호

신호로 처리를 하고자 할 때는 아날로그 신호를 디지털 신호로 변환해서 사용하면 된다.

아두이노는 자동으로 아날로그 신호에서 디지털 신호로 변환하거나, 디지털 신호를 아날로그 신호로 변환하는 기능을 가지고 있기 때문에 사용자는 이런 각 신호를 잘 활용하는데 집중하면 된다.

PWM과 analogWrite() 함수

펄스폭 변조(PWM)를 활용하여 디지털 신호를 아날로그 신호와 비슷하게 만들 수 있다. 오렌지 보드에는 6개의 핀에서 PWM을 출력할 수 있으며 매우 빠른 속도로 디지털 신호가 On(5 V, HIGH), Off(0 V, LOW) 되면서 출력이 된다. 펄스가 HIGH로 유지되는 시간을 T_H라하고 전체 주기를 T_{PWM}이라 했을 때 전체 주기 중에 HIGH가 유지되는 시간의 비를 듀티비(Duty Ratio)라 한다. 일정한 주파수로 HIGH가 유지되는 시간을 변경하면 0 V와 5 V 사이의 임의 전압을 만들 수 있다.

analogWrite() 함수를 사용해서 PWM 출력 핀에 듀티비를 입력하면 그에 해당하는 비율의 HIGH(5 V)와 LOW(0 V)로 출력된다. [그림 2-5]에서 analogWrite() 함수의 출력 값 인자에 듀티비 50 %에 해당되는 127을 쓰면 한 주기의 50 %는 HIGH로 나머지 50 %는 LOW로 출력되는 것을 보여주고 있다. 8 비트 출력 값 인자에는 0부터 255 사이의 숫자를 쓸 수 있다.

Fading 스케치 예제의 analogWrite (ledPin, fadeValue); 코드에서 출력 값을 5씩 변경하면서 오렌지 보드의 9번 핀에 연결된 LED에 전류를 흘리고 있다. PWM이 출력되는 핀에 Fading 예제처럼 LED가 매달려 있을 때 듀티비 50 %라는 것은 일정한 시간 내에 50 % 만큼 전류가 흐르는 것으로 그만큼의 밝기 차이를 느낄 수 있다. [그림 2-5]의 듀티비 출력을 보면 On과 Off 상태가 반복되는데 LED의 밝기의 차이만 느껴질 뿐 깜박거림을 느낄 수가 없다. 이것은 사람의 눈은 잔상이라 하여 어떤 정보가 눈앞에서 사라지더라도 그 형태와 색이 약 10분의 1초가량 남는데 아주 빠른 속도로 On/Off 되는 깜박임을 인지하지 못하면서 LED가 계속 켜져 있는 것처럼 보이는 것이다.

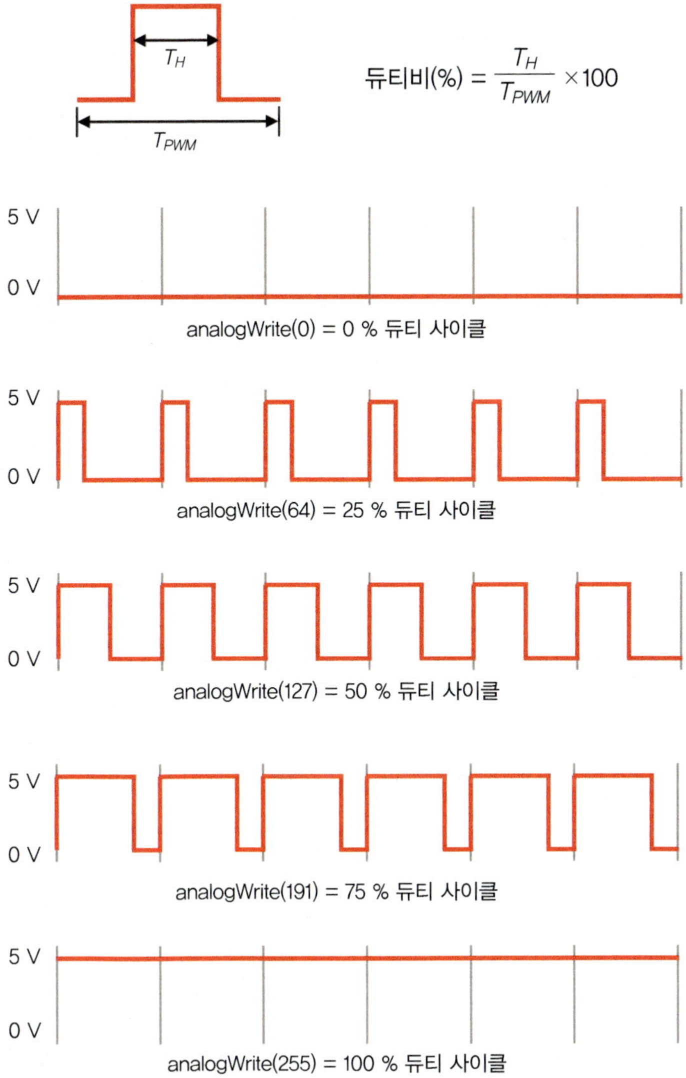

[그림 2-5] 듀티비와 출력 비교

2-3. 여러 개의 LED 상태 제어하기

동시에 여러 개의 LED의 상태를 제어해보자.

연결 방식은 한 개의 LED를 구성할 때와 동일하며 [그림 2-6]과 같이 LED의 수를 8개로 늘려서 회로를 구성한다. LED의 짧은 다리는 그라운드(GND)이기 때문에 브레드보드의 가로선 한쪽을 오렌지 보드의 GND와 연결하고 8개의 LED의 짧은 다리 쪽을 브레드보드의 그라운드 부분에 연결하면 배선이 훨씬 간단해진다.

프로그램 코드를 업로드 하면 위쪽 LED부터 차례대로 켜졌다가 다시 반대로 아래쪽의 LED부터 하나씩 꺼지는 것을 반복한다.

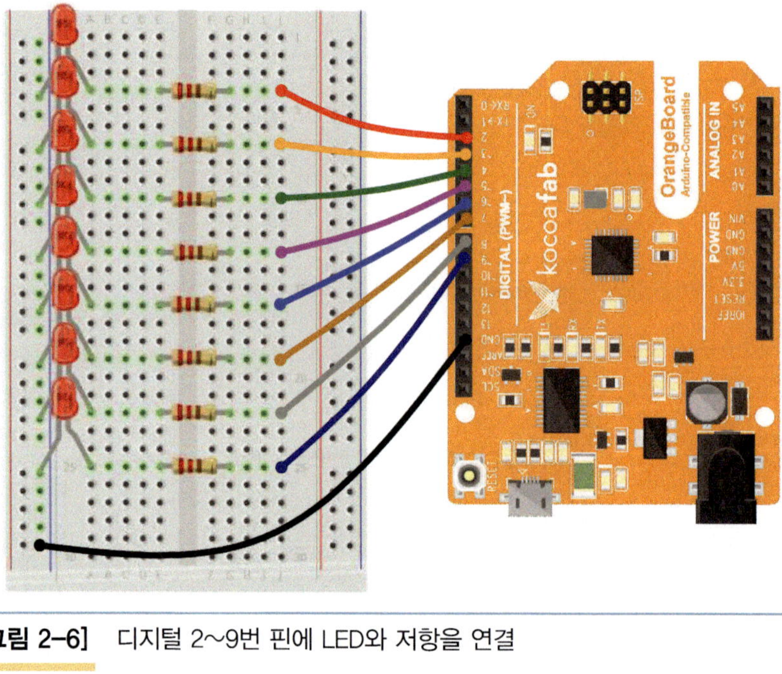

[그림 2-6] 디지털 2~9번 핀에 LED와 저항을 연결

```
int Led_pin[8] = { 2, 3, 4, 5, 6, 7, 8, 9 }; // 핀 2번부터 9번까지 연결

void setup()
{
   for (int i = 0; i < 8; i++)               // 배열 인덱스 0에서 7까지 증가
   {
      pinMode (Led_pin[ i ], OUTPUT);        // 각 핀을 출력으로 설정
   }
}

void loop()
{
   for (int i = 0; i < 8; i++)               // 배열 인덱스 0에서 7까지 증가
   {
      digitalWrite (Led_pin[ i ], HIGH);     // 2번 핀부터 차례대로 LED On
      delay (500);                           // 500 ms 지연
   }

   for (int i = 7; i >= 0; i--)              // 배열 인덱스 7에서 0까지 감소
   {
      digitalWrite (Led_pin[ i ], LOW);      // 9번 핀부터 차례대로 LED Off
      delay (500);                           // 500 ms 지연
   }
}
```

2-4. 시프트레지스터를 사용하여 LED 제어하기-1

회로에 포함할 LED의 수를 늘릴 때마다 오렌지 보드의 핀을 할당하면 다른 부품들을 연결할 때 사용할 수 있는 핀의 수가 그만큼 줄어들 수밖에 없다. 이런 경우 [그림 2-7]과 같은 시프트레지스터를 사용하면 할당할 핀 수를 줄이면서 여러 개의 LED를 제어할 수 있다. 앞의 실습처럼 8개의 LED를 제어하기 위해서 오렌지 보드의 핀을 8개를 할당했지만, 8비트 시프트레지스터를 사용해서 오렌지 보드의 핀을 3개만 할

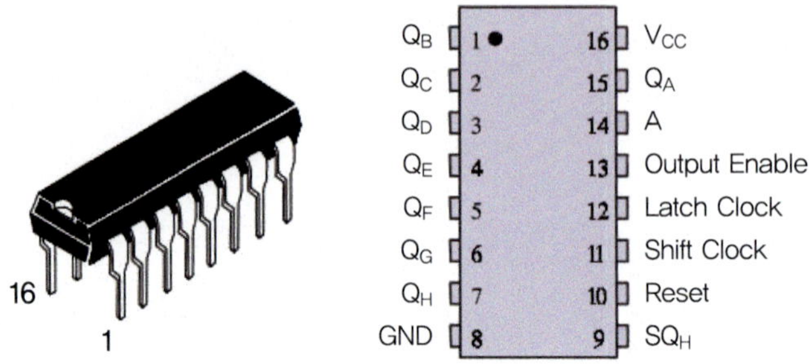

[그림 2-7] IN74HC595AN IC와 핀 배열

표 2-2 IN74HC595AN 핀 배열 및 설명

심볼	핀	설명
QB	1	병렬 데이터 출력 B
QC	2	병렬 데이터 출력 C
QD	3	병렬 데이터 출력 D
QE	4	병렬 데이터 출력 E
QF	5	병렬 데이터 출력 F
QG	6	병렬 데이터 출력 G
QH	7	병렬 데이터 출력 H
GND	8	그라운드(0 V)
SQH	9	직렬 데이터 출력
Reset	10	리셋(액티브 LOW)
Shift Clock	11	시프트레지스터 클록 입력
Latch Clock	12	저장 래치 클록 입력
Output Enable	13	출력 사용(액티브 LOW)
A	14	직렬 데이터 입력
QA	15	병렬 데이터 출력 A
V_{CC}	16	전원 공급

당하여 8개의 LED를 제어할 수 있다.

8비트 시프트레지스터 74HC595는 직렬로 받은 데이터를 다시 병렬 데이터로 바꿔서 출력해주며 1개의 입력 핀과 8개의 출력 핀을 가지고 있다. 8개의 출력 상태를 제어하기 위해서 Shift Clock(11번), Latch Clock(12번), A(14번) 3개 핀을 제어한다. 제조사마다 심볼이 다를 수 있으나 내부 구조와 동작은 동일하다. 하지만 해당 데이터시트를 반드시 확인하는 것이 좋다.

[그림 2-8]에서 이런 과정들의 신호와 데이터 간 타이밍을 보여주고 있다.

시프트레지스터의 직렬 데이터 입력(A, 14번)에 데이터가 들어온 뒤 시프트 클록(Shift Clock, 11번)이 LOW에서 HIGH로 바뀔 때 데이터는 병렬 데이터 출력 A(QA, 15번)로 들어온다. 다음 시프트 클록에서 병렬 데이터 출력 A에 있던 데이터는 병렬 데이터 출력 B(QB, 1번)로 이동하고 A로 입력된 두 번째 데이터는 병렬 데이터 출력 A로 이동한다. 이런 식으로 시프트 클록이 LOW에서 HIGH로 바뀔 때마다 직렬 데

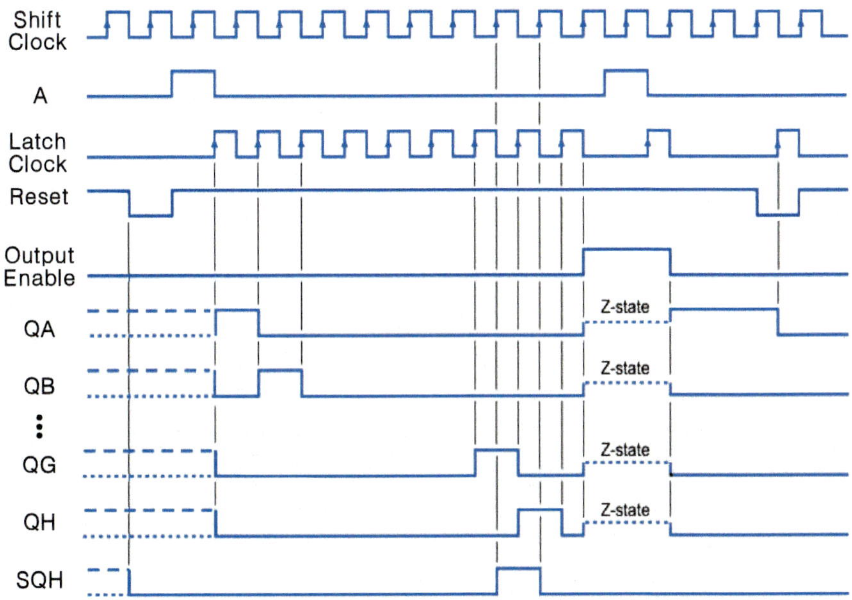

[그림 2-8] 74HC595의 타이밍도

이터 입력 A로 들어오는 데이터는 병렬 데이터 출력 H(QH, 7번)까지 밀리면서 이동한다. 직렬 데이터 입력 A를 통해 QA에서 QH까지 8 비트가 모두 채워지면 저장 래치 클록(Latch Clock, 12번)을 LOW에서 HIGH로 바꿔 레지스터에 있던 데이터가 각 핀으로 출력된다. 단, 출력 사용(Output Enable, 13번)이 LOW일 때 데이터가 출력되기 때문에 이 핀을 그라운드에 연결한다.

리셋(Reset, 10번)에 LOW 신호를 주면 QA에서 QH까지 저장된 데이터는 모두 지워진다. 16개의 LED를 제어하고자 할 때는 시프트레지스터 한 개를 더 추가하고 첫 번째 시프트레지스터의 직렬 데이터 출력(SQH, 9번) 핀을 두 번째 시프트레지스터의 직렬 데이터 입력(A, 14번) 핀에 연결하면 된다. 이런 방식으로 시프트레지스터를 활용하면 오렌지 보드에서 할당할 핀 수를 줄이면서 많은 수의 LED를 제어할 수 있다.

한 개의 시프트레지스터를 사용할 때는 직렬 데이터 출력 9번 핀을 제외하고 15개 핀을 모두 사용한다. 각 핀마다 역할이 정해져 있기 때문에 [그림 2-9]의 회로도와 배선 모습을 참고하여 정확하게 연결하도록 한다. 74HC595의 10번 리셋 핀은 전원에 연결하고 13번 출력 사용 핀은 그라운드에 연결해준다.

프로그램 코드를 업로드하면 0에서 255까지 이진수 값으로 카운터 하며 그 값에 따라 LED가 표시된다.

```
int latchPin = 8;                      // 74HC595의 12번 핀 연결
int clockPin = 12;                     // 74HC595의 11번 핀 연결
int dataPin = 11;                      // 74HC595의 14번 핀 연결

void setup()
{
   pinMode (latchPin, OUTPUT);         // 오렌지 보드 8번 핀 출력 설정
   pinMode (clockPin, OUTPUT);         // 오렌지 보드 12번 핀 출력 설정
   pinMode (dataPin, OUTPUT);          // 오렌지 보드 11번 핀 출력 설정
}

void loop()
{
```

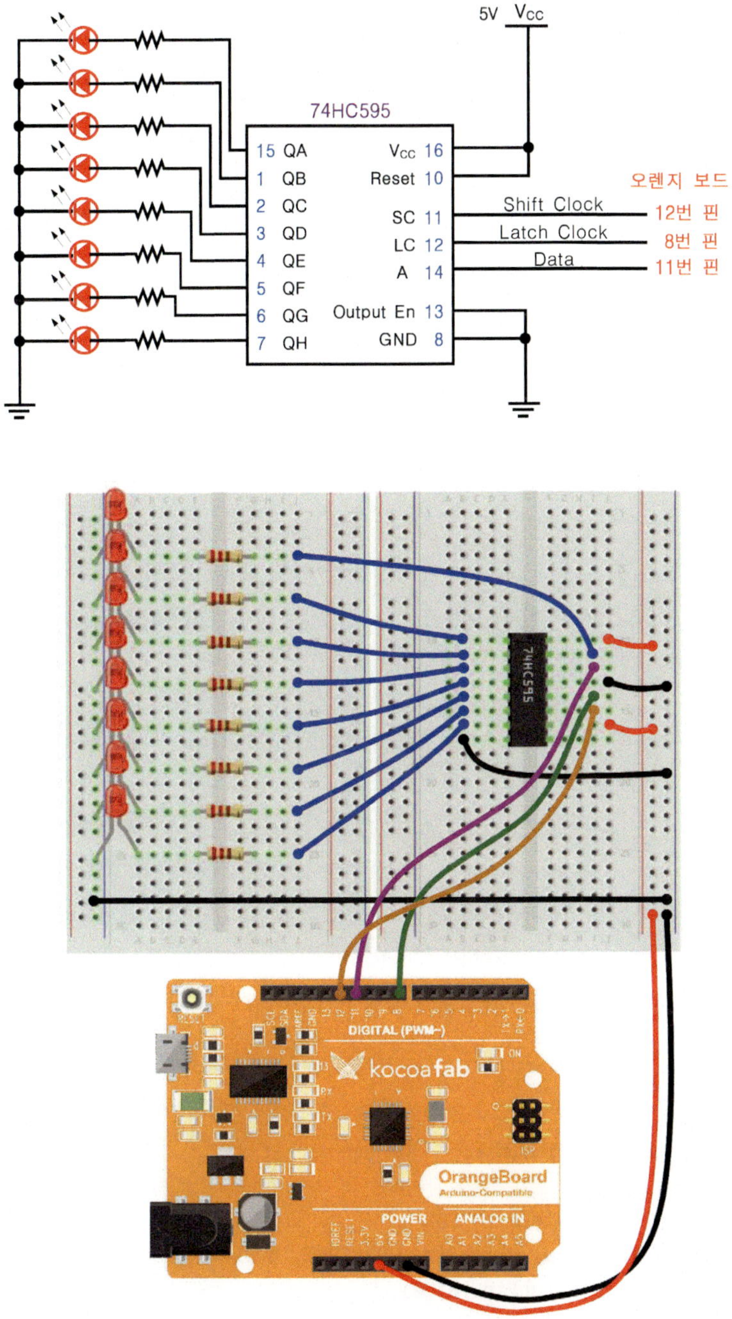

[그림 2-9] 시프트레지스터와 LED를 연결한 회로도와 배신 모습

```
    for (int number = 0; number < 256; number++)
    {
      digitalWrite (latchPin, LOW);
      shiftOut (dataPin, clockPin, MSBFIRST, number);
      digitalWrite (latchPin, HIGH);
      delay (100);
    }
}
```

코드 해석

```
shiftOut (dataPin, clockPin, MSBFIRST, number);
```

shiftOut()은 한번에 1 바이트(8 bit)의 데이터를 가장 왼쪽 비트인 최상위 비트(MSB. Most Significant Bit) 또는 가장 오른쪽 비트인 최하위 비트(LSB. Least Significant Bit)에서 시작하여 바깥으로 이동시키는 함수이다.

shiftOut() 함수의 원형은 shiftOut (dataPin, clockPin, bitOrder, value)이다.

bitOrder 값은 최상위 비트부터 시프트 아웃을 할 때는 MSBFIRST를 쓰고 최하위 비트부터 시프트 아웃을 할 때는 LSBFIRST를 쓴다. bitOrder의 값이 MSBFIRST이기 때문에 데이터의 왼쪽 비트부터 차례대로 시프트레지스터의 dataPin(74HC595의 A)으로 보내고 시프트 클록인 clockPin(74HC595의 Shift Clock)이 LOW에서 HIGH로 바뀔 때 value에 해당하는 데이터 비트를 병렬 데이터 출력 핀으로 차례대로 이동시키며 채운다.

```
for (int number = 0; number < 256; number++)
{
  digitalWrite (latchPin, LOW);
  shiftOut (dataPin, clockPin, MSBFIRST, number);
  digitalWrite (latchPin, HIGH);
  delay (100);
}
```

shiftOut (dataPin, clockPin, MSBFIRST, number); 함수를 통해 숫자 데이터를 왼쪽부터 차례대로 보내 병렬 데이터 출력 핀(QA~QH)으로 이동시키며 8 bit를 채운다. 이 함수의 위쪽과 아래쪽 코드를 보면 latchPin(74HC595의 Latch Clock)을 LOW에서 HIGH로 변경하고 있다. 이것은 병렬 데이터 출력 핀에 숫자 데이터가 모두 채워지면 래치 클록을 LOW에서 HIGH로 변경하여 레지스터에 저장된 숫자 데이터가 핀으로 최종적으로 출력되도록 한다.

shiftOut 함수의 number 값으로 10이 전달되었다고 가정하고 다시 설명하면, 숫자 10에 해당되는 데이터는 00001010이고 가장 왼쪽 비트부터 차례대로 1 비트씩 이동된다. 8 비트가 모두 채워지면 래치 클록을 LOW에서 HIGH로 변경해서 병렬 데이터 출력 핀으로 00001010이 출력되도록 한다. 병렬 데이터 출력 핀에는 8개의 LED가 그라운드에 연결되어 있기 때문에 1이 출력되는 쪽의 LED가 켜지고 나머지 0이 출력된 핀의 LED는 꺼진다. [그림 2-10]은 지금까지 설명된 내용을 보여준다.

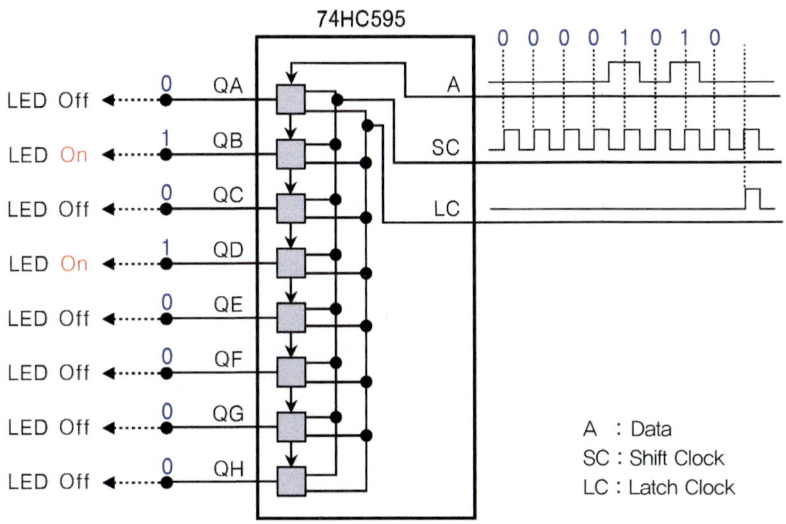

[그림 2-10] 숫자 데이터 10의 출력 과정

2-5. 시프트레지스터를 사용하여 LED 제어하기-2

[그림 2-9]와 동일한 회로 상태에서 프로그램 코드를 업로드 한다. 이번 예제는 여러 개의 데이터를 배열에 저장하고, 아두이노 IDE에서 제공되는 shiftOut() 함수를 사용하지 않고 최상위 비트부터 시프트 아웃하는 MSBFIRST 동작을 하도록 사용자 정의 함수를 직접 만들어 적용한 실습이다.

프로그램 코드를 업로드 하면 처음 8개의 LED가 500 ms 간격으로 세 번 깜박거린 뒤에 dataArray 배열에 저장된 값대로 LED 동작이 반복된다.

```
int latchPin = 8;                    // 74HC595의 12번 핀 연결
int clockPin = 12;                   // 74HC595의 11번 핀 연결
int dataPin = 11;                    // 74HC595의 14번 핀 연결

byte data;
byte dataArray[10];

void setup()
{
   pinMode (latchPin, OUTPUT);       // 래치 클록 핀 출력 설정. 보드 8번 핀
   Serial.begin (9600);

   dataArray[0] = 0xFF;              // 0b11111111
   dataArray[1] = 0xFE;              // 0b11111110
   dataArray[2] = 0xFC;              // 0b11111100
   dataArray[3] = 0xF8;              // 0b11111000
   dataArray[4] = 0xF0;              // 0b11110000
   dataArray[5] = 0xE0;              // 0b11100000
   dataArray[6] = 0xC0;              // 0b11000000
   dataArray[7] = 0x80;              // 0b10000000
   dataArray[8] = 0x00;              // 0b00000000
   dataArray[9] = 0xE0;              // 0b11100000

   blinkAll_2Bytes (3, 500);         // 처음 LED 깜박임 횟수 함수
}
```

```
void loop()
{
   for (int j = 0; j < 10; j++)
   {
      data = dataArray[ j ];
      digitalWrite (latchPin, 0);
      shiftOut (dataPin, clockPin, data);
      digitalWrite (latchPin, 1);
      delay (300);
   }
}

void shiftOut (int myDataPin, int myClockPin, byte myDataOut)
{
   int i = 0;
   int pinState;

   pinMode (myClockPin, OUTPUT);      // 오렌지 보드 12번 핀 출력 설정
   pinMode (myDataPin, OUTPUT);       // 오렌지 보드 11번 핀 출력 설정

   digitalWrite (myDataPin, 0);       // 데이터 핀 초기화
   digitalWrite (myClockPin, 0);      // 시프트 클록 초기화. 비트 이동 준비

   for (i = 7; i >= 0; i--)           // 8 bit 데이터의 최상위 비트부터
   {                                  // MSBFIRST
      digitalWrite (myClockPin, 0);   // 시프트 클록 LOW

      if (myDataOut & ( 1 << i ))     // 해당 비트가 1이면
      {
         pinState = 1;                // 해당 비트 pinState 변수에 1을 저장
      }
      else                            // 해당 비트가 1이 아니면
      {
         pinState = 0;                // 해당 비트 pinState 변수에 0을 저장
      }

      digitalWrite (myDataPin, pinState);
      digitalWrite (myClockPin, 1);   // 시프트 클록 HIGH
      digitalWrite (myDataPin, 0);    // 데이터 핀 초기화
   }
   digitalWrite (myClockPin, 0);      // 8 bit 데이터 이동 후 시프트 중지
}
```

```
void blinkAll_2Bytes (int blink, int sec)
{
   digitalWrite (latchPin, 0);          // 래치 클록 LOW
   shiftOut (dataPin, clockPin, 0);     // 0b00000000
   digitalWrite (latchPin, 1);          // 래치 클록 HIGH. 00000000 출력
   delay (200);                         // 200 ms 지연

   for (int x = 0; x < blink; x++)
   {
      digitalWrite (latchPin, 0);       // 래치 클록 LOW
      shiftOut (dataPin, clockPin, 255);// 0b11111111
      digitalWrite (latchPin, 1);       // 래치 클록 HIGH. 11111111 출력
      delay (sec);                      // 500 ms 지연

      digitalWrite (latchPin, 0);       // 래치 클록 LOW
      shiftOut (dataPin, clockPin, 0);  // 0b00000000
      digitalWrite (latchPin, 1);       // 래치 클록 HIGH. 00000000 출력
      delay (sec);                      // 500 ms 지연
   }
}
```

코드 해석

```
for (int j = 0; j < 10; j++)
{
   data = dataArray[ j ];
   digitalWrite (latchPin, 0);
   shiftOut (dataPin, clockPin, data);
   digitalWrite (latchPin, 1);
   delay (300);
}
```

dataArray 배열에 저장된 값을 data 변수에 저장을 하고 shiftOut() 함수를 통해 dataArray 배열 인덱스 0부터 9까지 저장된 데이터를 차례대로 보낸다. shiftOut() 함수에서 처리된 데이터를 LED가 연결된 핀으로 출력하기 위해서 시프트레지스터의 래치 클록을 LOW에서 HIGH로 변경해야 하는 것을 코드로 구현을 하였다.

```
for (i = 7; i >= 0; i--)
{
   digitalWrite (myClockPin, 0);
   ....
   digitalWrite (myClockPin, 1);
   ...
}
```

시프트레지스터 74HC595에 1 바이트의 데이터가 모두 채워지기 위해서는 1 비트가 처리될 때마다 시프트 클록이 LOW에서 HIGH로 바뀌도록 처리해야 한다. shiftOut() 함수에서 1 바이트의 데이터를 1 비트씩 차례대로 이동시키면서 저장하기 위해서 시프트 클록 핀을 LOW에서 HIGH로 바꿔주고 있다. 아두이노 IDE에서 제공되는 shiftOut() 함수를 사용하면 이런 코드를 쓰지 않아도 된다.

```
for (i = 7; i >= 0; i--)
{
   ...
   if (myDataOut & ( 1 << i ))
      pinState = 1;
   else
      pinState = 0;

   digitalWrite (myDataPin, pinState);
   ...
}
```

shiftOut() 함수가 호출될 때 myDataOut 변수는 dataArray 배열에 저장된 데이터를 가진다. if 조건문을 보면, myDataOut 변수의 값과 1을 왼쪽으로 i 변수만큼 시프트한 값을 AND(&) 연산을 하고 그 값이 참이면 pinState 변수에 1을 저장하고 그게 아니면 pinState 변수에 0을 저장한다.

myDataOut 변수가 dataArray 배열의 인덱스 0에 저장된 값을 가지고 있다고 가정하고 처리 과정을 다시 보면 다음과 같다.

```
void loop()

shiftOut ( dataPin, clockPin, data );
```

← 함수 호출. dataArray 배열 값 전달

```
void shiftOut ( int myDataPin, int myClockPin, byte myDataOut )
```

myDataOut 변수에 dataArray[0] 데이터 저장. 0b11111111

for (i = 7; i >= 0; i--) 반복문

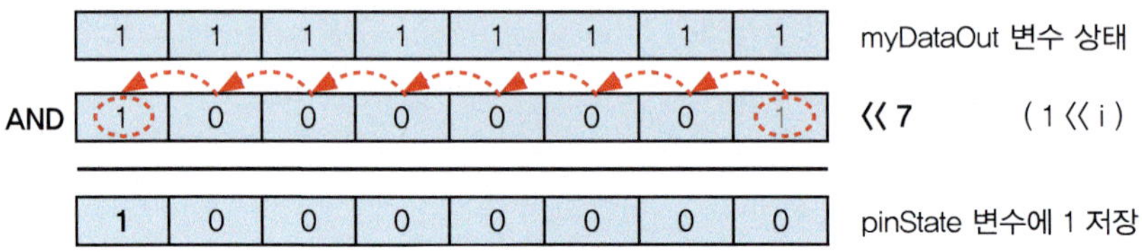


```
digitalWrite ( myDataPin, pinState );
```

myDataPin은 데이터 입력(A, 14번) 핀을 의미

pinState 변수에 저장된 1을 myDataPin으로 전달한다. (74HC595 동작 원리 참고)

각 비트를 비교하면 모두 참이기 때문에 myDataPin으로 0b11111111 값이 차례대로 이동되며 저장된다. 8 비트의 데이터가 모두 채워지면 digitalWrite (myClockPin, 0); 코드로 시프트를 중지한다.

myDataOut 변수에 저장된 데이터를 최상위 비트부터 1 비트씩 보내고 그것을 논리 연산 AND를 하면 if 조건이 항상 참이기 때문에 myDataOut 변수 값이 1인 위치는 그대로 1 값이 myDataPin으로 전달된다.

해당 비트에 0 값이 전달되어야 하는 상황을 보자. dataArray[1]에 저장된 0b11111110 값을 myDataOut 변수가 가지고 있다고 가정하고 for 반복문의 i 변수가 0이 된 상황을 보면 pinState 변수에 0이 저장되어 해당 비트 값에 0이 전달되는 것을 확인할 수 있다.

for (i = 7; i >= 0; i--) 반복에서 i 변수가 0 일 때

	1	1	1	1	1	1	1	0	myDataOut 변수 상태
AND	0	0	0	0	0	0	0	1	<< 0 (1 << i)
	0	0	0	0	0	0	0	**0**	pinState 변수에 0 저장

2-6. RGB LED 제어하기

3색 RGB LED는 빛의 가산혼합 방식을 이용해서 다양한 색을 표현할 수 있다. 빨간색, 초록색, 파란색 세 종류의 색을 이용하며, 0~255 범위의 analogWrite 인자 값을 조절하여 다양한 색을 만들 수 있다.

RGB LED의 외형은 동일하게 보이지만 캐소드 공통 형과 애노드 공통 형이 있다. 캐소드 공통 형은 각 LED 핀이 HIGH(5 V)일 때 켜지고 애노드 공통 형은 각 LED 핀이 LOW(0 V)일 때 켜진다. [그림 2-11]은 세 가지 색을 표현하는 다리의 위치와 오렌지 보드와 연결한 모습이다. 빨간색, 초록색, 파란색 각 LED가 캐소드 공통으로 연결되어 있으며 가장 긴 다리가 캐소드 공통으로 오렌지 보드의 그라운드에 연결한다. 그리고 세 개의 다리에 220 Ω의 저항을 연결하고 오렌지 보드의 아날로그 출력 핀에 연결한다.

먼저 각각의 LED 변수에 255 값을 설정한 프로그램 코드를 업로드하여 1초 간격으로 세 가지 색이 제대로 표현이 되는지 확인한다. 이 실습을 통해서 배선 연결이 제대로 되어 있는지 확인할 수 있다.

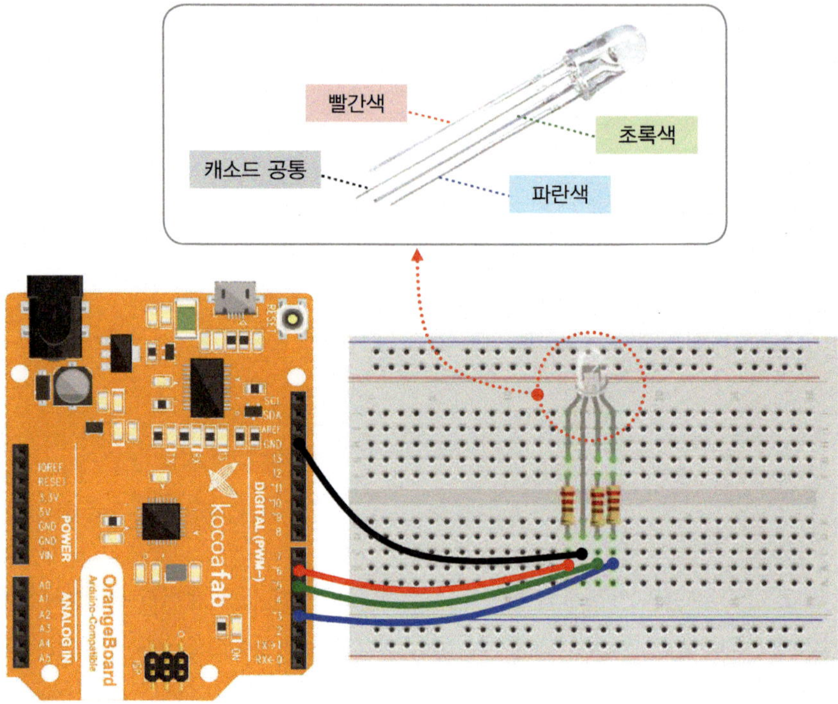

[그림 2-11] 캐소드 공통 RGB LED와 오렌지 보드 연결

```
int redPin = 6;                     // 빨간색 핀. 오렌지 보드 6번 핀에 연결
int greenPin = 5;                   // 초록색 핀. 오렌지 보드 5번 핀에 연결
int bluePin = 3;                    // 파란색 핀. 오렌지 보드 3번 핀에 연결
int redOff, greenOff, blueOff;      // 각 LED를 끄기 위한 전역 변수 선언

void setup()                        // analogWrite 함수 사용 시
{                                   // pinMode 설정 필요 없음(PWM)


}

void loop()
{
   analogWrite (redPin, 255);       // redPin으로 255 값 출력
   delay (1000);                    // 1000 ms 지연
   analogWrite (redPin, redOff);    // 빨간색 LED 끔
```

```
    analogWrite (greenPin, 255);       // greenPin으로 255 값 출력
    delay (1000);                      // 1000 ms 지연
    analogWrite (greenPin, greenOff);  // 초록색 LED 끔

    analogWrite (bluePin, 255);        // bluePin으로 255 값 출력
    delay (1000);                      // 1000 ms 지연
    analogWrite (bluePin, blueOff);    // 파란색 LED 끔
}
```

아두이노 IDE의 Fading 예제 코드에서 빨간색, 초록색, 파란색 세 가지 색이 차례대로 점점 밝아졌다가 다시 반대로 동작하도록 코드의 일부분을 수정하였다. 프로그램 코드에서 값이 증가/감소되는 폭을 조정하거나 지연 시간을 조정해보자.

```
int pinArr[3] = { 6, 5, 3 };          // 빨간색, 초록색, 파란색 순서대로 핀 할당

void setup()
{

}

void loop()
{
   for (int rgbPos = 0; rgbPos < 3; rgbPos++)
   {
      for (int fadeValue = 0 ; fadeValue <= 255; fadeValue += 3)
      {
         analogWrite (pinArr[ rgbPos ], fadeValue);
         delay (20);
      }
   }

   for (int rgbPos = 2; rgbPos >= 0; rgbPos--)
   {
      for (int fadeValue = 255 ; fadeValue >= 0; fadeValue -= 3)
      {
         analogWrite (pinArr[ rgbPos ], fadeValue);
         delay (20);
      }
   }
}
```

빨강(R), 초록(G), 파랑(B)은 빛의 삼원색으로 섞을 수록 밝아지는 특징을 가지고 있으며 세 가지 색을 모두 겹치면 흰색이 나타난다. 그리고 빨간색과 초록색 빛을 겹치면 노란색, 빨간색과 파란색 빛을 겹치면 자홍색, 초록색과 파란색 빛을 겹치면 청록색이 나타난다.

[그림 2-12]처럼 RGB 색상표를 참고해서 원하는 색을 RGB LED에 표현해보자.

[그림 2-12] 네이버에서 제공하는 색상 코드

```
int redPin = 6;                // 빨간색 핀. 오렌지 보드 6번 핀에 연결
int greenPin = 5;              // 초록색 핀. 오렌지 보드 5번 핀에 연결
int bluePin = 3;               // 파란색 핀. 오렌지 보드 3번 핀에 연결

void setup()
{

}

void loop()
{
   setColor (255, 94, 0);      // #FF5E00
   delay (1000);
   setColor (255, 0, 221);     // #FF00DD
   delay (1000);
   setColor (0, 216, 255);     // #00D8FF
   delay (1000);
}
```

```
void setColor (int red, int green, int blue)
{
   analogWrite (redPin, red);
   analogWrite (greenPin, green);
   analogWrite (bluePin, blue);
}
```

2-7. 릴레이로 LED 제어하기

릴레이는 낮은 전압 또는 전류를 이용하여 더 높은 전압 또는 전류를 제어하는데 사용한다. 릴레이를 사용하면 저렴한 비용으로 고전압, 고전류를 간편하게 On/Off 할 수 있으며 산업 전반에 다양하게 사용되고 있고 응용 범위도 매우 넓다.

릴레이는 다양한 유형으로 구분할 수 있으며 동작 원리에 따른 구분 시 코일이 감겨진 전자석에 제어 전류를 흘려 그 자력으로 스위치의 접점을 열거나 닫는 기계식 릴레이와 기계적인 접점 부분을 반도체 소자로 대체하여 전자적인 스위칭 동작을 하는 무접점 릴레이(SSR. Solid State Relay)가 있다. 무접점 릴레이는 속도, 잡음, 소비전력, 내진동성, 내습도성, 신뢰도 측면 등에서 기계식 릴레이보다 우수하다.

코일 유형에 따른 래칭(latching) 형과 비래칭(non latching) 형이 있으며 널리 사용되는 비래칭 릴레이는 푸시 버튼이나 스위치처럼 릴레이에 외부 압력이 가해지다가 멈추면 접점이 기본 상태로 돌아가며, 래칭 릴레이는 기본 상태없이 쌍접점의 한 상태에 있다가 전원이 한순간이라도 공급되면 두 개의 상태 중 하나의 상태로 변경되고 그 상태가 유지된다. 래칭 릴레이와 비래칭 릴레이는 외형만으로 구분하기 힘들기 때문에 선택 시 주의해야 한다.

[그림 2-13]은 JQ1-5V-F 릴레이 모습이며 이것은 SPDT(Single Pole Double Throw) 접짐 배열 방식의 기계식 릴레이이다. [표 2-3]에서 볼 수 있듯 접점의 배열 방식에 따라 SPST(Single Pole Single Throw), DPST(Double Pole Single Throw), DPDT(Double

Pole Double Throw) 등의 릴레이가 있다.

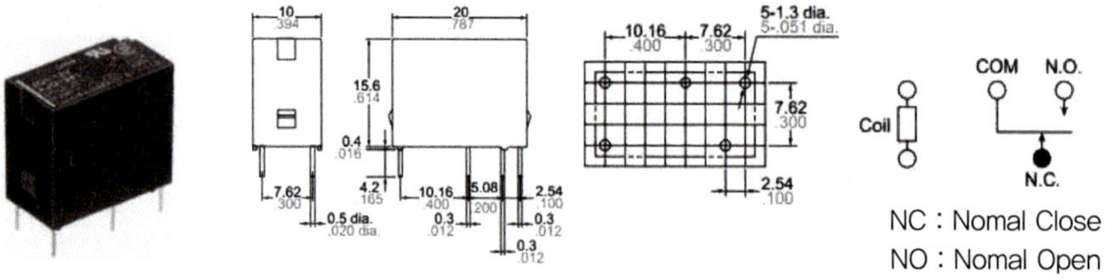

[그림 2-13] JQ1-5V-F 릴레이와 핀 구성

주요 사양

- 코일 유형 : 비래칭(non-latching)
- 코일 전류 : 80 mA
- 코일 전압 : 5 VDC
- 접점 정격(전류) : 5 A
- 스위칭 전압 : 250 VAC, 110 VDC-최대
- 작동 시간 : 20 ms
- 해제 시간 : 10 ms
- 작동 온도 : -40 °C ~ 70 °C

표 2-3 접점 구성에 따른 릴레이 분류

구분	접점 방식	동작 원리
SPST		단극 단투 스위치라 하며 가장 기본적인 릴레이이다. 하나의 선로를 On/Off 한다.
SPDT	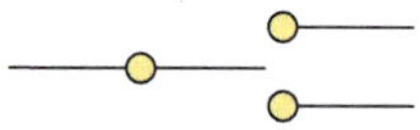	단극 쌍투 릴레이라 하며 두 개의 선로 중에 하나를 선택한다.
DPST	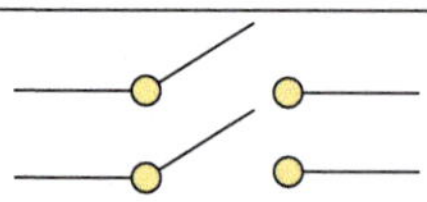	쌍극 단투 릴레이라 하며 동시에 두 개의 선로를 On/Off 제어할 수 있다.
DPDT	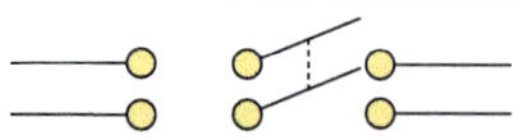	쌍극 쌍투 릴레이라 하며 SPDT 릴레이 두 개를 한번에 제어하는 원리이다.

릴레이 동작 원리를 간단히 파악하기 위해 회로 구성을 간략하게 했다. [그림 2-14]와 같이 릴레이의 NO와 NC 접점에 각각 LED를 연결하고 공통단자(COM)와 코일의 한쪽 부분을 5 V 전원에 연결한다. 그리고 나머지 코일의 한쪽을 오렌지 보드의 8번 핀에 연결한다. 하지만 릴레이를 이용한 프로젝트 시 오렌지 보드의 8번 핀과 코일 사이에 트랜지스터를 연결해주고 릴레이 코일에서 발생되는 역기전력으로부터 트랜지스터를 보호하기 위해서 다이오드를 두 코일 접점에 전원 방향의 반대 방향으로 연결해준다. 이렇게 8번 핀에 NPN 또는 PNP 트랜지스터를 연결했을 경우 핀 출력 신호에 따라서 [그림 2-14] 실습과 동작이 달라질 수 있다.

오렌지 보드의 8번 핀으로 LOW가 출력되면 릴레이의 NO 접점에 연결된 초록색 LED가 켜지고, 오렌지 보드의 8번 핀으로 HIGH가 출력되면 릴레이의 NC 접점에 연결된 빨간색 LED가 켜진다. 오렌지 보드 8번 핀의 HIGH 또는 LOW 신호에 따라 1초 간격으로 빨간색 LED와 초록색 LED가 교대로 켜진다.

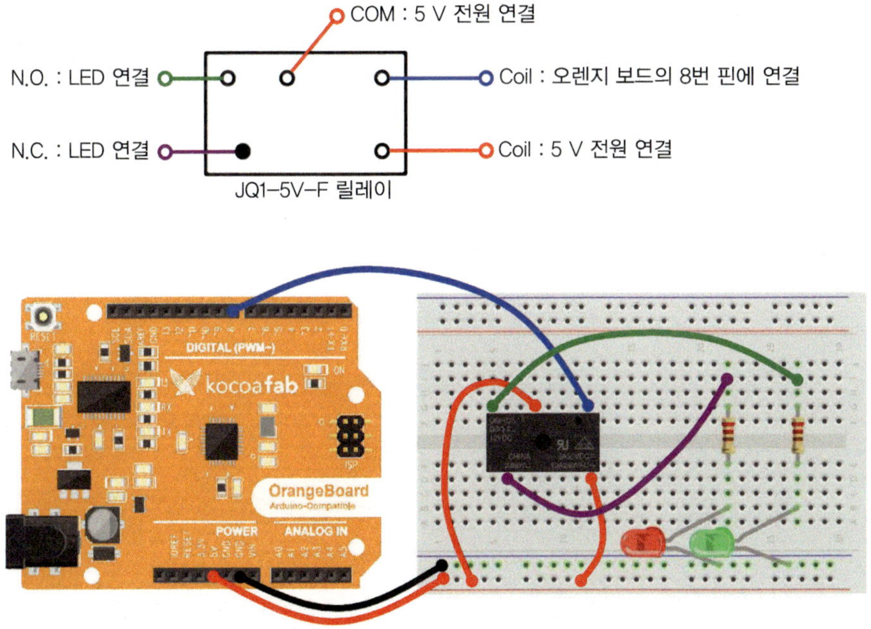

[그림 2-14] 릴레이와 LED 연결 모습

```
int ledPin = 8;                    // 코일 한쪽을 오렌지 보드의 8번 핀에 연결

void setup()
{
  pinMode (ledPin, OUTPUT);
}

void loop()
{
  digitalWrite (ledPin, LOW);    // 초록색 LED On
  delay (1000);

  digitalWrite (ledPin, HIGH);   // 빨간색 LED On
  delay (1000);
}
```

2장 | 응용 실습 |

1. 전압, 전류, 저항과 옴의 법칙에 대해서 설명한다.
2. 다섯 개의 LED를 연결한 뒤 PWM 출력을 만들어 점점 밝아졌다가 다시 점점 어두워지도록 한다.
3. 디지털 입 · 출력 함수와 아날로그 입 · 출력 함수를 조사하여 문서로 제출한다.
4. 특정 아날로그 핀의 전압을 읽는 프로그램을 작성한다.
5. 여덟 개의 LED를 연결한 회로를 만들고 이것을 상 · 하 또는 좌 · 우로 흔들었을 때 잔상 효과로 알파벳 'A' 가 표시되도록 한다.
6. 시리얼 통신으로 RGB LED의 색상을 제어하는 프로그램을 작성한다.
7. 릴레이의 종류와 실제 활용 사례를 조사하여 문서로 제출한다.

03

아두이노 입력 이해하기

학습목표

- 아두이노 디지털 입력을 이해하고 활용할 수 있다.
- 풀업 저항과 풀다운 저항을 설명할 수 있다.
- 스위치의 바운스 문제를 해결할 수 있다.

3-1. 두 개의 점퍼 케이블로 스위치 실습하기

오렌지 보드와 점퍼 케이블 두 개를 이용해서 스위치 원리를 실습해볼 수 있다.

[그림 3-1]과 같이 12번 핀과 GND 핀에 각각 점퍼 케이블을 연결하고 프로그램 코드를 업로드 하여 점퍼 케이블을 연결하였을 때와 떼었을 때 오렌지 보드의 LED가 어떻게 반응하는지 확인해본다.

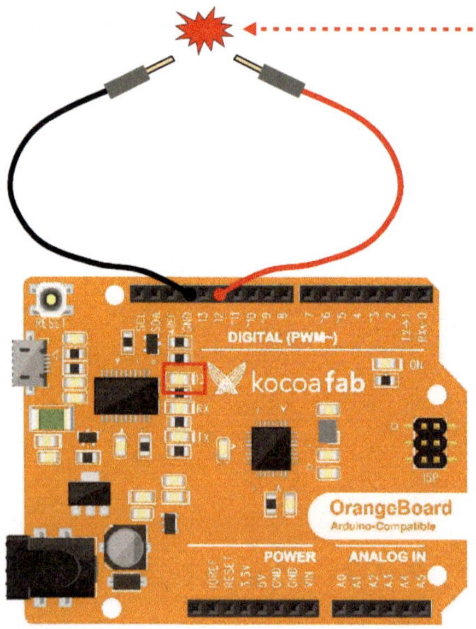

두 점퍼 케이블을 붙이면 오렌지 보드의 LED가 켜진다. 반대로 떼면 LED가 꺼진다. 이것은 12번 핀의 내부 풀업저항을 사용할 때 점퍼 케이블이 떨어져 있는 상태에서는 HIGH가 digitalRead(12) 함수로 읽히고 점퍼 케이블을 연결한 상태에서는 GND 상태인 LOW가 digitalRead(12) 함수로 읽히기 때문이다. 예제 코드의 if문을 다시 확인해보자. 점퍼 케이블을 합선시키면 LED가 켜지도록 되어 있다.

[그림 3-1] 점퍼 케이블로 스위치 실습

```
void setup()
{
   pinMode (13, OUTPUT);        // 13번에 연결된 LED 사용
   pinMode (12, INPUT);         // 12번 핀 입력 선언
   digitalWrite (12, HIGH);     // 12번 핀 내부 풀업저항 활성화
}
```

```
void loop()
{
   int sw_input = digitalRead (12);  // 12번 핀 입력값 sw_input 변수에 저장

   if (sw_input == LOW)              // 점퍼 케이블을 서로 연결하면,
   {
      digitalWrite (13, HIGH);       // LED 켜짐
   }
   else                              // 점퍼 케이블을 연결하지 않으면,
   {
      digitalWrite (13, LOW);        // LED 꺼짐
   }
}
```

풀업(Pull-up) 저항과 풀다운(Pull-down) 저항

스위치 회로에서 스위치의 On/Off 상태에 따라 분명한 논리 레벨을 얻기 위해서 연결하는 저항을 풀업 또는 풀다운 저항이라 한다. 풀업 저항의 스위치는 부논리로 스위치가 On(닫힘)되면 논리 입력은 0(Low)이 되고 Off(열림)되면 논리 입력은 1(High)이 된다.

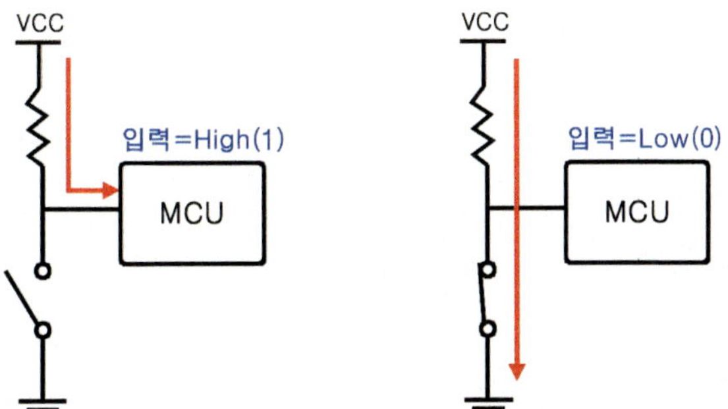

[그림 3-2] 풀업 저항의 스위치를 On/Off 했을 때 입력 상태

풀다운 저항은 풀업 저항의 반대인 정논리로 입력을 받는다.

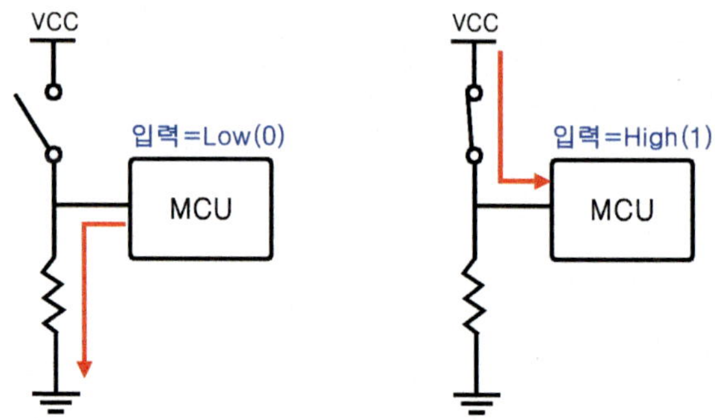

[그림 3-3] 풀다운 저항의 스위치를 On/Off 했을 때 입력 상태

오렌지 보드의 입·출력 핀들은 내부에 풀업 저항을 모두 가지고 있으며 프로그램으로 풀업 저항을 사용하도록 만들 수 있다. 풀업 저항의 스위치가 부논리로 동작하기 때문에 직관적인 방식과 반대로 입력을 받지만, ATmega328P를 포함한 대부분의 마이크로컨트롤러들이 핀 내부에 풀업 저항을 가지고 있어 회로를 구현하기 쉽고, VCC보다 GND가 더 안정적인 전압을 유지하는 등의 장점이 있어 일반적으로 풀업 저항을 많이 사용한다. 아두이노에서 특정 디지털 입·출력 핀의 내부 풀업 저항을 사용하고자 할 때는 setup() 함수에 아래의 코드를 추가하는 방법도 있다.

```
pinMode (2, INPUT_PULLUP);     // 2번 핀의 내부 풀업 저항 사용
```

3-2. 푸시 버튼으로 디지털 입력 이해하기-1

푸시 버튼을 누르면 오렌지 보드의 LED가 켜지고, 떼면 LED가 꺼지도록 한다. [그림 3-4]처럼 푸시 버튼은 4개의 커넥터를 가지고 있고 브레드보드의 소켓 간격과 맞다. 1번과 2번 그리고 3번과 4번은 항상 연결되어 있고 푸시 버튼을 누르면 1번과 4번 그리고 2번과 3번이 연결된다. 즉 푸시 버튼을 누르면 1번, 2번, 3번, 4번 모든 핀

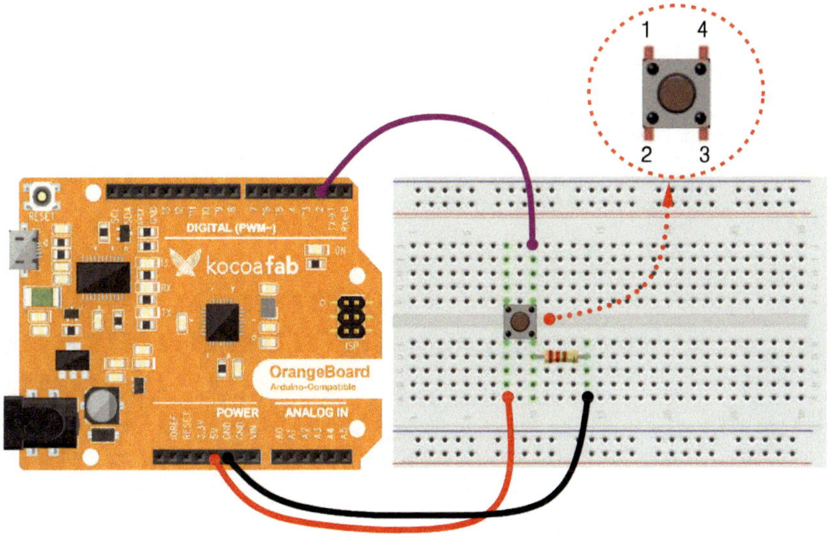

[그림 3-4] 푸시 버튼 연결

이 연결이 되는 것이다.

프로그램 코드는 아두이노 IDE에서 제공되는 'Button' 예제 코드를 사용한다.

[그림 3-4]와 같이 푸시 버튼을 연결하고 **파일 → 예제 →** Digital → Button 스케치 예제를 업로드 한다.

```
const int buttonPin = 2;                    // 푸시 버튼의 핀 번호 2
const int ledPin = 13;                      // 오렌지 보드의 LED 핀 번호 13

int buttonState = 0;                        // 입력 핀의 상태 값을 저장하는 변수

void setup()
{
   pinMode (ledPin, OUTPUT);                // LED 핀 출력 설정
   pinMode (buttonPin, INPUT);              // 푸시 버튼 입력 설정
}

void loop()
```

```
{
   buttonState = digitalRead (buttonPin);  // 2번 핀 입력 상태 값 저장

   if (buttonState == HIGH)                // buttonState 변수가 HIGH(1)이면
   {                                       // 즉, 푸시 버튼이 눌렸다면,
      digitalWrite (ledPin, HIGH);         // LED 켜짐
   }
   else                                    // 버튼 조작이 없으면,
   {
      digitalWrite (ledPin, LOW);          // LED 꺼짐
   }
}
```

➡ 푸시 버튼이 눌렸을 때 오렌지 보드의 디지털 핀 2번에 5 V 전원이 흐르게 되며 이것은 HIGH(1)로 읽히게 된다. 예제 코드는 버튼이 눌렸을 때 LED가 켜지고 반대로 푸시 버튼이 눌리지 않으면 그라운드인 LOW(0)로 버튼 상태 값을 읽고 LED가 꺼지도록 한다.

푸시 버튼이 눌리지 않은 상태에서는 LOW(0)로 상태 값이 읽히는 것이기 때문에 이 회로에서 사용된 저항은 풀다운 저항이다.

3-3. 푸시 버튼으로 디지털 입력 이해하기-2

[그림 3-4]와 같은 연결 상태에서 프로그램 코드만 변경하여 푸시 버튼을 누를 때마다 LED가 켜졌다 꺼졌다를 반복한다. 이 예제는 스위치의 채터링 문제를 소프트웨어적으로 해결하는 방법을 제시하고 있다.

프로그램 코드는 아두이노 IDE에서 제공되는 'Debounce' 예제 코드를 사용한다.

파일 → **예제** → Digital → Debounce 스케치 예제를 업로드 한다.

```
const int buttonPin = 2;                  // 푸시 버튼의 핀 번호 2
const int ledPin = 13;                    // 오렌지 보드의 LED 핀 번호 13

int ledState = HIGH;                      // 출력 핀의 현재 상태
int buttonState;                          // 입력 핀의 현재 상태 값
int lastButtonState = LOW;                // 입력 핀의 이전 상태 값
long lastDebounceTime = 0;                // 버튼 입력 값이 변경 된 최근 시간
long debounceDelay = 50;                  // 디바운싱 시간

void setup()
{
  pinMode (buttonPin, INPUT);             // 푸시 버튼 입력 설정
  pinMode (ledPin, OUTPUT);               // LED 핀 출력 설정
  digitalWrite (ledPin, ledState);        // LED 상태 초기화. 최초 LED 켜짐
}

void loop()
{
  int reading = digitalRead (buttonPin);  // 버튼의 상태 값을 reading 변수에 저장

  if (reading != lastButtonState)         // 버튼의 상태 값이 변경되면,
  {
    lastDebounceTime = millis ();         // 디바운싱 값을 현재 시간으로 초기화
  }

  // 디바운싱 값이 50을 넘기면, 읽은 스위치 상태를 현재 스위치 상태로 간주
  if ((millis () - lastDebounceTime) > debounceDelay)
  {
    if (reading != buttonState)           // 버튼 상태가 변경되었다면,
    {
      buttonState = reading;
      if (buttonState == HIGH)            // 버튼 상태가 HIGH일 때만,
      {
        ledState = !ledState;             // LED 상태 변경
      }
    }
  }

  digitalWrite (ledPin, ledState);        // 13번 LED에 LED 상태 값 반영
  lastButtonState = reading;              // 버튼 입력 값을 저장
}
```

채터링(Chattering)과 디바운싱(Debouncing)

스위치는 접점 부분에서 열림과 닫힘이 매우 짧은 시간에 여러 번 반복되는 채터링 또는 바운스(Bounce)라고 부르는 현상이 발생된다. 사용자는 스위치를 한 번 눌렀지만 마이크로컨트롤러는 여러 번 버튼을 누른 것으로 인식하기 때문에 스위치를 사용할 때는 채터링 문제를 반드시 해결해야 한다. 채터링 문제를 제거하는 것을 디바운싱이라 하며 디바운싱을 하는 방법은 하드웨어적인 방법과 소프트웨어적인 방법이 있다.

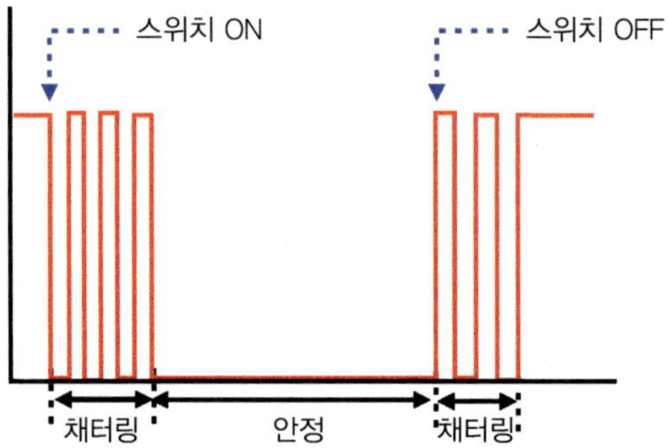

[그림 3-5] 스위치 채터링

하드웨어적인 해결 방법에는 스위치 입력단 앞쪽에 슈미트트리거(Schmitt-trigger) 회로를 구성하거나 수 μF 용량의 콘덴서(capacitor)를 연결해주는 방법이 있다. 스위치가 포함된 제품을 생산 시 슈미트트리거 관련 IC를 회로에 추가하면 그만큼 생산 비용이 증가하기 때문에 일반적으로는 콘덴서를 추가한다. 소프트웨어적인 해결 방법에는 스위치의 입력 상태 변화가 일어나자마자 채터링이 발생되는 수 십~수 백 밀리초(ms)동안 다른 코드가 실행되지 않도록 시간을 지연시킨 뒤, 스위치 입력 상태를 재확인하여 스위치 상태에 해당하는 동작이 실행되도록 한다. 이런 소프트웨어적 디바운싱은 Bounce 또는 Debounce 라이브러리 형태로 제공되고 있다.

코드 해석

```
int reading = digitalRead (buttonPin);

if (reading != lastButtonState)
{
   lastDebounceTime = millis ();
}
```

버튼이 눌리게 되면 그 값을 받아서 reading 변수에 저장을 한다. reading 변수에 저장된 값이 채터링 문제로 스위치의 상태 값이 변경이 되었다면 이때는 채터링 제거를 위한 lastDebounceTime 변수 값을 현재까지 카운트된 시간으로 초기화 한다.

millis() 함수는 오렌지 보드에서 현재 프로그램이 시작된 이후의 시간을 밀리초(milliseconds) 단위로 값을 반환한다.

```
if ((millis () - lastDebounceTime) > debounceDelay)
```

debounceDelay 변수는 50으로 초기화 되어 있고, 이 값보다 시간이 지났다면 읽은 스위치 상태 값을 현재의 스위치 상태 값으로 간주하고 그 다음 프로그램 코드를 실행한다. 만약 그게 아니라면 기존의 LED 상태가 그대로 유지된다.

3-4. 3색 RGB LED를 연결하여 무지개색 표현하기

2장에서 배운 3색 RGB LED 연결 회로에 푸시 버튼을 추가하여 버튼을 누를 때마다 “빨, 주, 노, 초, 파, 남, 보” 무지개 색이 표시되도록 한다. 3색 RGB LED 연결은 [그림 3-6]처럼 연결하고 프로그램 코드를 업로드 한다.

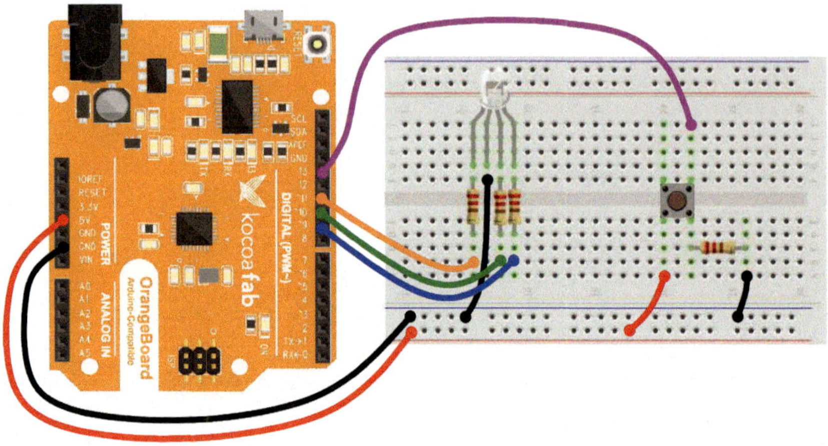

[그림 3-6] 캐소드 공통 형 RGB LED와 푸시 버튼 연결

```
int redPin = 11;                    // 빨간색 핀. 오렌지 보드 11번 핀에 연결
int greenPin = 10;                  // 초록색 핀. 오렌지 보드 10번 핀에 연결
int bluePin = 9;                    // 파란색 핀. 오렌지 보드 9번 핀에 연결
int buttonPin = 13;                 // 푸시 버튼. 오렌지 보드 13번 핀에 연결

boolean currentButton = LOW;        // 현재 버튼 상태
boolean lastButton = LOW;           // 이전 버튼 상태
int ledMode;                        // RGB LED 모드 전역변수

void setup()
{
   pinMode (buttonPin, INPUT);      // 13번 핀 입력으로 설정
}

void loop()
{
   currentButton = debounce (lastButton);

   if (lastButton == LOW && currentButton == HIGH)
   {
      ledMode++;
```

```
    }
    lastButton = currentButton;
    colorMode (ledMode);

    if (ledMode == 8)
    {
        ledMode = 0;
    }
}

boolean debounce (boolean push)
{
    boolean current = digitalRead (buttonPin);

    if (push != current)
    {
        delay (5);
        current = digitalRead (buttonPin);
    }

    return current;
}

void setColor (int red, int green, int blue)
{
    analogWrite (redPin, red);
    analogWrite (greenPin, green);
    analogWrite (bluePin, blue);
}

void colorMode (int ledColor)
{
    if (ledColor == 1)
    {
        setColor (255, 0, 0);           // 빨강
    }
    else if (ledColor == 2)
    {
        setColor (255, 94, 0);          // 주황
```

```
    }
    else if (ledColor == 3)
    {
       setColor (255, 187, 0);         // 노랑
    }
    else if (ledColor == 4)
    {
       setColor (0, 255, 0);           // 초록
    }
    else if (ledColor == 5)
    {
       setColor (0, 0, 255);           // 파랑
    }
    else if (ledColor == 6)
    {
       setColor (5, 0, 153);           // 남색
    }
    else if (ledColor == 7)
    {
       setColor (95, 0, 255);          // 보라
    }
    else
    {
       setColor (0, 0, 0);             // 색 없음
    }
}
```

코드 해석

```
currentButton = debounce (lastButton);

if (lastButton == LOW && currentButton == HIGH)
{
   ledMode++;
}
```

debounce() 사용자 정의 함수를 호출하면서 이전 버튼의 상태를 전달한다. debounce() 함수는 버튼의 디바운싱 코드이며 최종적으로 버튼의 현재 상태 즉, 버튼이 눌려져 오렌지 보드 13번 핀의 디지털 입력 값이 HIGH인지를 판단한다. debounce() 함수를 호출하여 버튼이 눌러진 상태를 currentButton 변수에 저장을 하고 if 조건문을 통해 버튼을 누르지 않은 상태(lastButton == LOW)에서 눌러진 상태가 되었다면(currentButton == HIGH) ledMode 전역 변수 값에 1을 더한다. 전역 변수는 선언되면서 0으로 초기화되므로 최초 버튼을 누르면 ledMode 변수에는 1이 저장되고 이후 버튼을 누를 때마다 1씩 더해진다.

버튼을 눌렀다가 뗐거나 버튼을 누르지 않고 있을 때를 생각해보자. 최초 버튼을 누른 뒤 lastButton 변수에는 HIGH가 저장되어 있는 상태이고 if (lastButton == LOW && currentButton == HIGH) 조건 중 lastButton == LOW가 거짓이기 때문에 AND 연산의 결과도 거짓으로 ledMode 변수는 증가하지 않는다.

참고로 “&&”는 논리연산 AND로 두 조건이 모두 참(True)일 때 참이 된다. 비교 연산자 “==” 보다 연산자 우선순위가 낮기 때문에 비교 연산 이후에 논리연산이 이루어진다.

```
lastButton = currentButton;
colorMode (ledMode);

if (ledMode == 8)
{
   ledMode = 0;
}
```

currentButton 변수 값을 lastButton 변수에 저장한다. 이것은 버튼을 누르지 않았을 때 ledMode 변수 값이 증가되지 않도록 하기 위해서 필요하다. 버튼을 눌렀을 때 ledMode 변수 값을 1씩 증가시키면 되는데 누르지 않았거나 눌렀다가 뗐을 경우에 ledMode 변수 값이 증가되면 RGB LED의 상태가 불안정하게 동작하게 된다.

colorMode() 함수를 호출하면서 ledMode 변수 값을 전달하고 RGB LED는 그에 해당하는 색을 표시한다. 그리고 ledMode 변수가 8이 되면 다시 변수 값을 0으로 초기화해서 버튼을 누를 때마다 "빨주노초파남보" 무지개 색이 반복 실행되도록 한다.

```
boolean debounce (boolean push)
{
   boolean current = digitalRead (buttonPin);

   if (push != current)
   {
      delay (5);
      current = digitalRead (buttonPin);
   }

   return current;
}
```

loop() 문에서 debounce (lastButton) 형식으로 호출이 되면 매개 변수 push에 lastButton 변수 값을 복사한다. 최초 lastButton 변수는 LOW로 초기화 되어 있다.

digitalRead (buttonPin)은 오렌지 보드의 13번 핀으로 버튼의 상태 값을 읽는다. 버튼을 누르면 HIGH를 읽고 버튼을 누르지 않거나 뗀 상태일 때는 LOW를 읽는다. boolean current = digitalRead (buttonPin) 코드 부분은 버튼을 눌렀을 때는 HIGH를 current 부울 변수에 저장하고 그 외에는 LOW를 current 부울 변수에 저장한다.

if (push != current) 조건문을 통해서 버튼의 상태가 변경되었을 때 5 ms 정도 디바운싱한 뒤 다시 오렌지 보드의 13번 핀을 읽어 버튼의 상태 값을 current 변수에 저장한다. 그 값을 함수를 호출한 곳으로 HIGH 또는 LOW 값 형태의 부울 자료형으로 보낸다.

3장 | 응용 실습 |

1. 아두이노 IDE에서 제공되는 Debounce 스케치의 구현 방식과 다른 스위치 디바운스 프로그램을 작성한다.
2. 오렌지 보드 내부의 풀업 저항과 풀다운 저항을 사용하는 방법을 찾고 각각 프로그램을 작성한다.
3. 슈미트트리거 회로를 스위치 회로에 적용한다.
4. 인터럽트(Interrupt)가 무엇인지 조사한 뒤 문서를 작성하여 제출한다.
5. RGB LED를 외부 인터럽트(하드웨어 인터럽트) 버튼에 연결하고 RGB LED에서 표시될 세 가지 색상을 자유롭게 정한다. 처음에 한 가지 색상이 점멸되는 상태에서 외부 인터럽트 버튼을 누를 때마다 다른 색상으로 바뀌면서 점멸되는 프로그램을 작성한다.

04 아두이노 시리얼 통신

학습목표

- 시리얼 통신을 이해하고 활용할 수 있다.
- 비트와 바이트 매크로 함수를 활용할 수 있다.

4-1. 시리얼 통신

별도의 시리얼 통신 케이블 없이 오렌지 보드에 연결되어 있는 USB 케이블을 통해 컴퓨터와 오렌지 보드 간 시리얼 통신을 쉽게 구현할 수 있다.

앞서 푸시 버튼에서 사용한 회로를 그대로 사용해서 아두이노 IDE의 시리얼 모니터 창을 통해 푸시 버튼의 상태 값을 확인 해보자. 푸시 버튼이 눌렸을 때는 HIGH(1)이고, 버튼이 눌리지 않으면 LOW(0)이다.

[그림 3-4]와 같이 부품을 연결하고 **파일** → **예제** → Basics → DigitalReadSerial 스케치 예제를 업로드 한다.

```
int pushButton = 2;

void setup()
{
   Serial.begin (9600);             // 시리얼 통신 속도를 9600 bps로 초기화
   pinMode (pushButton, INPUT);     // 푸시 버튼 핀을 입력으로 설정
}

void loop()
{
   int buttonState = digitalRead (pushButton); // 입력 핀 상태 읽음
   Serial.println (buttonState);               // 버튼 상태 시리얼 창에 출력
   delay (1);                                  // 1 ms 지연
}
```

➡ 툴 → 시리얼 모니터(Ctrl + Shift + M) 또는 아두이노 IDE의 시리얼 모니터 아이콘을 클릭하여 시리얼 모니터 창을 띄운다.

푸시 버튼의 상태 값을 1 ms 간격으로 출력한다.

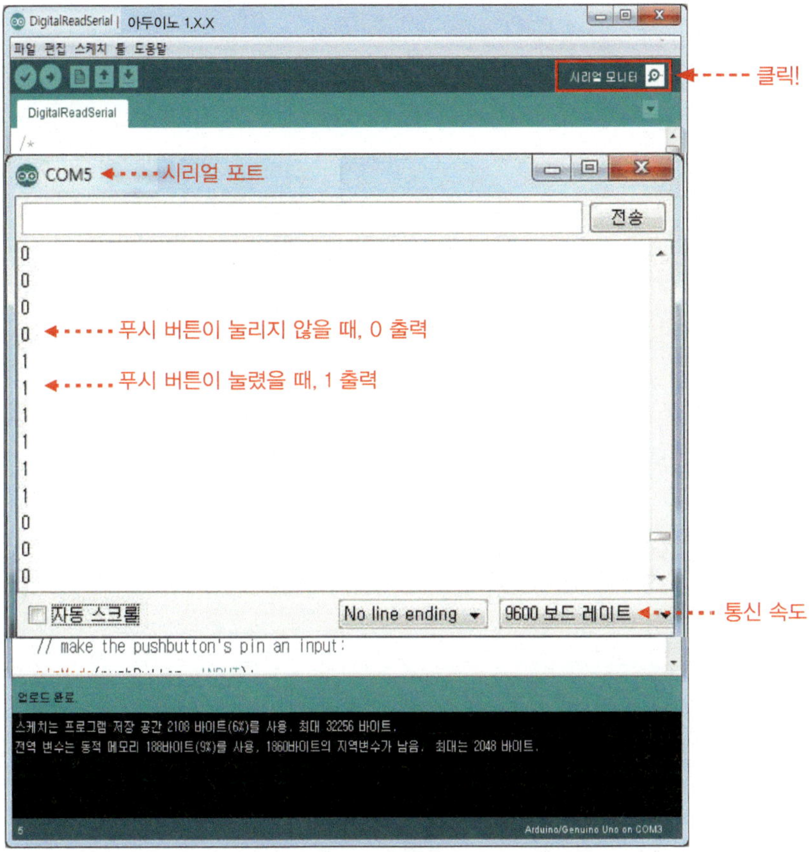

➡ 오렌지 보드의 13번 핀에 연결된 LED도 함께 동작하도록 하려면 프로그램 코드를 어떻게 추가 · 수정하면 되는지 생각해보기 바란다.

➡ 마이크로컨트롤러의 시리얼 통신을 구현하기 위해서는 관련되어 있는 여러 레지스터를 정확하게 설정해줘야 한다. 하지만 아두이노의 경우 'DigitalReadSerial' 예제를 통해 알 수 있듯 별다른 설정 과정 없이 쉽게 시리얼 통신을 구현할 수 있다.

4-2. 시리얼 통신으로 LED 제어하기

오렌지 보드의 13번 핀에 연결된 LED를 시리얼 통신으로 On/Off 시켜보자.

시리얼 모니터 창을 열어서 키보드로 '1'을 입력하면 오렌지 보드의 LED가 켜지고 '0'을 입력하면 LED가 꺼지도록 한다. 그리고 '1'과 '0'이 아닌 다른 값이 입력되면 명령을 다시 입력하라는 메시지가 출력되도록 한다.

이 예제을 통해 PC와 오렌지 보드 간의 시리얼 통신으로 LED를 On/Off 시킬 수 있다는 것을 확인할 수 있다.

```
const int ledPin = 13;          // 오렌지 보드의 LED 핀 번호 13

void setup()
{
   pinMode (ledPin, OUTPUT);    // LED 핀 출력 설정
   Serial.begin (9600);         // 시리얼 통신 속도를 9600 bps로 초기화
}

void loop()
{
   if (Serial.available () > 0)             // 데이터가 수신되면...
   {
      int button_cmd = Serial.read ();   // 수신 버퍼 값을 변수에 저장

      if (button_cmd == '1')                // 데이터가 '1'이면...
      {
         digitalWrite (ledPin, HIGH);    // LED On
         Serial.println ("LED ON");      // "LED ON" 문자열 출력
      }
      else if (button_cmd == '0')           // 데이터가 '0'이면...
      {
         digitalWrite (ledPin, LOW);     // LED Off
         Serial.println ("LED OFF");     // "LED OFF" 문자열 출력
      }
```

```
        else                                        // '1', '0' 데이터가 아닐 때...
        {
            Serial.println ("Unknown command!");
            Serial.println ("Pushbutton command input :");
        }
    }
}
```

코드 해석

Serial.available()은 시리얼 포트로부터 읽은 바이트(문자)의 수를 가져오는 함수이며, 수신된 데이터는 64 byte 크기의 버퍼에 차례대로 저장한다. Serial.read() 함수는 버퍼에 저장된 데이터 1 byte를 읽는다.

if (Serial.available() > 0) 코드는 시리얼 포트를 통해서 데이터가 수신된 것을 확인한 뒤에 수신된 데이터를 읽어오기 위한 부분이다. 시리얼 모니터 창을 통해 입력된 데이터는 수신 버퍼에 저장되고 수신 버퍼에 저장된 데이터를 Serial.read()를 통해 읽는다.

Serial.println()는 시리얼 모니터에 문자 또는 문자열을 줄 바꿈(개행) 처리해서 출력하는 함수이다. Serial.print() 함수와 같은 형태를 취하지만 Serial.print() 함수는 줄 바꿈 처리를 하지 않는다. 코드를 변경해서 확인해보기 바란다.

➡ 툴 → 시리얼 모니터(Ctrl + Shift + M) 또는 아두이노 IDE의 시리얼 모니터 아이콘을 클릭하여 시리얼 모니터 창을 띄운 뒤에 '1'과 '0'을 번갈아 입력해보고 다른 값도 입력해보자.

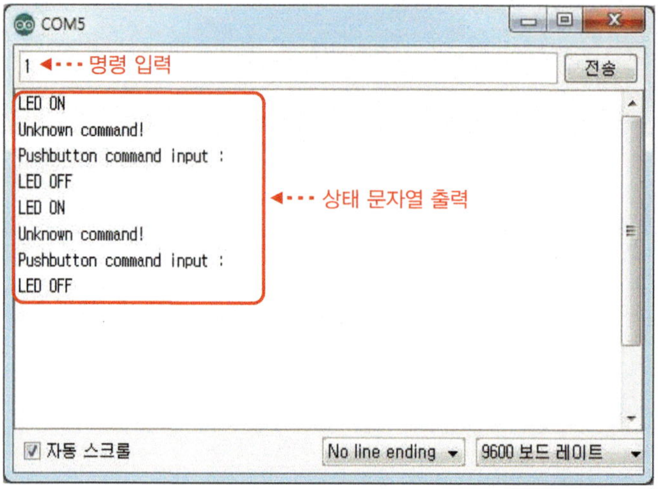

4-3. 시리얼 통신으로 여러 개의 LED 제어하기

8비트 시프트레지스터 74HC595를 사용하여 8개의 LED를 연결한다. 이 실습은 2장에서 언급된 [그림 2-9]의 회로를 그대로 사용한다.

프로그램 코드를 업로드 한 뒤에 시리얼 모니터 창을 띄워 0에서 7까지 임의의 숫자를 입력하고 전송 버튼을 누르면 해당 위치의 LED가 켜지고 그 외의 값을 입력하면 LED는 꺼진다.

```
int latchPin = 8;                    // 74HC595의 12번 핀 연결
int clockPin = 12;                   // 74HC595의 11번 핀 연결
int dataPin = 11;                    // 74HC595의 14번 핀 연결
int ledOff;                          // LED를 끄기 위한 전역 변수

void setup()
{
   pinMode (latchPin, OUTPUT);       // 오렌지 보드 8번 핀 출력 설정
   pinMode (clockPin, OUTPUT);       // 오렌지 보드 12번 핀 출력 설정
   pinMode (dataPin, OUTPUT);        // 오렌지 보드 11번 핀 출력 설정
```

```
    Serial.begin (9600);
    Serial.println ("Serial LED Control Input(0~7)");
}

void loop()
{
    if (Serial.available () > 0)
    {
        int bitToSet = Serial.read () - 48;

        if (bitToSet >= 8 || bitToSet < 0)
        {
            Serial.println ("LED Clear");
            ledClear ();
        }
        else
        {
            Serial.print ("LED position : ");
            Serial.println (bitToSet);
            registerWrite (bitToSet, HIGH);
        }
    }
}

void registerWrite (int whichPin, int whichState)
{
    byte bitsToSend = 0;

    digitalWrite (latchPin, LOW);

    bitWrite (bitsToSend, whichPin, whichState);

    shiftOut (dataPin, clockPin, MSBFIRST, bitsToSend);

    digitalWrite (latchPin, HIGH);
}

void ledClear ()
{
    digitalWrite (latchPin, LOW);

    shiftOut (dataPin, clockPin, MSBFIRST, ledOff);

    digitalWrite (latchPin, HIGH);
}
```

코드 해석

```
int bitToSet = Serial.read () - 48;
```

Serial.read() 함수를 통해 수신 버퍼에서 1 byte의 데이터를 읽어오는데 이 값은 ASCII 코드로 처리된다. 이 실습은 아두이노 IDE의 시리얼 모니터 창을 통해서 0에서 7까지의 숫자를 전송하면 오렌지 보드가 전송된 값의 위치에 연결되어 있는 LED가 켜지도록 처리하고 그 외의 값을 입력하면 LED가 꺼지도록 한다. 그런데 시리얼 모니터 창에서 숫자 0을 오렌지 보드로 전송하면 이 값을 ASCII 코드의 10진수 48로 오렌지 보드가 읽는다. Serial.read() 함수로 읽은 값을 그대로 처리하면 원하는 대로 LED를 제어할 수 없기 때문에 이 값에서 48을 빼줘 의도했던 숫자로 변경한 뒤 bitToSet 변수에 저장한다. [표 4-1]을 참고하면 좀 더 쉽게 이해될 것이다.

표 4-1 ASCII Table 숫자 부분과 처리 결과

ASCII 문자	10진수	16진수	Serial.read() – 48
0	48	0x30	48 – 48 = 0
1	49	0x31	49 – 48 = 1
2	50	0x32	50 – 48 = 2
3	51	0x33	51 – 48 = 3
4	52	0x34	52 – 48 = 4
5	53	0x35	53 – 48 = 5
6	54	0x36	54 – 48 = 6
7	55	0x37	55 – 48 = 7
8	56	0x38	56 – 48 = 8
9	57	0x39	57 – 48 = 9

```
if (bitToSet >= 8 || bitToSet < 0)
{
   Serial.println ("LED Clear");
   ledClear ();
}
```

만약 bitToSet 변수 값이 8 이상이거나 0보다 작은 수이면 숫자 0에서 7이 아닌 다른 값이 수신되었다는 것이기 때문에 아두이노 IDE의 시리얼 모니터 창에 “LED Clear”를 출력하고 ledClear() 함수를 호출하여 LED를 끈다.

```
else
{
   Serial.print ("LED position : ");
   Serial.println (bitToSet);
   registerWrite (bitToSet, HIGH);
}
```

bitToSet 변수 값이 0에서 7 사이의 값이면 아두이노 IDE의 시리얼 모니터 창에 “LED position : ” 문장과 bitToSet 변수 값이 출력이 되도록 하고 registerWrite() 함수를 호출하여 수신 된 bitToSet 변수 값에 해당하는 위치의 LED를 켠다.

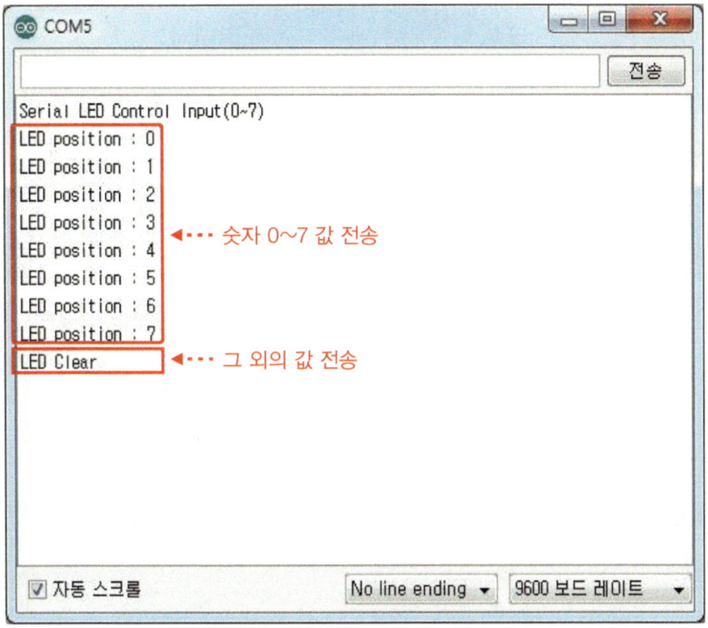

```
bitWrite (bitsToSend, whichPin, whichState);
```

아두이노는 비트 또는 바이트 단위의 데이터를 좀 더 쉽게 활용 할 수 있도록 두 개의 lowByte(), highByte() 바이트 명령과 다섯 개의 bitRead(), bitWrite(), bitSet(), bitClear(), bit() 비트 명령을 매크로 함수로 정의하고 있다.

이 매크로 함수는 "arduino.h" 파일에 정의되어 있으며 헤더 파일의 위치는 "C:\Program Files\Arduino\hardware\arduino\avr\cores\arduino"이다. 아두이노는 헤더 파일의 위치나 함수 또는 매크로 함수의 원형을 몰라도 함수의 매개변수 값을 적절하게 처리하면 활용하는데 크게 문제가 되지 않는다. 하지만 사용자가 의도한 대로 동작하지만 잘못된 방법으로 함수가 사용될 수 있고 구조적으로 모순된 코드를 만들 수 있기 때문에 매개변수 값이 어떻게 처리되는지 함수의 원형이나 매크로 함수의 형태를 직접 확인하고 적용하면 예상하지 못한 오류를 줄이는데 많은 도움이 될 수 있다.

비트와 바이트 명령의 매크로 함수의 원형은 다음과 같다.

```
#define lowByte(w)  ((uint8_t) ((w) & 0xff))
#define highByte(w)  ((uint8_t) ((w) >> 8))

#define bitRead(value, bit)  (((value) >> (bit)) & 0x01)
#define bitSet(value, bit)    ((value) |= (1UL << (bit)))
#define bitClear(value, bit)  ((value) &= ~(1UL << (bit)))
#define bitWrite(value, bit, bitvalue)  (bitvalue ? bitSet(value, bit) : bitClear(value, bit))
```

bitWrite()를 함수를 보면, bitvalue 값이 참(true)이면 bitSet(value, bit)을 거짓(false)이면 bitClear(value, bit)를 실행하는 조건 연산자(삼항 연산자)로 세 번째 매개변수 값을 참 또는 거짓의 부울형으로 입력한다. 이 과정을 정리하면 다음과 같다.

```
void loop()
registerWrite ( bitToSet, HIGH );
```
← 함수 호출

```
void registerWrite ( int whichPin, int whichState )
```

```
bitWrite ( bitsToSend, whichPin, whichState );
```
whichState == true

```
bitvalue ? bitSet ( value, bit ) : bitClear ( value, bit )
```
bitWrite 매크로 함수 동작

조건이 참일 때 조건이 거짓일 때

bitvalue 조건이 참이기 때문에 bitSet() 함수가 실행이 된다. bitSet() 함수의 인자 value와 bit 값은 bitWrite() 함수의 첫 번째와 두 번째 인자 값이다. registerWrite() 함수에서 bitsToSend 변수를 0으로 초기화 하고 있으니 value 값은 0이고 bit에 해당하는 것은 whichPin 변수이고 이 값은 registerWrite() 함수가 호출될 때 전달되는 bitToSet 값이다. 즉 아두이노 IDE의 시리얼 모니터 창에 입력한 0에서 7까지의 숫자 값이다. 시리얼 모니터 창에 0을 전송하였다고 가정하고 이 과정을 정리하면 다음과 같다.

```
bitWrite (value, bit, bitvalue) (bitvalue ? bitSet(value, bit) : bitClear(value, bit))
```

```
bitSet ( value, bit )
```
bitvalue가 참일 때

```
bitSet (value, bit) ((value) |= (1UL << (bit)))
```
bitSet 매크로 함수 원형

↓ 프로그램 코드에 사용된 변수로 변환

```
bitSet (bitsToSend, whichPin) ((bitsToSend) |= (1UL << (whichPin)))
```

```
bitsToSend = bitsToSend | ( 1 << whichPin )
```
UL : unsigned long 자료형

↓ 변수의 값으로 변환

```
0 | ( 1 << 0 )의 결과를 bitsToSend에 저장
```
whichPin = 0

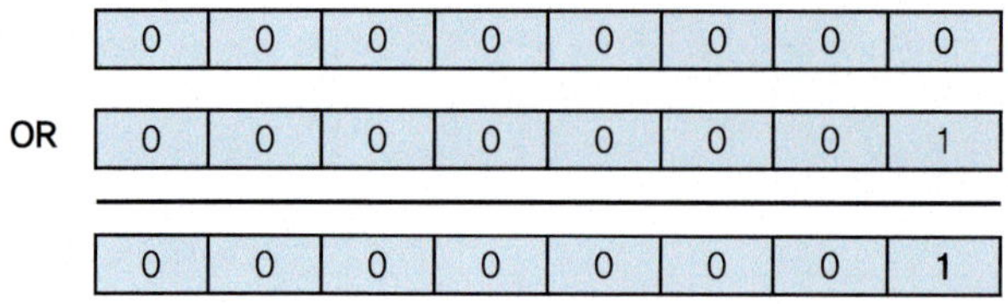

→ bitToSend 변수에 1 저장

bitSet() 함수는 IDE의 시리얼 모니터 창에서 입력 된 수만큼 1을 왼쪽으로 이동(shift)하여 그 자리를 1로 바꾸고, bitClear() 함수는 시리얼 모니터 창에서 입력 된 수만큼 1을 왼쪽으로 이동한 뒤 그 자리를 0으로 바꾼다. 시리얼 모니터 창에 만약 2를 입력하고 전송한다면 다음과 같이 bitToSend 변수 값이 바뀐다.

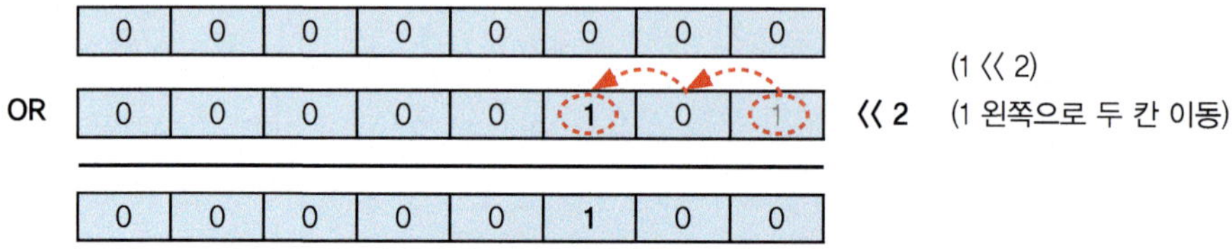

→ bitToSend 변수에 4 저장됨. 1이 들어간 자리의 LED가 켜짐.

아두이노 IDE의 시리얼 모니터 창에서 0을 전송하면 최종적으로 bitToSend 변수에 1이 저장되고 다음 shiftOut() 함수로 전달되어 1이 입력되어 있는 비트의 LED가 켜지는 것이다.

shiftOut() 함수가 이해되지 않을 경우 2장의 시프트레지스터 부분을 참고한다.

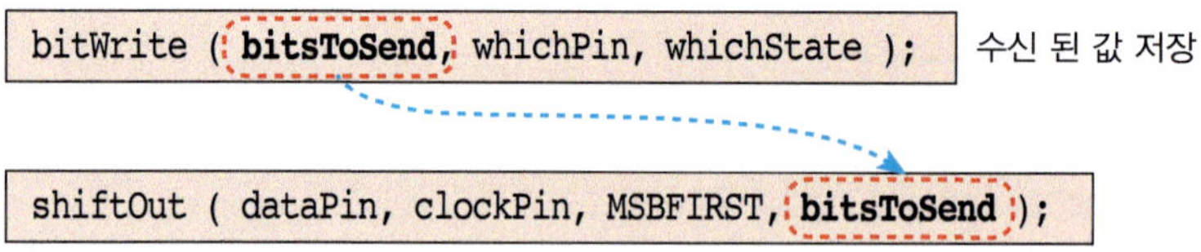

4장 | 응용 실습 |

1. 시리얼 통신과 관련 된 함수를 모두 조사하고 문서로 작성하여 제출한다.
2. USART(Universal Synchronous Asynchronous Reciever Transmitter)와 UART(Universal Asynchronous Reciever Transmitter)의 차이점과 RS232C, RS422, RS485를 조사한 뒤 문서로 작성하여 제출한다.
3. USART와 RS232C의 차이점이 무엇인지 설명한다.
4. 두 대의 오렌지 보드가 시리얼 통신으로 데이터를 전송하도록 연결하고 송 · 수신 프로그램을 작성한다.
5. 아날로그 핀 중 하나에 포텐셔미터(potentiometer)를 연결한다. 포텐셔미터를 돌리면 시리얼 모니터 창에 다음과 같은 형식의 값이 출력되도록 프로그램을 작성한다.

```
Analog Pin          value          percent
========================================
아날로그 핀          저항 값         백분율
```

6. ASCII 코드 테이블이 시리얼 모니터 창에 출력되도록 프로그램을 작성한다.

05

센서 활용하기

학습목표

- 다양한 센서의 동작 원리를 이해하고 활용할 수 있다.
- 필요한 라이브러리를 추가하고 활용할 수 있다.

5-1. 피에조 부저

수정, 세라믹, 전기석 같은 특정 광물에 물리적인 압력을 주면 그 에너지를 전기 에너지로 바꾸고 반대로 전기 에너지를 주면 압축 또는 팽창하는 특성을 피에조 효과(Piezoelectric effect) 또는 압전 효과라고 하고 피에조 부저(piezo buzzer)는 이런 피에조 효과를 이용한 소자이다. 피에조 부저는 얇은 세라믹층이 금속 디스크에 묶여 있는 구조를 가지고 있으며 전류 펄스가 입력되면 세라믹층이 떨리면서 소리가 발생된다.

부저의 종류는 매우 다양하며 [그림 5-1]처럼 부저마다 정격 전압, 동작 전압 등의 특성이 있기 때문에 사용하는 부저의 데이터시트를 확인하도록 한다.

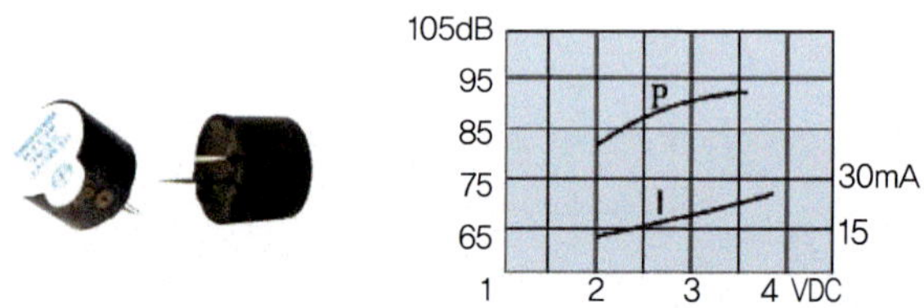

[그림 5-1] KPX-1203A 부저의 최소 음압(음의 세기) P와 최대 전류 I

5-1-1. 사이렌 효과음 만들기

피에조 부저는 극성을 가진 두 개의 단자를 가지고 있다. [그림 5-2]처럼 피에조 부저의 위쪽 라벨이나 옆쪽에 ⊕ 모양이 있는 단자에는 전류 펄스를 발생시킬 수 있는 오렌지 보드의 디지털 또는 아날로그 출력 핀에 연결하고 반대쪽의 짧은 단자에는 그라운드를 연결한다.

[그림 5-2] 부저 연결 모습

```
int sirenPin = 3;                    // 부저의 ⊕극을 오렌지 보드 3번에 연결

void setup()
{
                                     // tone 함수 사용 시 입출력 모드 설정 필요 없음
}

void loop()
{
   for (int siren = 200; siren < 2500; siren += 1)
   {
      tone (sirenPin, siren, 10);
      delay (1);
   }

   for (int siren = 2500; siren > 200; siren -= 1)
   {
      tone (sirenPin, siren, 10);
      delay (1);
   }
}
```

➡ 아두이노 IDE의 예제들 중 소리 출력과 관련된 것은 Digital 카테고리에 toneKeyboard, toneMelody, toneMultiple, tonePitchFollower가 있으니 각 예제마다 제시된 회로를 구성한 뒤 스케치를 하나씩 업로드 해보도록 한다.

코드 해석

```
tone (sirenPin, siren, 10);
```

오렌지 보드의 핀으로 특정 주파수의 구형파를 생성하는 것과 관련된 함수로는 tone()과 noTone()이 있다. tone() 함수와 noTone() 함수의 원형은 다음과 같다.

```
tone (pin, frequency)
tone (pin, frequency, duration)
noTone (pin)
```

tone()함수의 매개 변수 pin은 소리 즉 특정 주파수의 구형파가 출력되는 핀을 지정하고, frequency는 unsigned int 자료형의 출력 주파수(Hz)를 지정한다. 그리고 duration에 값을 지정하면 그 값만큼 ms 단위로 출력 주파수를 지속시킨다. duration 옵션 값을 쓰지 않으면 noTone() 함수가 호출되거나 다음 주파수 출력이 있을 때까지 출력 주파수에 해당하는 소리가 지속된다.

noTone() 함수는 해당 핀의 주파수 출력을 중지시킨다.

여러 개의 핀에서 동시에 다른 소리를 출력하지 못하기 때문에 다른 핀으로 tone() 함수를 호출하기 전에 현재 소리가 출력되는 핀은 noTone() 함수를 호출해서 중지시켜야 한다. 그리고 아두이노 메가 보드 이외의 보드에서 tone() 함수를 사용하면 3번 핀과 11번 핀을 analogWrite() 함수에 사용할 수 없다. 이것은 tone() 함수를 포함한 일부 함수들이 한정된 내부의 타이머/카운터를 중복해서 쓰기 때문이다.

5-1-2. 멜로디 만들기

우리에게 익숙한 동요 멜로디를 4옥타브 음계를 사용해서 만들어본다.

4옥타브의 "라(A)"는 음의 기준이며 "라(A)"의 주파수는 440 Hz이고 이것을 기준으로 한 옥타브 높아지면 주파수가 두 배가 되고 한 옥타브 낮아지면 주파수는 반으로 줄게 된다.

4옥타브 음계 주파수의 주기를 계산하면 [표 5-1]과 같으며 원하는 멜로디를 만들 때 엑셀 같은 계산 프로그램으로 미리 음계의 주기 또는 듀티비 등을 계산해놓고 필요할 경우 프로그램 코드에 적용하면 된다.

표 5-1 음계의 주파수와 주기

음계	주파수(Hz)	주기(μs)	50% 듀티비
도 (C)	261.6256	3822	1911
레 (D)	293.6648	3405	1703
미 (E)	329.6276	3034	1517
파 (F)	349.2282	2863	1432
솔 (G)	391.9954	2551	1276
라 (A)	440.0000	2273	1137
시 (B)	493.8833	2025	1013

$$\text{주파수}(Hz) = \frac{1}{\text{주기}(\mathrm{sec})}$$

$$\text{주기}(\mathrm{sec}) = \frac{1}{\text{주파수}(Hz)}$$

회로 연결은 [그림 5-2]와 동일하다. 프로그램 코드를 업로드하면 익숙한 동요 멜로디를 반복해서 출력한다. 웹에서 음계 주파수 테이블을 검색한 뒤 다른 옥타브 주파수 값으로 변경해서 출력해본다.

```
#define   C   262              // 도
#define   D   294              // 레
#define   E   330              // 미
#define   F   349              // 파
#define   G   392              // 솔
#define   A   440              // 라
#define   B   494              // 시

int piezoPin = 3;              // 부저의 ⊕극을 오렌지 보드 3번에 연결
int tempo = 200;               // duration 옵션 값 설정
int notes[24] = { G, G, A, A, G, G, E, G, G, E, E, D,
```

```
                    G, G, A, A, G, G, E, G, E, D, E, C };

void setup()
{

}

void loop()
{
   for (int i = 0; i < 12; i++)
   {
      tone (piezoPin, notes[ i ], tempo);
      delay (300);
   }
   delay (100);                           // 멜로디 중간에 짧게 멈추는 용도

   for (int i = 12; i < 25; i++)
   {
      tone (piezoPin, notes[ i ], tempo);
      delay (300);
   }
}
```

5-2. 광 센서

CdS 광전도 셀(CdS photoconductive cells)은 외부의 빛의 양에 따라 저항의 크기가 수 KΩ에서 수 MΩ으로 변화하는 특성을 가지며 양극(+)과 음극(-)을 구분하지 않는 무극성 소자이다. 외부 빛의 양이 적으면 저항의 크기가 커지고 반대로 빛의 양이 많으면 저항의 크기가 작아지는 CdS 센서의 특성을 이용해서 빛의 밝기에 따라 LED를 On/Off 할 수 있다.

CdS 센서와 관련된 동작의 오차를 줄이기 위해서는 사용하는 CdS 센서의 데이터시

트를 확인해서 특성을 확인하는 것이 좋다. 현재 사용된 CdS 센서는 PGM5537 모델로 10 Lux정도의 빛에서 저항이 16 KΩ~50 KΩ이고 빛이 없을 때 2 MΩ의 저항 특성을 가지고 있다.

CdS 광전도 셀을 이용하여 감지되는 빛의 양에 따라 LED가 On/Off 되도록 해보자. 프로그램 코드는 아두이노 IDE에서 제공되는 'Calibration' 예제 코드를 사용한다.

간단히 오렌지 보드의 13번 LED만으로 실습하기 위해서 아래 [그림 5-3]처럼 CdS와 저항을 연결하고 **파일** → **예제** → Analog → Calibration 스케치 예제를 불러온다. 이때 'Calibration' 예제의 두 번째 줄 const int ledPin = 9; 코드를 const int ledPin = 13;으로 수정한다.

단, 13번 핀을 사용하게 되면 감지된 CdS 센서 값에 따라 LED 밝기 조절은 되지 않는다. 따라서 analogWrite 함수를 통해서 LED 밝기가 조절되는 것을 확인하려면 PWM 출력이 되는 핀에 LED를 연결해야 한다.

CdS 리드 선의 한쪽에는 5 V를 연결하고 나머지 다른 쪽 리드 선은 10 KΩ 저항과 오렌지 보드의 아날로그 A0번 핀에 연결한다. 회로에 사용된 저항의 크기에 따라 CdS 센서에 가해지는 전압이 변경된다.

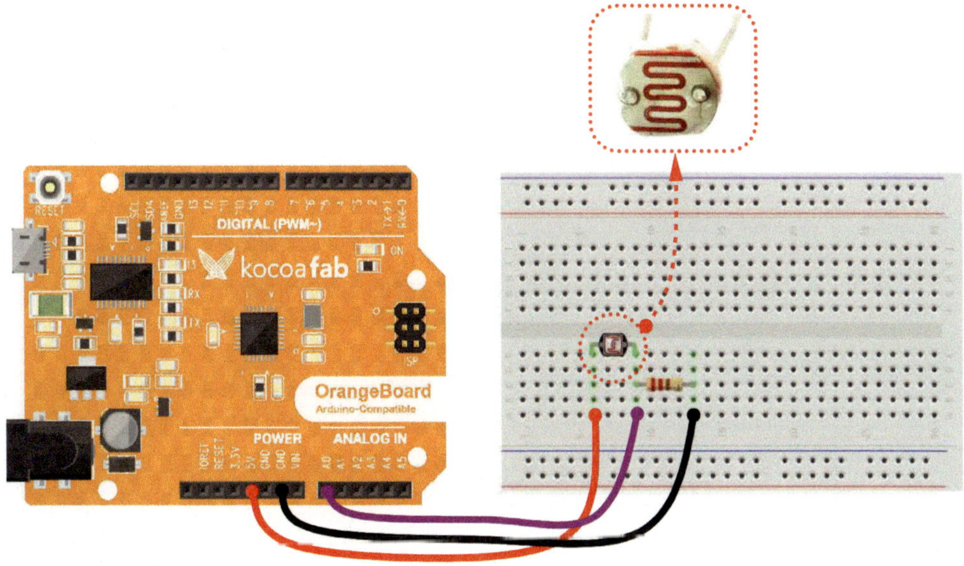

[그림 5-3] 광센서 연결

```
const int sensorPin = A0;      // 광센서 값을 측정하기 위한 핀. A0에 연결
const int ledPin = 13;         // 오렌지 보드 13번 LED로 수정
                               // 9번에 LED 회로를 연결 때는 수정하지 않음
int sensorValue = 0;           // 센서 변수 초기화
int sensorMin = 1023;          // 센서 최소값 1023으로 초기화
int sensorMax = 0;             // 센서 최대값 0으로 초기화

void setup()
{
   pinMode (ledPin, OUTPUT);                     // 13번 핀 출력 설정
   digitalWrite (ledPin, HIGH);                  // LED On

   while (millis () < 5000)                      // 처음 5초 동안 센서 값 읽음
   {
      sensorValue = analogRead (sensorPin);      // 센서 값 읽음
      if (sensorValue > sensorMax)               // 센서 최대값 체크
      {
         sensorMax = sensorValue;                // 센서 최대값 변수에 저장
      }

      if (sensorValue < sensorMin)               // 센서 최소값 체크
      {
         sensorMin = sensorValue;                // 센서 최소값 변수에 저장
      }
   }

   digitalWrite (ledPin, LOW);                   // LED Off
}

void loop()
{
   sensorValue = analogRead (sensorPin);         // 센서 값 읽음

   // 판독된 아날로그 센서 값(0~1023)을 0~255 값으로 변환하여 변수에 저장
   sensorValue = map (sensorValue, sensorMin, sensorMax, 0, 255);

   // 0~255 범위를 넘어설 경우 보정하여 변수에 저장. map()함수 후에 사용
   sensorValue = constrain (sensorValue, 0, 255);

   analogWrite (ledPin, sensorValue);            // 센서 값으로 LED On, Off
}
```

➡ Calibration 스케치 예제의 경우 CdS 센서에 빛이 공급되지 않도록 어둡게 하면 LED가 꺼지고 다시 빛을 가하면 LED가 켜진다. 이것과 반대로 어두워지면 자동으로 켜지는 가로등처럼 CdS 센서 주변이 어두워졌을 때 LED가 켜지게 하려면 제일 마지막 줄의 코드를 analogWrite (ledPin, 255 – sensorValue);로 변경한다.

CdS 센서 주변이 밝으면 밝을 수록 sensorValue 값이 255에 가까울 것이고 255 값은 5 V에 해당하기 때문에 255 – sensorValue 값으로 LED 동작 상태를 간단히 바꿀 수 있다. 다른 방법으로는 LED가 켜지도록 하는 기준 값을 정해놓고 analogRead()로 읽은 값과 비교하여 조건에 따라 LED를 동작시키거나 map() 함수의 sensorMin 변숫값(formLow)과 sensorMax 변숫값(formHigh)을 서로 바꿔 입력하는 방법도 있다.

코드 해석

```
map (value, fromLow, fromHigh, toLow, toHigh)
```

map() 함수는 수의 범위를 재설정한다. 즉, value 값의 fromLow는 toLow로 fromHigh는 toHigh로 바뀌며 그 사이의 값은 비례 배분한 값으로 바뀐다.

map() 함수의 원형은 다음과 같으며 반환되는 값을 어떻게 처리하는지 참고한다.

```
long map (long x, long in_min, long in_max, long out_min, long out_max)
{
   return (x - in_min) * (out_max - out_min) / (in_max - in_min) + out_min;
}
```

```
sensorValue = constrain (sensorValue, 0, 255);
```

constrain (x, a, b) 함수는 x 값을 a와 b 범위의 값으로 제한한다. 즉 sensorValue 값을 0에서 255 범위로 제한한다. map() 함수의 변환 값은 상 · 하한 값으로 한정되지 않기 때문에 이것을 제한하기 위해서는 constrain() 함수를 map() 함수 이후에 사용하면 된다.

map() 함수와 전압 분배 법칙

CdS 센서는 빛의 밝기에 따라 저항이 변화되는데 그 저항을 오렌지 보드에서 직접 측정하지 못하기 때문에 CdS 센서와 저항 사이의 관계를 전압 분배 법칙에 적용하여 전압을 측정하면 map() 함수의 매개 변수가 어떻게 처리되는지 좀 더 세부적으로 이해할 수 있다.

실습에 사용하는 CdS 센서가 매우 밝은 곳에서 2 KΩ, 빛이 없는 곳에서는 2 MΩ의 저항 특성을 가지고 있으며 CdS 센서에 연결된 저항의 크기는 10 KΩ이라 하자. 매우 밝은 빛이 CdS 센서에 가해질 때 오렌지 보드의 아날로그 A0번 핀으로 측정되는 전압을 계산하면 다음과 같다.

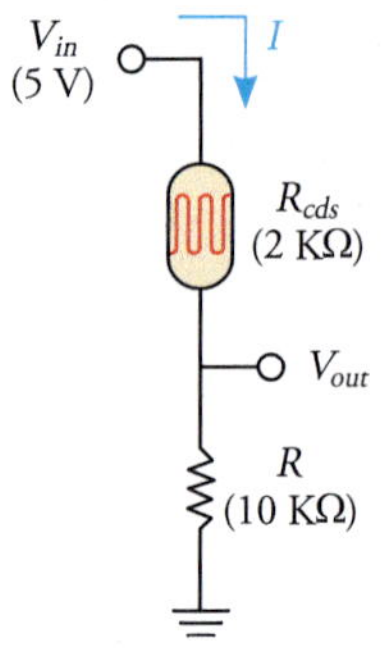

$$V_{in} = I(R_{cds} + R) \rightarrow I = \frac{V_{in}}{R_{cds} + R} \qquad (1)$$

$$V_{out} = IR \qquad \rightarrow I = \frac{V_{out}}{R} \qquad (2)$$

식 (1)과 식 (2)를 이용하여 V_{out}을 계산하면

$$V_{out} = \frac{R}{R_{cds} + R} V_{in} = \frac{10\,K\Omega}{2\,K\Omega + 10\,K\Omega} \times 5\,V = 4.2\,V$$

매우 밝은 빛이 CdS 센서에 가해질 때, 오렌지 보드의 아날로그 A0번 핀을 analogRead() 함수로 읽으면 4.2 V이다. 아날로그 신호를 디지털 신호로 변경해주는 ADC(Analog Digital Converter) 변환 공식에 적용하여 도출된 디지털 값은 860이다 (V_{in} : 입력 전압, V_{ref} : 기준 전압, ADC_{sensor} : 변환된 디지털 값).

$$ADC_{sensor} = \frac{V_{in} \times 1024}{V_{ref}}$$

$$ADC_{sensor} = \frac{4.2\ V \times 1024}{5\ V}$$

$$ADC_{sensor} = 860$$

ATmega328P는 10비트 분해능을 가진 6개의 ADC 채널을 가지고 있다. 아날로그 신호를 10비트의 디지털 값으로 변환한다는 것을 10비트 분해능을 가진다고 하며 10비트를 사용하여 나타낼 수 있는 수는 2^{10}(1024)이다.

map() 함수에서 ADC로 처리된 sensorMin 값과 sensorMax 값을 0에서 255 사이의 값으로 비례 배분한다. 이것은 ADC가 변환한 디지털 값을 analogWrite() 함수의 인자로 사용하지 못하기 때문에 0에서 255 사이의 값으로 다시 변환하는 것이다.

5-3. 온도 센서

온도 센서는 접촉식, 비접촉식, 초전형, 표면탄성파(SAW)형, 광파이버 등이 있으며 사용되는 위치와 용도, 그리고 측정해야 하는 온도 범위 등에 따라 적합한 종류를 사용해야 한다.

저렴하면서 온도 측정 범위가 넓은 TMP36 온도 센서를 활용해서 주변 온도를 측정해보자.

TMP36 온도 센서 [그림 5-4]는 2.7 V~5.5 V의 저전압에서 동작하며 전원 공급 핀, 접지 핀, 아날로그 신호 출력 핀을 가지고 있다. 세 개의 핀 중 아날로그 신호 출력 핀으로 1 ℃마다 10 mV 신호를 출력하고 ±2 ℃ 오차로 –40 ℃~125 ℃ 범위의 온도를 측정한다. 그리고 영하 온도 측정이 가능하며 0 ℃에서 500 mV 신호가 출력된다. 기준 온도 25 ℃에서 750 mV가 출력되며 이것을 계산해보면, 25 ℃ × 10 mV + 500 mV = 750 mV 이다.

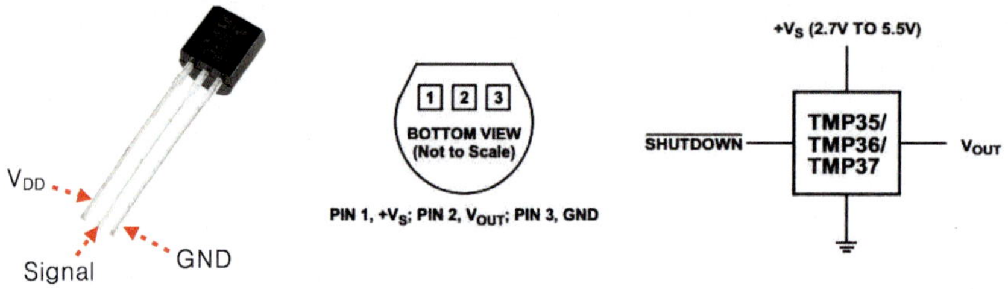

[그림 5-4] TMP36 온도 센서와 핀 구성

[그림 5-5]와 같이 연결하고 프로그램 코드를 업로드한다. 실습 환경 주변 온도를 측정하여 시리얼 모니터 창으로 출력하는 실습이다.

TMP36에 전원과 접지를 반대로 연결하면 순식간에 온도가 상승하여 온도 센서의 내부 회로가 타버릴 수 있기 때문에 주의한다. 이것은 극성을 가진 대부분의 소자를 사용할 때 주의할 점이다. 소자와 회로 주변이 뜨겁거나 타는 냄새가 나면 뭔가 문제가 발생한 것이기 때문에 전원선을 빨리 빼놓는다. 이때 부품을 만지면 화상을 입을 수 있으니 온도가 내려갈 때까지 부품을 만지지 않도록 한다.

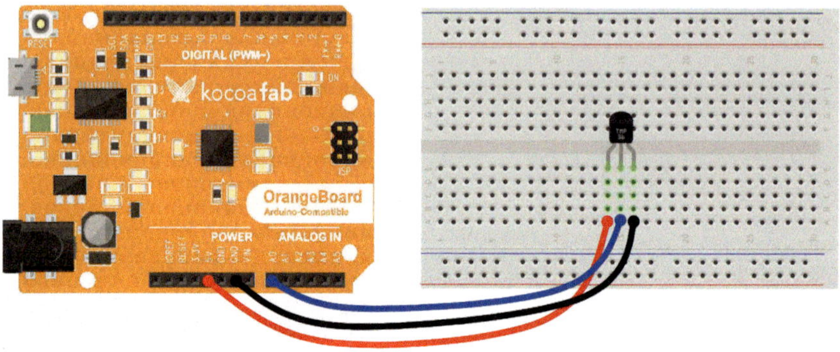

[그림 5-5] TMP36 온도 센서 연결

```
int tmpPin = A0;              // 온도 센서 신호 출력 핀. 오렌지 보드 A0에 연결

void setup()
{
   Serial.begin (9600);
   Serial.println ("start measure of temperature");
}

void loop()
{
   int tempValue = analogRead (tmpPin);
   float tempVolt = tempValue * 5.0 / 1024.0;
   float celsiusTemp = (tempVolt - 0.5) * 100;
   float fahrenheitTemp = (celsiusTemp * 9.0 / 5.0) + 32.0;

   Serial.print ("Celsius    : ");
   Serial.println (celsiusTemp);

   Serial.print ("Fahrenheit : ");
   Serial.println (fahrenheitTemp);
   Serial.println ();
   delay (3000);
}
```

➡ 시리얼 모니터 창을 실행하면 "start measure of temperature" 문장을 출력하고 섭씨(Celsius)와 화씨(Fahrenheit)를 3초 간격으로 출력한다.

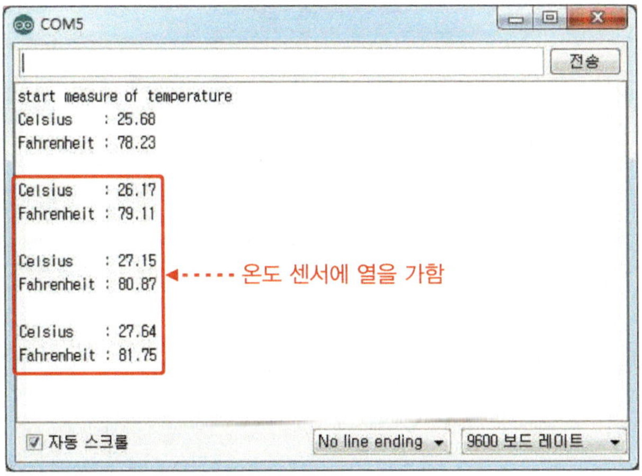

코드 해석

```
int tempValue = analogRead (tmpPin);
float tempVolt = tempValue * 5.0 / 1024.0;
```

아날로그 A0 핀에 연결된 온도 센서의 신호를 읽어 tempValue 변수에 저장한다. 오렌지 보드 내부의 ADC는 온도 센서의 신호를 0~1023 범위의 디지털 값으로 변환하므로 이것을 다시 0~5 V 범위의 전압으로 변환하기 위해서 tempVolt = ADC × 5 V / 1024 공식을 적용한다. 만약 온도 센서에 3.3 V 전압을 공급할 때는 tempVolt = ADC × 3.3 V / 1024로 공식을 수정하면 된다.

```
float celsiusTemp = (tempVolt - 0.5) * 100;
float fahrenheitTemp = (celsiusTemp * 9.0 / 5.0) + 32.0;
```

TMP36 온도 센서는 1 ℃마다 10 mV 신호를 출력하고 500 mV의 옵셋(offset)을 가지고 있기 때문에 섭씨를 계산할 때는 tempVolt에 저장된 전압에 0.5 V(500 mV)를 뺀 다음 100을 곱해준다. 섭씨온도는 1기압 하에서 물의 어는점을 0 ℃로 끓는점을 100 ℃로 하여 그 사이를 100 등분한 것이고 화씨온도는 1기압 하에서 물의 어는점을 32 ℉로 끓는점을 212 ℉로 정하고 두 점 사이를 180 등분한 온도이다.

fahrenheitTemp 변수는 화씨온도를 저장하기 위한 변수로 섭씨온도에 1.8을 곱한 다음 32를 더해준다.

5-4. 온도 · 습도 센서

습도의 측정은 전기적인 방식, 기계적인 방식, 모발이나 섬유의 신축성을 이용하는 방식 등 다양한 방식이 고안되어 왔다. 많이 이용되는 습도 센서는 거의 대부분이 전기적으로 습도를 검출하는 것이고 이것은 고분자 전해질, 다공질 구조의 세라믹 같은 센서 재료의 저항 또는 정전 용량이 습도에 따라 변하는 특성을 이용한다.

온도와 상대 습도(relative humidity)를 동시에 측정할 수 있는 DHT11 센서는 장시간을 사용해도 변화율이 낮으며 온도는 ±2 ℃ 오차로 0 ℃~50 ℃ 범위를 측정하며, 상대 습도는 ±5 %RH 오차로 20 %RH~90 %RH 범위를 측정한다.

[그림 5-6]과 같이 네 개의 핀을 가지고 있으며 전면에서 왼쪽이 1번 핀이고 오른쪽이 4번 핀이다. [그림 5-7]처럼 1번 핀과 4번 핀은 전원과 접지를 연결하고 2번 핀은 오렌지 보드의 디지털 2번 핀과 4.7 KΩ(또는 5 KΩ) 저항과 전원을 연결한다. 3번 핀은 사용하지 않는 핀이다.

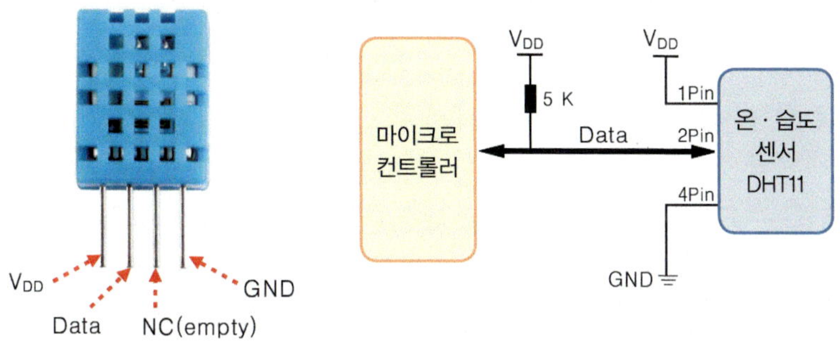

[그림 5-6] DHT11 온 · 습도 센서와 일반적인 회로 구성 방법

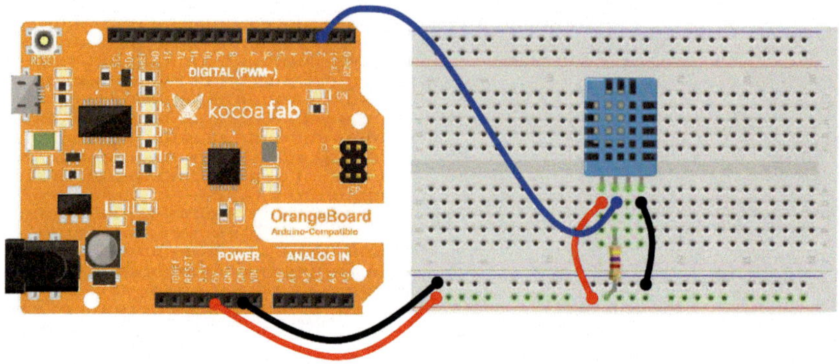

[그림 5-7] DHT11 센서 연결

마이크로컨트롤러(MCU)에서 시작 신호(start signal)를 보내면, DHT11는 저전력 모드에서 주행 모드로 변경한다. MCU의 시작 신호가 완료되면 상대 습도와 온도 정보를 포함하는 40 비트의 데이터를 MCU로 보낸다. 만약 MCU의 시작 신호가 없으면 DHT11는 MCU에 응답 신호를 전송하지 않는다. 데이터가 수집되면 다시 MCU로부터 시작 신호를 수신할 때까지 DHT11은 저전력 모드로 변경한다.

[그림 5-8]은 DHT11의 전체 통신 프로세스를 보여주고 있다. MCU와 DHT11 간 통신이 시작되면 MCU 프로그램이 단일 데이터 버스의 전압 레벨을 HIGH에서 LOW로 변경하고 이 신호를 DHT11에서 검출할 수 있도록 적어도 18 ms 지속한 뒤에 다시 전압 레벨을 HIGH로 바꿔 20~40 μs를 기다린다. DHT11이 MCU의 시작 신호를 검출하면 80 μs의 LOW 신호를 전송하고 이어서 80 μs의 HIGH 응답 신호를 보낸다.

DHT11에서 MCU로 데이터를 전송할 때 데이터의 모든 비트는 50 μs의 LOW 신호로 시작하며 이후 HIGH 신호의 길이 즉 지연 시간에 따라 0 또는 1의 데이터 비트가 전송된다. 50 μs의 LOW 신호이후 HIGH 신호가 26 μs~28 μs동안 지속되면 0, HIGH 신호가 70 μs 동안 지속되면 1로 결정된다.

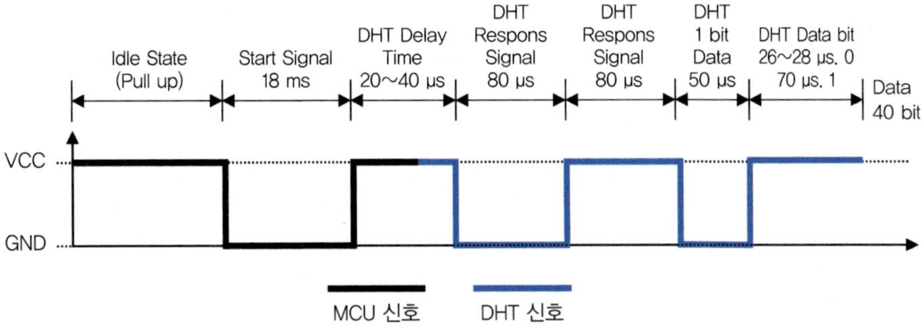

[그림 5-8] DHT11의 전체 통신 프로세스

DHT11 센서의 40 비트 데이터 구조는 다음과 같다.

① 8 비트 상대 습도 정수 데이터

② 8 비트 상대 습도 소수 데이터

③ 8 비트 온도 정수 데이터

④ 8 비트 온도 소수 데이터

⑤ 8 비트 검사 합(Check sum) : 데이터의 정확성을 검사하기 위한 용도
(8 비트 상대 습도 정수 데이터 + 8 비트 상대 습도 소수 데이터 + 8 비트 온도 정수 데이터 + 8 비트 온도 소수 데이터)

※ 데이터 전송 예

0001 1110		0000 0000		0001 1010		0000 0000		0011 1000
①	+	②	+	③	+	④	=	⑤

①~④까지의 32 비트 데이터의 합계가 ⑤ Check sum이며 이것을 확인해서 수신된 데이터의 에러를 판단한다. 00011110 00000000은 상대 습도 데이터 30.0 %RH이며 00011010 00000000은 온도 데이터 26.0 ℃이다.

DHT11는 한 개의 회선을 통해 데이터를 송 · 수신하고 MCU와 DHT11 간의 신호를 확인한 뒤에 전송되는 40 비트의 데이터가 HIGH로 지속되는 시간에 따라 상대 습도와 온도 데이터 정보가 결정된다. 대부분의 아두이노 사용자들이 장치가 처리하는 동작에 맞춰 프로그래밍 하는 것에 익숙하지 않은 경우가 많고 또한 제대로 동

작하도록 프로그래밍 하는 것은 어렵고 까다롭다. 그래서 DHT11로 온 · 습도를 측정하기 위한 실습은 아두이노 라이브러리를 이용한다. 다음 절차에 따라 DHT11 라이브러리를 먼저 추가한다.

❶ http://playground.arduino.cc/Main/DHT11Lib 에서 DHT11 라이브러리를 다운로드 하거나 구글에서 "DHT11.zip" 또는 "DHT11 library"로 검색한 뒤 깃허브(GitHub)에 공유되어 있는 해당 라이브러리 페이지에서 Download ZIP 버튼(링크)을 눌러 찾을 수 있는 경로에 다운로드 받는다. 라이브러리 위치나 파일 내용은 변경될 수 있다.

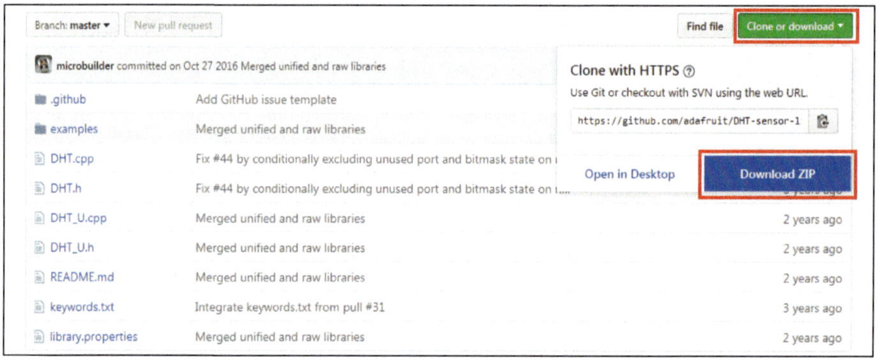

❷ 아두이노 IDE가 설치된 경로 C:\Program Files\Arduino\libraries 에 다운로드한 DHT11 라이브러리 압축 파일을 풀어준다. 이렇게 아두이노가 설치된 폴더의 libraries 폴더에 필요한 라이브러리 파일들을 복사해두면 **스케치-라이브러리 포함하기** 목록에서 새로 생성한 라이브러리가 추가되어 있는 것을 확인할 수 있는데 만약 추가한 라이브러리가 보이지 않으면 아두이노 IDE를 재시작한 뒤 확인하면 된다.

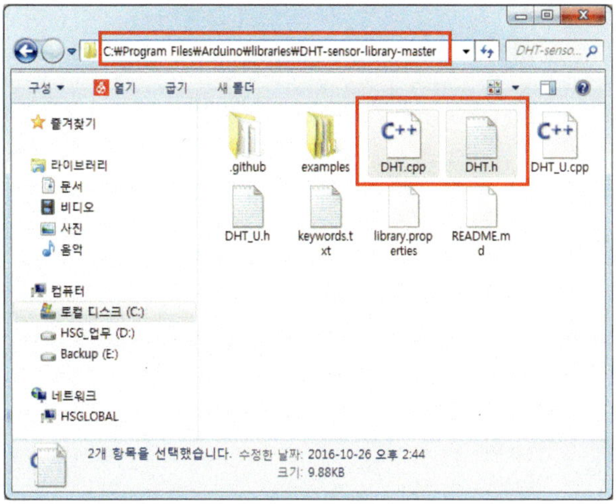

❸ libraries 폴더에 압축 파일을 풀고 확인하는 과정이 번거롭고 어렵다면 아두이노 IDE의 **스케치** 메뉴에서 **라이브러리 포함하기-.ZIP 라이브러리 추가**로 접근하여 다운로드한 ZIP 파일을 선택해서 포함시키는 방법이 좀 더 편할 수 있다. 이렇게 라이브러리를 추가하게 되면 C:\Users\사용자 계정\Documents\Arduino\libraries 폴더에서 추가된 라이브러리를 확인할 수 있다.

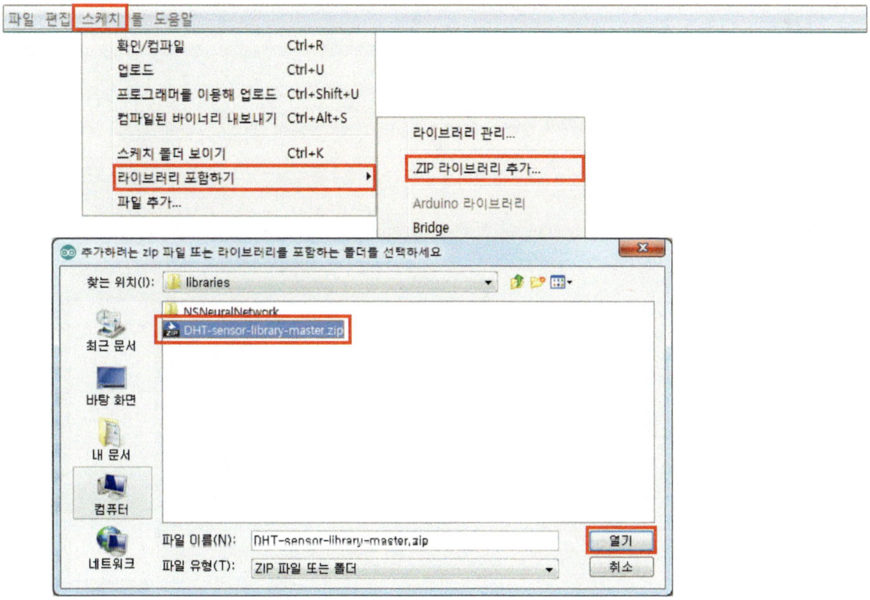

❹ 아두이노 IDE의 **스케치** 메뉴에서 **라이브러리 포함**하기로 접근하면 추가된 라이브러리가 목록에 포함되어 있는 것을 확인할 수 있고, 라이브러리를 선택하면 스케치에 #include <DHT.h> 코드가 자동으로 삽입된다.

❺ 앞서 설명된 두 가지 방법보다 더 쉽고 편리한 방법은 **스케치** 메뉴에서 **라이브러리 포함하기-라이브러리 관리**…의 라이브러리 매니저를 이용하는 것이다. 라이브러리 매니저 창의 오른쪽 상단의 **검색에 필터하기**… 부분에 필요한 라이브러리 키워드를 입력하여 검색한 뒤 해당 라이브러리를 선택하고 하단의 설치 버튼을 클릭한다. 설치가 완료되면 설치된 버전 정보와 INSTALLED가 표시되어 설치 상태를 확인할 수 있다.

사용자 PC의 보안 시스템 때문에 라이브러리 매니저에서 해당 라이브러리가 설치되지 않을 수도 있기 때문에 라이브러리 설치하는 방법을 모두 알고 있는 것이 좋다.

DHT11 센서 라이브러리를 추가했다면 같은 방식으로 "Adafruit_Sensor" 라이브러리도 추가해준다.

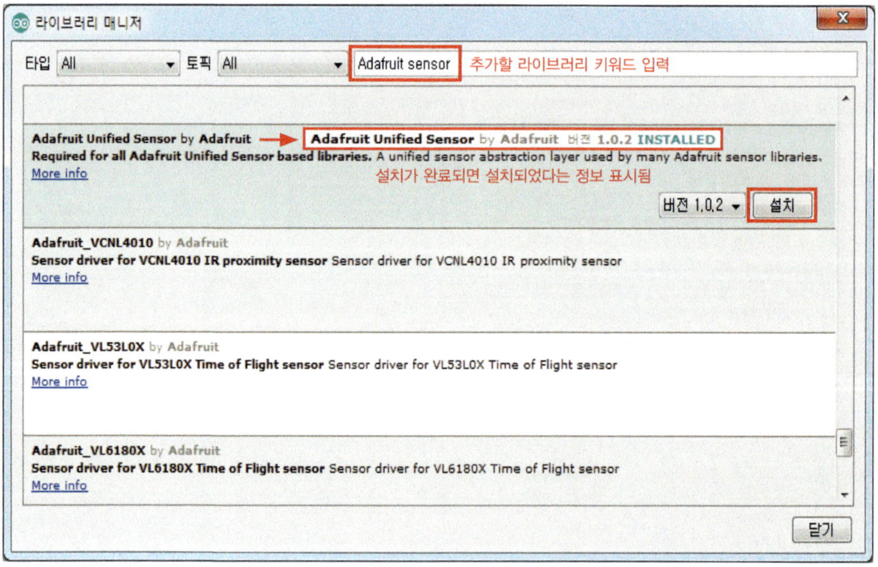

```
#include <DHT.h>                  // 라이브러리로 DHT 헤더파일 추가
#include <Adafruit_Sensor.h>      // 라이브러리로 Adafruit_Sensor 헤더파일 추가

#define  DHTPIN  2                // DHT11 2번 핀. 오렌지 보드 2번 핀에 연결

DHT dht (DHTPIN, DHT11);          // DHT11 센서 초기화

void setup()
{
   Serial.begin (9600);
   Serial.println ("DHT11 measure start!");
   Serial.println ();
   dht.begin ();
}

void loop()
{
   float humiValue = dht.readHumidity ();          // 습도를 읽어서 변수에 저장
   float tempValue = dht.readTemperature ();       // 섭씨온도를 읽어 변수에 저장

   if (isnan (humiValue) || isnan (tempValue))     // 만약 센서 값을 읽지 못하면
   {
      Serial.println ("Failed to read from DHT sensor!");
      return;
   }

   Serial.print ("Humidity    : ");
   Serial.print (humiValue);
   Serial.println (" %RH");
   Serial.print ("Temperature : ");
   Serial.print (tempValue);
   Serial.println (" C");
   Serial.println ();

   delay (2000);
}
```

➡ Adafruit_Sensor.h를 포함해야 컴파일 오류가 발생되지 않기 때문에 해당 라이브러리를 추가하도록 한다. 프로그램 코드를 업로드 한 뒤 시리얼 모니터 창을 띄우면 상대 습도와 온도를 2초 간격으로 표시한다. DHT11 센서에 입김을 불어 습도와 온도가 변경되는지 확인해보자.

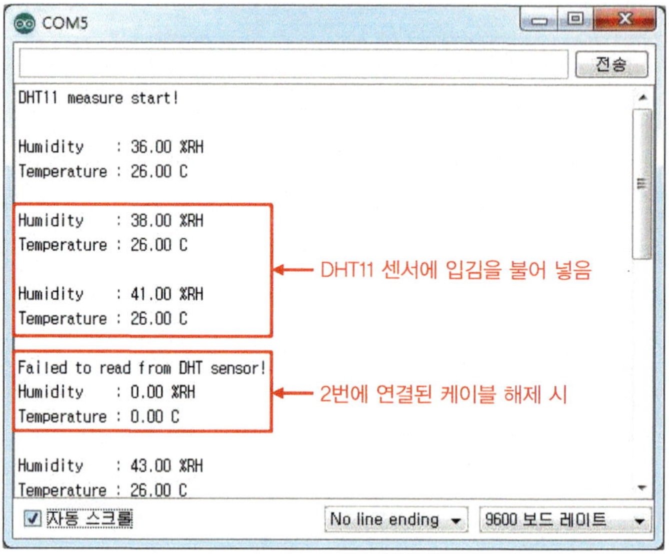

5-5. 토양 수분 센서

토양 수분 센서는 토양 내 수분 함량에 따른 저항의 변화를 측정하는 센서로 토양 내 수분과 토양을 구성하는 입자의 크기 및 다양성에 영향을 받는다. 토양 내 수분 함량이 많으면 저항 값이 작아지고 수분 함량이 부족하면 저항 값이 커진다.

YL-69 센서는 토양에 직접 꽂는 부분의 센서 단자와 센서 모듈과 연결하는 두 개의 연결 핀을 가지고 있다. YL-69 센서와 센서 모듈의 두 핀을 극성에 상관없이 서로 연결한다. 센서 모듈의 반대쪽에 네 개의 전원(VCC), 접지(GND), 디지털 출력 핀(DO),

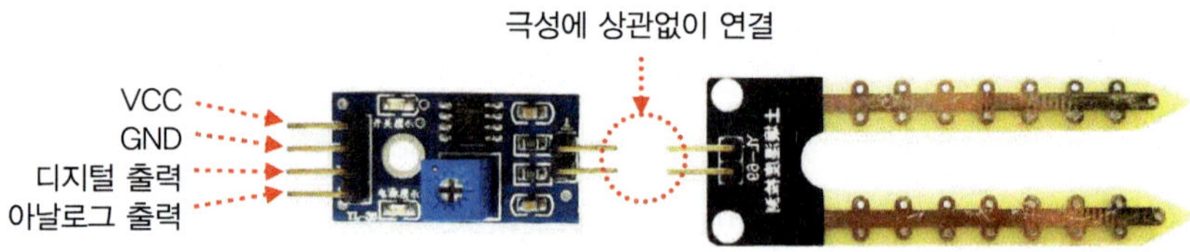

[그림 5-9] YL-69 센서와 센서 모듈 핀 구성

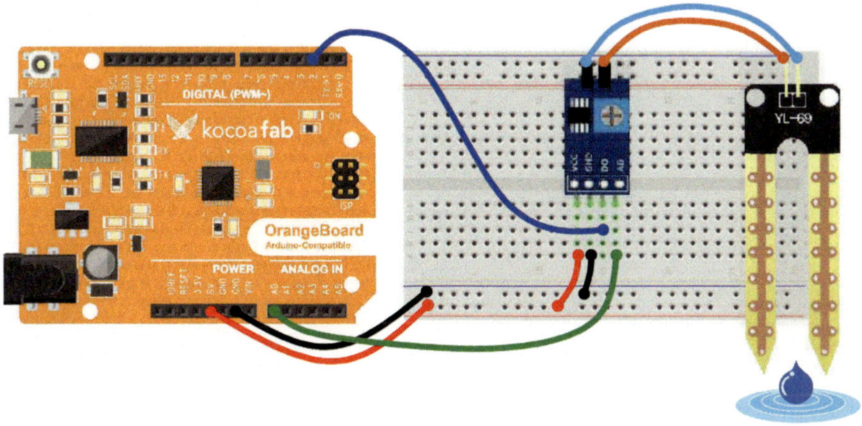

[그림 5-10] YL-69 센서와 센서 모듈 연결

아날로그 출력 핀(AO)이 있다. 디지털 출력 핀은 검출된 토양 수분 값을 HIGH와 LOW 신호로 출력하고 아날로그 출력 핀은 ADC를 통해 보다 정확한 토양 수분 값을 얻을 수 있다. 센서 모듈의 가변 저항으로 수분의 감도를 조절할 수 있다.

[그림 5-10]과 같이 센서 모듈의 디지털 출력 핀(DO)은 오렌지 보드의 2번 핀에 연결하고 아날로그 출력 핀(AO)는 오렌지 보드의 A0 핀에 연결한다. 아날로그 출력만 사용할 경우 디지털 출력 핀은 연결하지 않아도 된다. 즉 필요한 출력 중 하나만 연결해도 된다.

```
int ledPin = 13;                   // 오렌지 보드 13번 LED 연결
int soilsensorPinA = A0;           // 아날로그 출력 핀(AO). A0 핀에 연결
int soilsensorPinD = 2;            // 디지털 출력 핀(DO). 2번 핀에 연결

void setup()
{
   pinMode (ledPin, OUTPUT);          // 13번 핀 출력으로 설정
   pinMode (soilsensorPinD, INPUT);  // 2번 핀 입력으로 설정

   Serial.begin (9600);
   Serial.println ("YL-69 sensor measure start!");
```

```
  Serial.println ();
}

void loop()
{
  int analogValue = analogRead (soilsensorPinA);
  int digitalValue = digitalRead (soilsensorPinD);

  if (analogValue > 800)
  {
    digitalWrite (ledPin, HIGH);
  }
  else
  {
    digitalWrite (ledPin, LOW);
  }

  Serial.print ("Analog value : ");
  Serial.println (analogValue);

  Serial.print ("Digital value : ");
  Serial.println (digitalValue);
  Serial.println ();

  delay (2000);
}
```

➡ 실습 시 굳이 흙을 준비하지 말고 종이컵에 물을 담아 놓고 프로그램 코드를 업로드 한다. 시리얼 모니터 창을 띄우면 YL-69 센서의 아날로그/디지털 값을 2초마다 출력한다.

수분이 검출되지 않으면 아날로그 출력 값은 1023, 디지털 출력 값은 1이고 종이컵에 YL-69 센서를 서서히 담그면 아날로그 출력 값은 점점 감소하고 디지털 출력 값은 0이 된다.

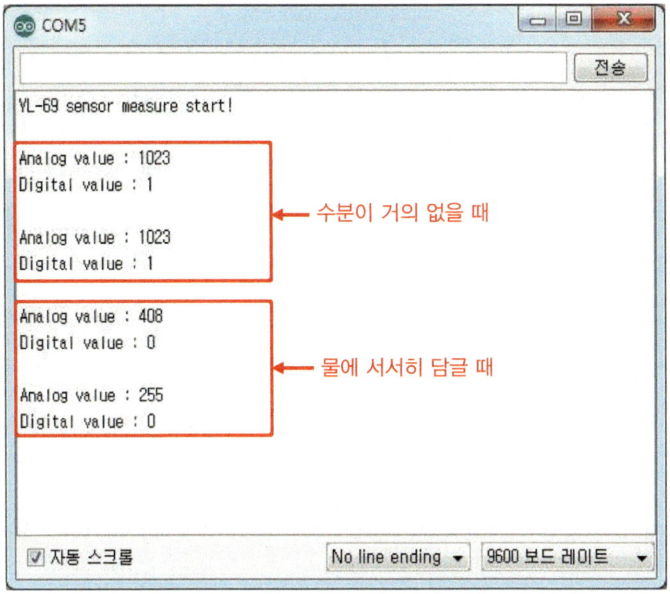

코드 해석

```
int analogValue = analogRead (soilsensorPinA);
int digitalValue = digitalRead (soilsensorPinD);

if (analogValue > 800)
      digitalWrite (ledPin, HIGH);
else
      digitalWrite (ledPin, LOW);
```

센서 모듈의 아날로그 출력(AO)에 연결 된 오렌지 보드의 A0 핀을 읽어 analogValue 변수에 저장하고, 디지털 출력(DO)에 연결 된 오렌지 보드의 2번 핀을 읽어 digitalValue 변수에 저장한다.

아날로그 출력 핀 값이 800보다 크면 수분이 부족한 것으로 판단하고 오렌지 보드의 13번 LED가 켜지고 수분이 검출되면 LED는 꺼진다.

5-6. 초음파 센서

사람의 청력으로 들을 수 있는 소리는 개인마다 차이가 있으나 약 16 Hz~20 KHz 정도이다. 이것을 가청 주파수(audio frequency)라고 한다. 사람의 청력으로 들리지 않는 20 KHz 이상의 소리를 초음파(ultrasonic wave)라고 하며 초음파 센서는 초음파가 가지고 있는 파장의 분해능과 반사 특성을 이용하여 거리나 두께, 움직임, 농도 등을 검출하는 센서이다. 초음파 센서는 활용 범위가 넓고 로봇 청소기 같은 가전 제품을 비롯해서 군사용, 의료용, 산업용 등 다양한 분야에 응용되고 있다.

HC-SR04 주요 사양

- 동작 전압 : DC 5 V
- 동작 전류 : 15 mA
- 동작 주파수 : 40 Hz
- 발생 주파수 : 40 KHz
- 측정 거리 : 2 cm~4 m
- 정밀도 : 0.3 cm
- 측정 각도 : 15 °

오렌지 보드에서 10 μs의 짧은 트리거 신호를 보내고 초음파 센서([그림 5-11])에서 트리거 신호를 받으면 동작을 시작한다. 트리거가 검출된 뒤 모듈을 통해 8 클록의

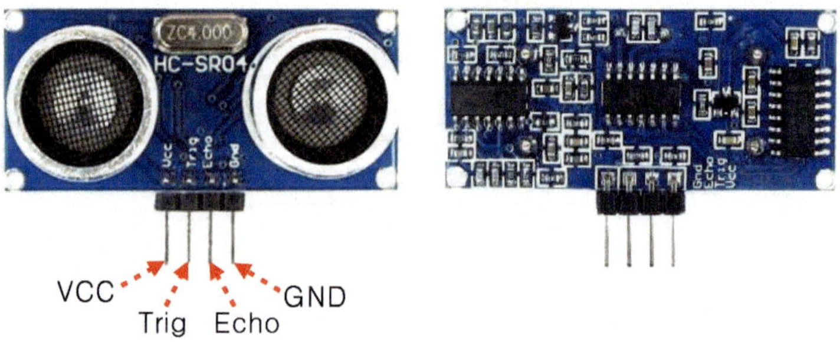

[그림 5-11] 초음파 센서 모듈 HC-SR04의 전면과 뒷면

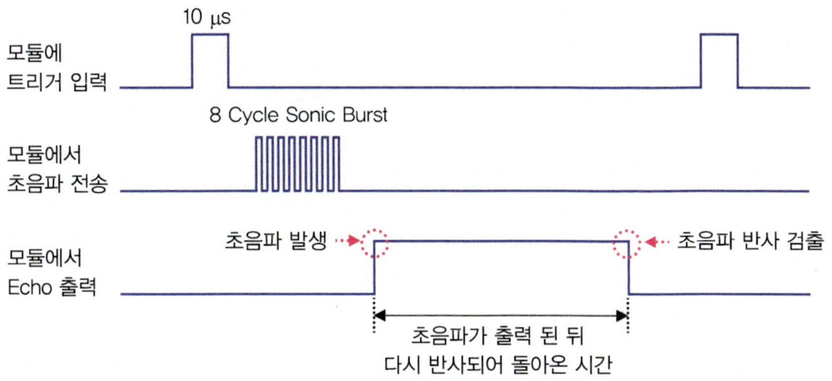

[그림 5-12] 초음파 센서 동작 타이밍

초음파(40 KHz)를 전송하고 그 초음파가 대상물에 부딪혀 다시 돌아오면 Echo 핀을 통해 해당 거리에 따라 HIGH 펄스가 유지된 시간이 출력된다. 즉 측정된 거리에 따라 HIGH 펄스 폭(100 μs~25 ms 범위)이 달라지고 HIGH 펄스 폭이 30 ms가 넘으면 물체를 감지하지 못한 것으로 간주한다.

거리를 계산할 때는 HIGH 펄스가 유지된 시간에 초음파가 1 센티미터(cm) 또는 1 인치(inch)를 이동하는데 소요된 시간을 적용하면 된다. 초음파가 1 cm 이동하는데 걸리는 시간은 약 58 μs이고 1 인치의 경우 148 μs이다. 이 시간들은 초음파의 왕복 시간이다.

[그림 5-12]는 이런 동작에 대한 타이밍을 보여준다.

공기 중의 음속은 대기의 상태와 온도에 영향을 받는다. 기온이 0 ℃일 때 331.5 m/sec이며 기온이 1 ℃ 상승할 때마다 0.607 m/sec 빨라진다. 섭씨 15 ℃에서 음속은 1초당 약 340 m로 전파되고, 섭씨 25 ℃에서 음속은 1초당 약 347 m로 공기 중에서의 음속은 기온에 영향을 많이 받는 것을 알 수 있다. 초음파 센서를 이용해서 거리를 정밀하게 측정하기 위해서는 온도에 따른 보정을 해줘야 한다.

음파의 전송 속도와 초음파 센서로 거리를 계산하는 공식은 다음과 같다.

$$\text{음파의 속도} = 331.5 + (0.607 \times \text{섭씨온도})$$

$$\text{1 cm 이동하는 데 걸리는 시간} = \frac{2 \times \text{물체와의 거리(m)}}{\text{음속}} = \frac{2 \times 0.01}{340} \fallingdotseq 58.824\ \mu s$$

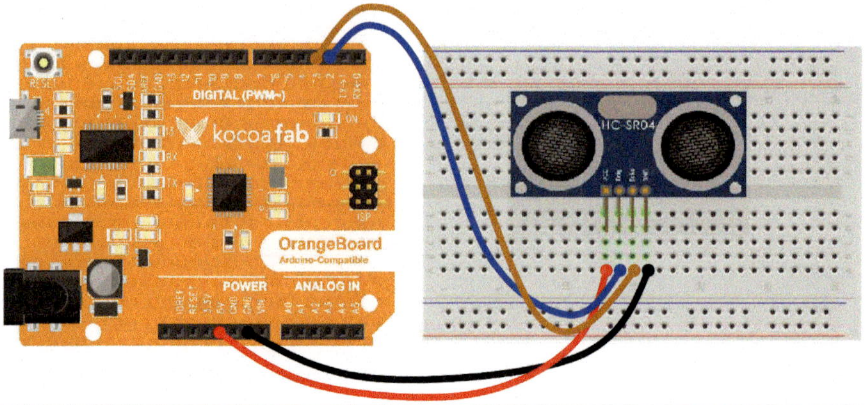

[그림 5-13] 초음파 센서 연결

거리(cm) = 왕복에 걸린 시간 ÷ 29 ÷ 2

HC-SR04 초음파 센서로 모니터에서 30 cm 이상 떨어지도록 거리를 측정해보자. [그림 5-13]과 같이 초음파 센서의 Trig 핀을 오렌지 보드의 2번 핀에 연결하고, Echo 핀을 오렌지 보드의 3번 핀에 연결한다.

```
int trigPin = 2;                    // 트리거 핀. 오렌지 보드의 2번 핀에 연결
int echoPin = 3;                    // 에코 핀. 오렌지 보드의 3번 핀에 연결
int safeZone = 30;                  // 모니터와 떨어질 거리를 30 cm로 정함
int ledPin = 13;                    // 오렌지 보드의 13번 LED 사용

void setup()
{
   pinMode (trigPin, OUTPUT);       // 초음파 센서 트리거 핀. 출력으로 설정
   pinMode (echoPin, INPUT);        // 초음파 센서 에코 핀. 입력으로 설정
   pinMode (ledPin, OUTPUT);

   Serial.begin (9600);
   Serial.println ("HC-SR04. distance measure start!");
   Serial.println ();
}

void loop()
{
```

```
    unsigned long duration, cm;

    digitalWrite (trigPin, LOW);        // 트리거 핀 LOW 펄스
    digitalWrite (echoPin, LOW);        // 에코 핀 LOW 펄스
    delayMicroseconds (2);              // 2 µs 지연
    digitalWrite (trigPin, HIGH);       // 트리거 핀 HIGH 펄스
    delayMicroseconds (10);             // 10 µs 지연. [그림 5-12] 참고
    digitalWrite (trigPin, LOW);        // 10 µs HIGH로 초음파 센서 동작 시작
    duration = pulseIn (echoPin, HIGH); // 에코 핀. HIGH가 유지된 시간
    cm = usTocm (duration);             // 거리 = 왕복에 걸린 시간 ÷ 29 ÷ 2

    if (cm > safeZone)                  // safeZone 범위이면
    {
        Serial.print ("safe zone : ");
        Serial.print (cm);
        Serial.print (" cm");
        Serial.println ();

        digitalWrite (ledPin , LOW);
    }
    else
    {
        Serial.print ("unsafe zone : ");
        Serial.print (cm);
        Serial.print (" cm");
        Serial.println ();

        digitalWrite (ledPin, HIGH);
    }
    delay (1000);
}

unsigned long usTocm (unsigned long microseconds)
{
    return microseconds / 29 / 2;       // microseconds / 58 동일
}
```

➡ 인치 단위를 출력할 때는 inch = (microseconds / 74 / 2) 공식을 추가하면 된다.

➡ 프로그램을 업로드 한 뒤 시리얼 모니터 창을 띄우면 초음파 센서로부터 측정된 거리를 1초 간격으로 출력한다.

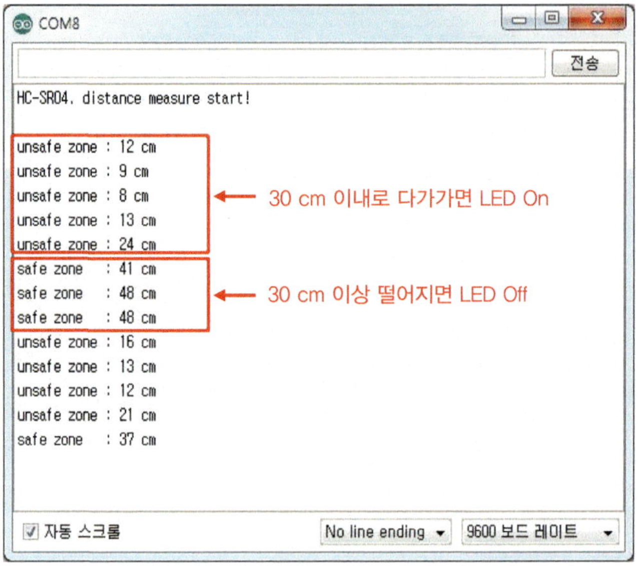

모니터 전면에 초음파 센서 연결 회로를 위치시키고 30 cm 이내로 다가갔다 다시 30 cm 이상 멀리 떨어진다. 초음파 센서 가까이로 다가가면 오렌지 보드의 13번 LED가 켜지고 안전하지 않는 영역이라는 메시지와 해당 거리를 표시한다.

코드 해석

```
duration = pulseIn (echoPin, HIGH);
cm = usTocm (duration);
```

pulseIn() 함수는 지정된 핀의 HIGH 펄스가 유지되는 시간 또는 LOW 펄스가 유지되는 시간을 마이크로초(μs) 단위로 반환한다. 함수의 원형은 다음과 같다.

```
pulseIn (pin, value)
pulseIn (pin, value, timeout)
```

pulseIn() 함수의 매개 변수 pin은 펄스를 읽을 핀을 정하고 value는 HIGH 또는 LOW 중 어떤 펄스를 읽을지를 정한다. 옵션인 timeout은 지정한 시간(기본값 1초) 동안 기다려도 신호가 들어오지 않으면 중지하고 0을 반환한다.

pulseIn (echoPin, HIGH); 코드는 에코(Echo) 핀의 신호가 HIGH가 될 때 시간 체크를 시작하여 LOW가 되면 시간 체크를 멈추고 HIGH 펄스가 유지된 시간을 마이크로초(μs) 단위로 반환한다. duration 변수에 마이크로초 단위의 시간을 저장하고 usTocm 함수에서 초음파 센서를 통해 계산된 거리를 센티미터 단위로 변환하여 cm 변수에 저장한다.

5-7. 기울기 센서

기울기(tilt)를 감지하는 기울기 센서와 오렌지 보드를 연결하여 어떤 물건이나 대상이 이동하는지, 기울어지는지, 흔들리는지 등을 감지할 수 있다.

기울기 센서는 금속 관 또는 박스 내에 볼 베어링이 들어가 있는 형태가 일반적이며 기울기에 따라 볼이 움직이면서 접점의 스위치 작용을 한다. 기울기가 감지되어 기울기 센서의 전압이 설정 된 기준 전압보다 낮으면 센서 내의 비교기(LM393)를 통해 LOW 신호를 출력하고 기울기가 없으면 비교기를 통해 HIGH 신호를 출력한다.

[그림 5-15]와 같이 디지털 데이터 출력(DO) 핀을 오렌지 보드의 2번 핀에 연결하고 프로그램 코드를 업로드 한다. 움직임이 없을 때는 오렌지 보드의 13번 LED는 꺼져 있다 기울기가 감지되면 LED가 켜진다.

[그림 5-14] SW-520D 기울기 센서 모듈과 핀 구성

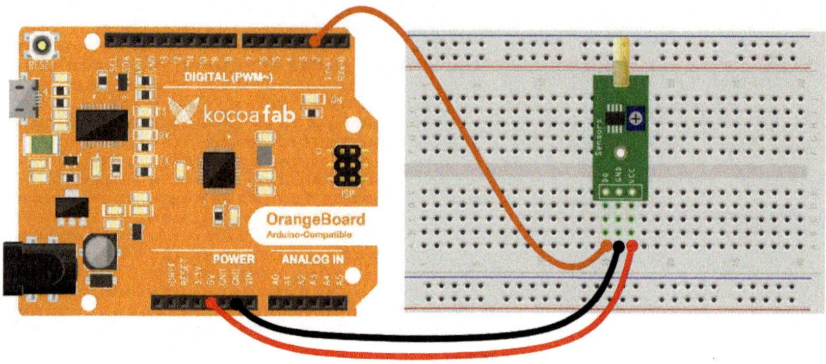

[그림 5-15] SW-520D 기울기 센서 모듈 연결

```
int ledPin = 13;                                    // 오렌지 보드의 13번 LED 사용
int tiltSensor = 2;                                 // tilt 모듈 DO 핀. 보드 2번 핀에 연결

void setup()
{
   pinMode (ledPin, OUTPUT);                        // 13번 핀 출력으로 설정
   pinMode (tiltSensor, INPUT);                     // 오렌지 보드 2번 핀 입력으로 설정

   Serial.begin (9600);
   Serial.println ("Tilt sensor start!");
   Serial.println ();
}

void loop()
{
   int tiltState = digitalRead (tiltSensor);       // 센서 값을 읽어 tiltState 변수에 저장

   Serial.print ("tilt sensor state : ");
   Serial.println (tiltState);                      // 시리얼 모니터 창에 상태 값 출력

   if (tiltState == LOW)                            // 움직임 또는 기울기가 감지되면,
   {
      digitalWrite (ledPin, HIGH);                  // 오렌지 보드의 13번 LED On
   }
   else                                             // 움직임 또는 기울기가 없으면,
```

```
    {
        digitalWrite (ledPin, LOW);                // 오렌지 보드의 13번 LED Off
    }

    delay (100);
}
```

➡ 기울기 센서와 유사하게 제어할 수 있는 센서로는 화염 감지 센서, 진동 감지 센서, 물체 감지 센서 등이 있다. 이런 종류의 센서들은 하드웨어적으로 복잡한 타이밍이나 조건 등을 신경쓰지 않고 단순히 비교기를 통해 출력되는 HIGH 또는 LOW 신호를 용도에 맞게 활용하면 된다.

5-8. 적외선 근접 센서

적외선 근접 센서는 3 cm~80 cm 이내로 설정된 거리를 기준으로 물체가 접근하여 감지되면 LOW 신호를 출력하고 감지되지 않으면 HIGH 신호를 출력한다. 기준 거리는 적외선 센서 뒷쪽의 가변 저항으로 조정한다.

SEN0019 적외선 근접 센서([그림 5-16])는 세 가지 색(녹색, 적색, 노랑)의 케이블 타입 핀을 가지고 있으며 녹색은 접지(GND), 적색은 5 V 전원, 노랑은 HIGH 또는 LOW 신호를 출력하는 핀으로 사용한다. 제품에 따라 색상이 다를 수 있기 때문에 데이터시트를 참고하도록 한다.

[그림 5-17]과 같이 센서 신호 출력과 전원 단자 사이에 10 KΩ 저항을 연결해야 하나 제외하고 직접 연결한다.

프로그램은 기울기 센서의 스케치와 거의 유사하다. 변수명을 적절하게 수정한 뒤 업로드 한다. 물체가 감지되면 적외선 근접 센서 뒷쪽의 LED가 켜지기 때문에 물체 감지 여부를 바로 확인할 수 있다.

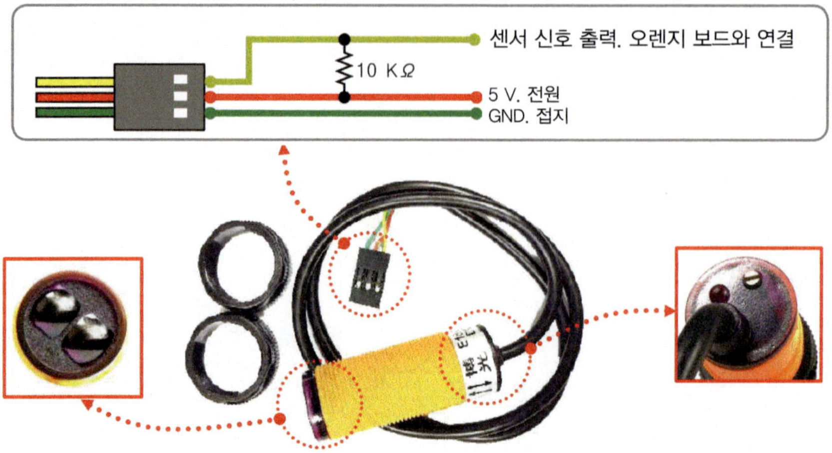

[그림 5-16] SEN0019 적외선 근접 센서와 연결 회로

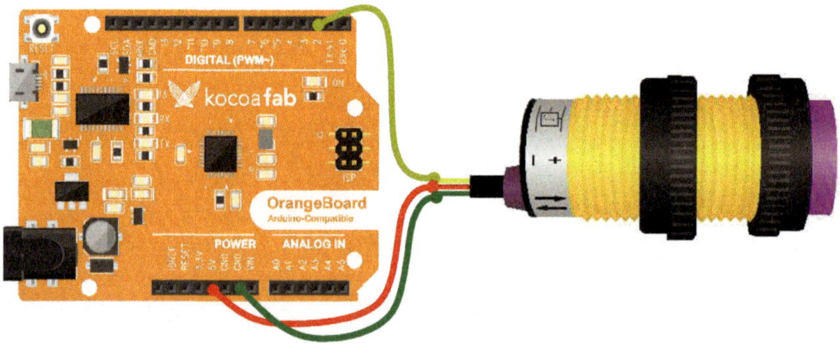

[그림 5-17] SEN0019 적외선 근접 센서 연결

```
int infrared_sensorPin = 2;        // 적외선 센서 노랑. 보드 2번 핀 연결
int ledPin = 13;                   // 오렌지 보드의 13번 LED 사용

void setup()
{
  pinMode (infrared_sensorPin, INPUT);
  pinMode (ledPin, HIGH);
```

```
    Serial.begin (9600);
    Serial.println ("infrared sensor start!");
    Serial.println ();
}

void loop()
{
    int sensorDetect = digitalRead (infrared_sensorPin);

    Serial.print ("infrared sensor state : ");
    Serial.println (sensorDetect);

    if(sensorDetect == LOW)
    {
        digitalWrite (ledPin, HIGH);
    }
    else
    {
        digitalWrite (ledPin, LOW);
    }

    delay (100);
}
```

5-9. 3축 가속도 센서

가속도 센서(Accelerometer)는 물체의 가속도, 진동, 충격 등의 동적 힘을 측정하는 것이다. 가속도 센서에는 사이즈모 시스템이라 하는 탄성 요소를 가진 스프링과 질량으로 측정하는 방식, 물체가 움직인 양을 자석과 코일의 기전력으로 측정하는 전자식, 물체에 압력을 가하면 전압을 발생하는 압전 소자를 이용하여 가해진 압력으로 측성하는 전압식 등 다양한 종류가 있다.

가속도 센서는 자이로 센서와 함께 움직이는 물체의 자세를 측정하는데 많이 활용된다. 가속도 센서는 중력 가속도와 다른 외력에 민감하여 센서 값이 왜곡될 수 있는 단점을 가지고 있고 각속도(angular velocity)를 측정하는 자이로 센서는 오차가 누적되지 않는 가속도 센서와 달리 시간이 지날 수록 기울기 값의 누적 오차가 발생된다. 그래서 물체의 자세를 측정할 때는 가속도 센서와 자이로 센서를 모두 사용해서 두 센서의 단점을 보상할 수 있는 칼만필터(Kalman filter) 등의 알고리즘을 적용하여 정확한 자세를 측정한다. 만약 사용자가 로봇이나 드론(drone) 등의 분야에 관심이 많을 경우 이 분야에 관련된 자료를 많이 참고하고 공부해야 한다.

저렴하고 비교적 사용하기 쉬운 ADXL335 3축 가속도 센서는 잡음이 적고 400 μA의 낮은 소비 전력 사용과 1.8 V~3.6 V의 전압에서 ±3.6 g의 가속도를 측정한다. [그림 5-18]처럼 세 축(X, Y, Z)의 가속 감도를 측정하며 민감한 축 방향으로 가속할 때 그 방향의 출력 전압이 상대적으로 증가한다.

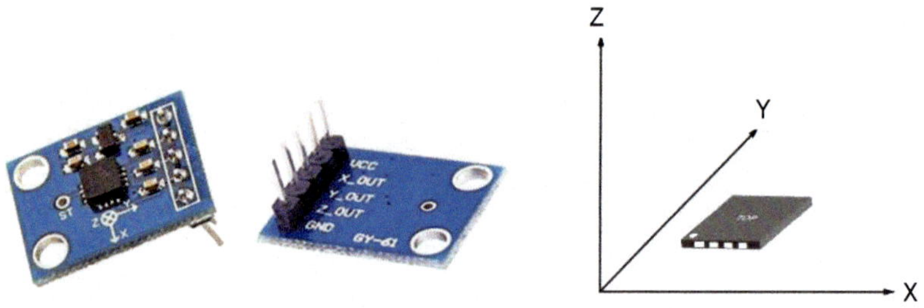

[그림 5-18] ADXL335 3축 가속도 센서와 가속 감도 축

ADXL335 센서와 오렌지 보드를 연결할 때 브레드보드를 사용하지 않고 오렌지 보드의 아날로그 A0~A4 번 핀에 바로 꽂으면 된다. 스케치의 핀 초기화 시 A0 핀에는 접지에 해당하는 LOW 신호를 설정하고 A4 핀에는 전원에 해당하는 HIGH 신호를 설정한다. X 축은 오렌지 보드의 A3번 핀, Y 축은 오렌지 보드의 A2번 핀, Z 축은 오렌지 보드의 A1번 핀에 연결된다.

동일한 센서 모듈을 사용하지 않을 경우 센서 모듈의 핀 구성이 제품마다 다를 수 있으니 핀의 위치를 잘 확인한다. [그림 5-19]와 같이 연결하면 오렌지 보드에 ADXL335 센서가 잘 고정되어 센서 값을 좀 더 안정적으로 측정할 수 있다.

[그림 5-19] ADXL335 3축 가속도 센서 연결

```
const int groundPin = A0;              // 센서 접지. 오렌지 보드의 A0 핀에 연결
const int powerPin = A4;               // 센서 전원. 오렌지 보드의 A4 핀에 연결
const int Xpin = A3;                   // X-축. 오렌지 보드의 A3 핀에 연결
const int Ypin = A2;                   // Y-축. 오렌지 보드의 A2 핀에 연결
const int Zpin = A1;                   // Z-축. 오렌지 보드의 A1 핀에 연결

void setup()
{
   pinMode (groundPin, OUTPUT);        // A0 핀 출력으로 설정
   pinMode (powerPin, OUTPUT);         // A4 핀 출력으로 설정
   digitalWrite (groundPin, LOW);      // 접지(GND) - LOW 신호 출력
   digitalWrite (powerPin, HIGH);      // 전원(VCC) - HIGH 신호 출력

   Serial.begin (9600);
   Serial.println ("accelerometer sensor start!");
   Serial.println ();
}

void loop()
{
   int Xout = analogRead (Xpin);       // X축 값 읽어 Xout 변수에 저장
   int Yout = analogRead (Ypin);       // Y축 값 읽어 Yout 변수에 저장
   int Zout = analogRead (Zpin);       // Z축 값 읽어 Zout 변수에 저장

   Serial.print ("X : ");
```

```
    Serial.print (Xout);                    // 시리얼 모니터 창에 X 축 값 출력
    Serial.print ("₩t₩t");                  // Tab
    Serial.print ("Y : ");
    Serial.print (Yout);                    // 시리얼 모니터 창에 Y 축 값 출력
    Serial.print ("₩t₩t");                  // Tab
    Serial.print ("Z : ");
    Serial.println (Zout);                  // 시리얼 모니터 창에 Z 축 값 출력

    delay (100);                            // 100 ms 지연
}
```

➡ 프로그램 코드를 업로드 한 뒤 시리얼 모니터 창을 실행한다. 오렌지 보드를 움직이면 X, Y, Z 축의 값이 출력된다.

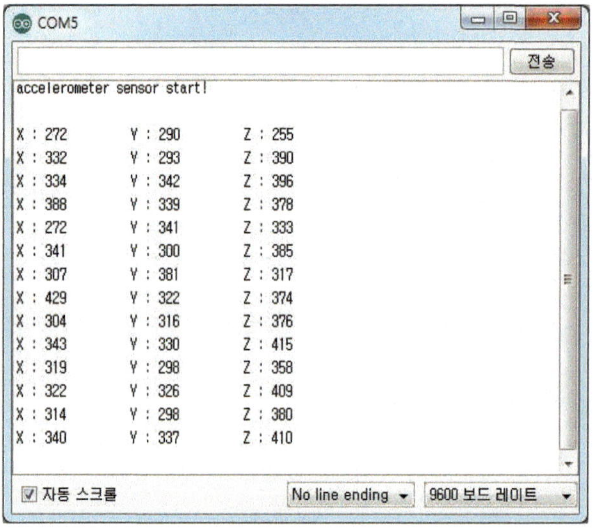

5장 | 응용 실습 |

1. 아두이노 고급 입 · 출력(Advanced I/O) 함수를 모두 조사하고 문서로 작성하여 제출한다.
2. 다섯 개의 버튼을 부저에 연결하고 각 버튼을 누를 때마다 오음 음계(도, 레, 미, 솔, 라)가 출력되는 프로그램을 작성한다.
3. 부저를 노크(knock)하면 센서처럼 인식하여 소리가 출력되는 프로그램을 작성한다.
4. 광 센서를 이용하여 자연광의 밝기를 시리얼 모니터 창으로 출력하는 프로그램을 작성한다.
5. LM35 온도 센서를 사용해서 온도를 측정하는 프로그램을 작성한다.
6. 온도와 습도를 LCD에 출력하는 프로그램을 작성한다.
7. 초음파 센서 두 개를 이용하여 두 물체 사이의 거리를 정확하게 측정하는 프로그램을 작성한다. 이때 측정 값은 시리얼 모니터 창이나 LCD에 출력한다.
8. 적외선 센서로 근접한 물체와의 거리를 정확하게 측정하는 프로그램을 작성한다. 이때 측정 값은 시리얼 모니터 창이나 LCD에 출력한다.
9. 가속도 센서의 움직임에 따라 RGB LED가 반응하는 프로그램을 작성한다.
10. 스마트폰에 어떤 종류의 센서가 내장되어 있는지 알아 보고 산업 분야에서 센서의 활용 사례를 문서로 작성하여 제출한다.

06

모터 활용하기

학습목표

- DC 모터의 동작 원리를 이해하고 활용할 수 있다.
- 서보 모터의 동작 원리를 이해하고 활용할 수 있다.
- 스테핑 모터의 동작 원리를 이해하고 활용할 수 있다.

6-1. DC 모터

세탁기, 선풍기, 믹서 등의 가전기기처럼 시계방향 또는 반시계 방향으로 회전하는 힘이 필요할 때 모터를 사용한다. 모터는 직류(direct current) 전원 공급으로 동작하는 DC 모터와 교류(alternating current) 전원 공급으로 동작하는 AC 모터로 구분할 수 있다.

소형으로 비교적 쉽게 구할 수 있고 가격도 저렴한 DC 모터를 중심으로 모터 동작 원리를 익히려고 한다. DC 모터 내부에는 고정 자석과 2개 이상의 코일이 장착되어 회전할 수 있도록 되어 있으며 브러시(brush)라는 부속물을 통해서 코일로 전기가 전달된다. DC 모터 내부에 브러시가 사용되기 때문에 브러시형 DC 모터라고도 한다. 브러시형 DC 모터의 경우 오랜 시간 사용으로 브러시가 마모되는 문제점을 가지고 있는데 이것을 개선한 방식이 브러시가 없는(brushless) DC 모터이다.

DC 모터는 전압을 조절하여 회전 속도를 바꿀 수 있으며, 공급되는 전압의 극성을 바꿔서 모터의 회전 방향을 바꿀 수 있다.

6-1-1. DC 모터 동작

일반적으로 DC 모터를 동작시키려면 오렌지 보드가 공급할 수 있는 전류보다 더 많은 전류가 필요하다. 이때는 오렌지 보드를 통해서 공급되는 전류보다 더 많은 전류를 공급할 수 있는 방법을 찾아야 하는데 소형 9 V 배터리나 스마트폰 등의 배터리로 많이 사용되는 리튬 이온 폴리머 배터리 등을 이용하면 된다.

[그림 6-1]은 DC 모터 동작 회로이다. 회로에 사용된 트랜지스터는 스위칭 용도로 쓰고 있다. 트랜지스터는 BJT(Bipolar Junction Transistor)와 FET(Field Effect Transistor)가 있으며 아날로그 증폭 회로에 사용하거나 디지털 회로에서 릴레이라고 하는 전자석 스위치를 동작시킬 때, 여러 개의 LED를 제어하는 경우 등에 사용할 수 있다.

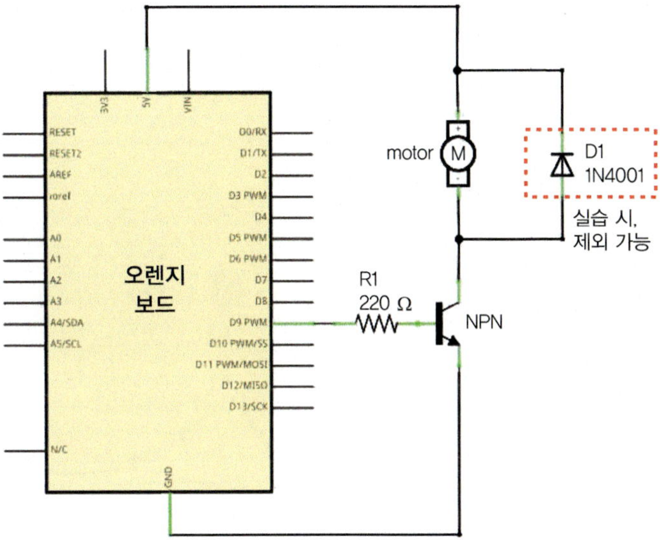

[그림 6-1] DC 모터 동작 회로

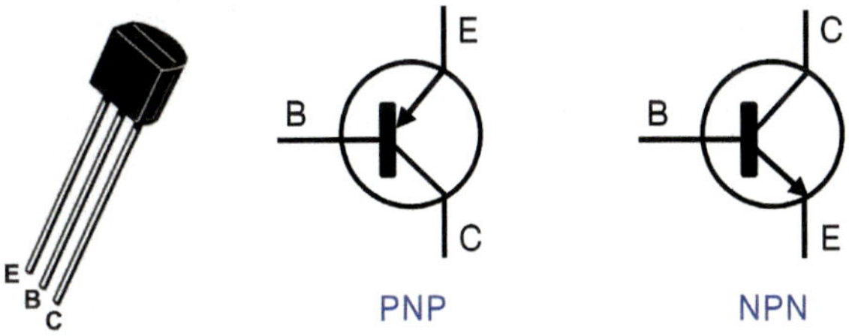

[그림 6-2] BJT 트랜지스터

[그림 6-2]와 같이 트랜지스터는 3개의 다리가 있으며 각각 이미터(E), 베이스(B), 콜렉터(C)라고 부른다. 회로를 연결할 때 주의를 하는데 [그림 6-3]에서 사용된 NPN 형의 경우 콜렉터(Collector)에는 부하를 연결하고 이미터(Emitter)에는 그라운드(접지)를 연결한다. 그리고 베이스(Base)에는 오렌지 보드의 PWM 출력이 되는 9번 핀에 저항과 함께 연결한다. 참고로 오렌지 보드의 디지털 핀 쪽에서 틸드(~)가 붙어 있는 3, 5, 6, 9, 10, 11번 핀들은 PWM 출력이 되기 때문에 어디에 연결해도 상관없다.

다이오드의 경우 DC 모터의 갑작스런 정지나 전원의 차단, 전압 극성의 변환 등으로 발생되는 전압 스파크(spark)를 방지하는 보호 회로 구성에 필요하다.

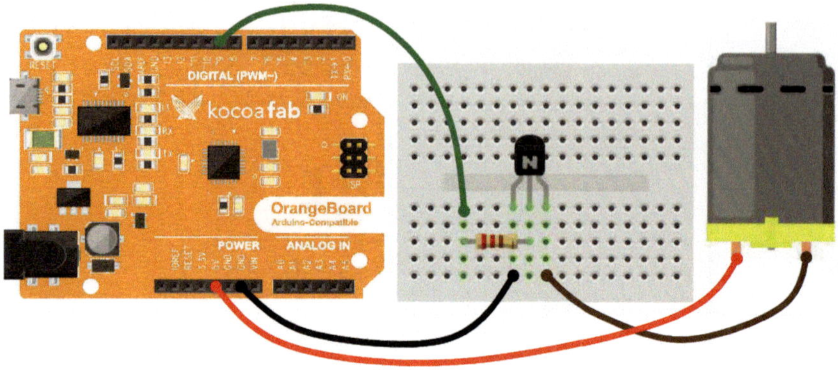

[그림 6-3] DC 모터 연결

```
int motorPin = 9;                                // 트랜지스터 베이스(B)에 연결할 핀

void setup()
{

}

void loop()
{
   for (int duty = 0; duty < 256; duty++)
   {
      analogWrite (motorPin, duty);     // 9번 핀에 duty 변수 값 1씩 설정
      delay (50);                       // 해당 듀티비를 50 ms 지연
   }
}
```

위 프로그램 코드를 업로드 하면 DC 모터가 정지 상태에서 최대 속도까지 가속을 하는 것을 반복한다. void loop()에 다음 코드를 추가해서 업로드 해보자.

```
for (int duty = 255; duty >=0; duty--)
{
   analogWrite (motorPin, duty);
   delay (50);
}
```

정지 상태에서 최대 속도까지 가속한 뒤에 다시 최대 속도에서 서서히 감속을 하면서 정지되는 것을 반복한다.

DC 모터에 공급되는 전원의 방향이 바뀌면 돌던 방향의 반대로 회전을 한다. 이런 특성을 이용해서 스위칭 소자인 NPN, PNP 트랜지스터를 이용하여 H-Bridge 회로를 구성하면 DC 모터의 회전 방향을 쉽게 전환시킬 수 있다. [그림 6-4]의 왼쪽 회로를 보면 트랜지스터 Q2(PNP)와 Q3(NPN)을 Off 시키고, Q1(NPN)과 Q4(PNP)를 On 시키면 전류는 왼쪽에서 오른쪽 방향으로 흐르면서 모터는 시계 방향으로 회전한다. 반대로 오른쪽 회로처럼 Q2(PNP)와 Q3(NPN)을 On 시키고, Q1(NPN)과 Q4(PNP)를 Off 시키면 전류는 오른쪽에서 왼쪽으로 흐르면서 반시계 방향으로 회전하게 된다.

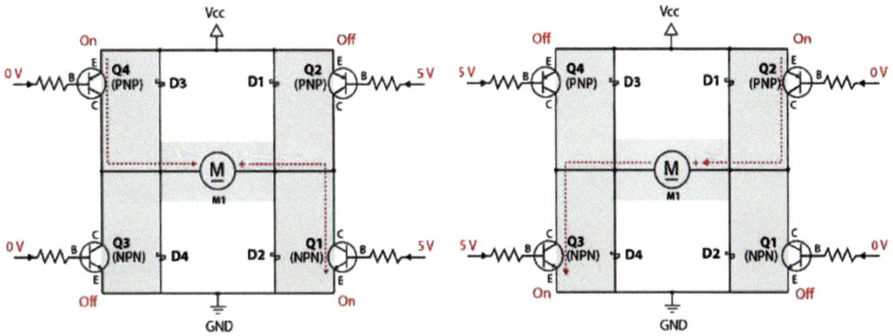

[그림 6-4] H-Bridge 회로를 이용한 DC 모터의 정회전과 역회전

소형 모터를 이용한 실습이 대부분이므로 H-Bridge 회로가 내장된 모터 드라이버 IC나 모듈을 활용하면 좀 더 쉽게 모터의 정 · 역회전을 만들 수 있다. 모터 드라이버 IC 종류로는 TA8050P, L293D, L298N, L9110H 등이 있으며 [그림 6-5]와 같은 형태

[그림 6-5] H-Bridge 회로가 내장된 모터 드라이버 모듈

의 모듈이나 적층해서 사용하는 실드 형태가 있다.

6-1-2. 시리얼 통신으로 DC 모터 속도 조절하기

6-1-1과 동일한 DC 모터 연결 구성을 그대로 두고 프로그램 코드만 변경한다. 이번 예제는 시리얼 통신을 활용해서 DC 모터의 속도를 조절한다. 프로그램 코드를 입력한 뒤에 업로드 해보자.

```
int motorPin = 9;                          // 9번 핀 사용

void setup()
{
   Serial.begin (9600);                    // 시리얼 통신 속도 9600 bps로 설정
   Serial.println ("Motor speed 0 to 255 input");
}

void loop()
{
   if (Serial.available ())                // 데이터가 수신되면...
   {
      int speed = Serial.parseInt ();      // 입력된 값을 정수로 저장
```

```
        if (speed >= 0 && speed <= 255)       // 0에서 255 사이의 값이면,
        {
            Serial.print ("Motor speed = ");
            Serial.println (speed);
            analogWrite (motorPin, speed);    // 입력된 값으로 모터 동작
        }
    }
}
```

시리얼 모니터 창을 열고 0에서 255 사이의 값을 입력해본다.

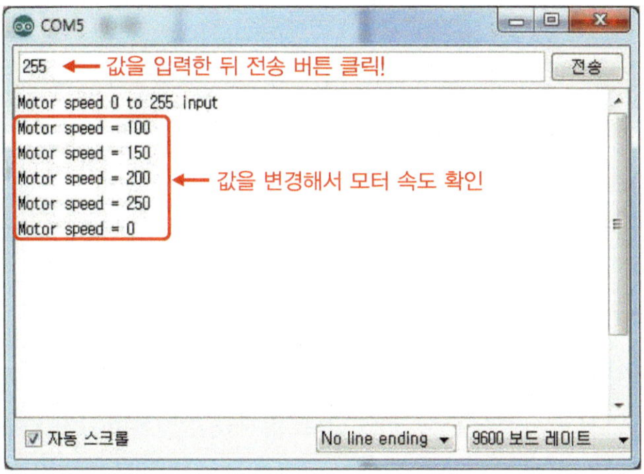

코드 해석

```
int speed = Serial.parseInt ();
```

Serial.parseInt()는 시리얼 통신으로 입력되는 데이터에서 숫자로 표현된 문자를 숫자 즉, 정수로 변환해주는 함수이다.

시리얼 모니터 창에 150을 입력한 뒤에 전송 버튼을 클릭하면 150은 아스키(ASCII) 문자 '1', '5', '0'으로 전송된다. Serial.parseInt() 함수가 문자 '1', '5', '0'을 정수 150으로 처리해주는 것이다. 예제 프로그램 코드에서는 시리얼 통신으로 받은 값을 speed 변수에 저장한 뒤에 analogWrite 함수에서 모터를 동작시키는 속도 값으로 입력해서 처리하고 있다.

```
Serial.print ("Motor speed = ");
Serial.println (speed);
```

Serial.print는 문자열을 출력하면서 줄을 바꾸지 않고 Serial.println은 자동으로 줄 바꿈 처리를 한다. 이것을 활용해서 시리얼 모니터 창에 입력된 정수가 Motor speed를 나타내고 있다는 것을 출력하기 위한 코드이다.

6-2. 서보 모터

서보 모터(servo motor)는 앞서 배운 DC 모터와 다르게 연속 회전을 하지 않고 제어 명령에 따라 원하는 특정 위치로 회전각을 바꿀 수 있다. 위치를 이동하라는 새로운 명령을 받기 전에는 그 위치에 멈춰있기 때문에 특정 위치로 대상을 이동시킬 때 주로 사용한다.

쉽게 구할 수 있는 대부분의 서보 모터는 회전 범위가 0°에서 180°까지 고정되어 있으며 회전 범위 360° 이하의 다양한 종류가 있다.

서보 모터에는 [그림 6-6]과 같이 전원, GND, 신호선까지 세 개의 핀이 있다. 일반적으로 서보 모터의 빨간색은 전원이고, 검은색이나 갈색은 그라운드, 흰색이나 주황색은 신호선으로 연결되어 있다. 간혹 비표준 배선을 사용하는 것도 있으니 서보 모터를 사용할 때는 데이터시트 등을 참고하여 기본적인 배선 정보는 반드시 확인하는 것이 좋다.

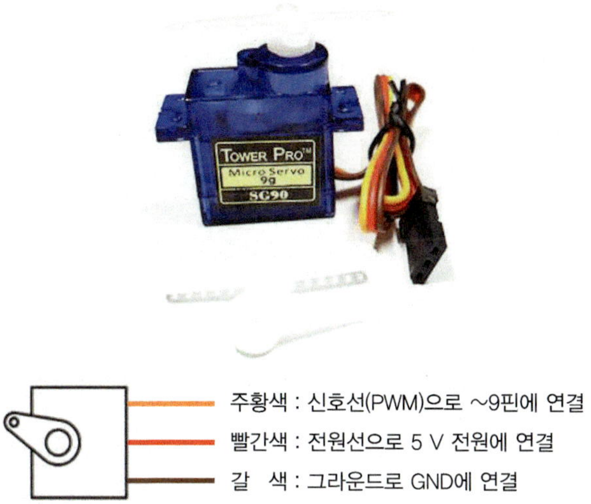

[그림 6-6] 마이크로 서보 모터와 동작 회로

서보 모터의 회전 각도는 [그림 6-7]과 같이 PWM에 의해서 결정되나 아두이노에서 서보 모터를 사용할 때는 표준 라이브러리인 Servo 라이브러리를 사용하면 된다. 대부분의 아두이노 보드에서 최대 12개의 서보 모터 제어가 가능하다.

Servo 라이브러리를 사용하면 해당 핀에 서보 모터가 연결되어 있지 않더라도 ~9번 핀과 ~10번 핀은 analogWrite 함수의 PWM 출력을 사용할 수 없다. 해당 핀의 PWM 출력을 사용해야 할 때는 detach() 함수를 사용하여 서보 모터 연결을 해제하면 된다.

표준 라이브러리에 대한 좀 더 상세한 정보는 아두이노 홈페이지의 RESOURCES-REFERENCE-LIBRARIES (https://www.arduino.cc/en/Reference/Libraries)에서 참고하면 된다.

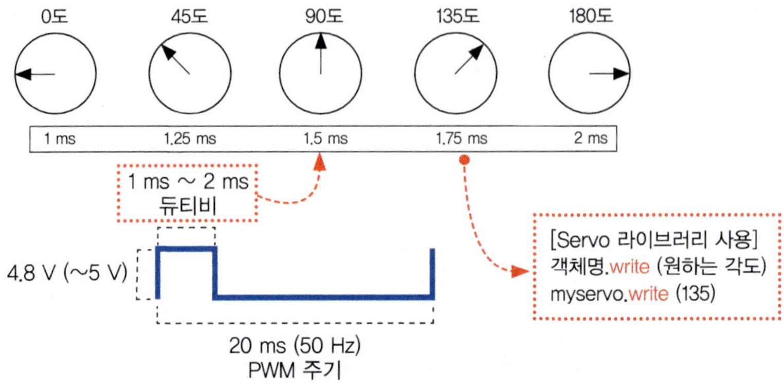

[그림 6-7] 마이크로 서보 모터의 동작 원리와 Servo 라이브러리 사용

6-2-1. 일정한 각도로 서보 모터 동작

프로그램 코드는 아두이노 IDE에서 제공되는 'Sweep' 예제 코드를 사용한다. 서보 모터와 오렌지 보드만을 사용해서 [그림 6-8]처럼 연결하고 **파일 → 예제 →** Servo → Sweep 예제를 업로드 한다.

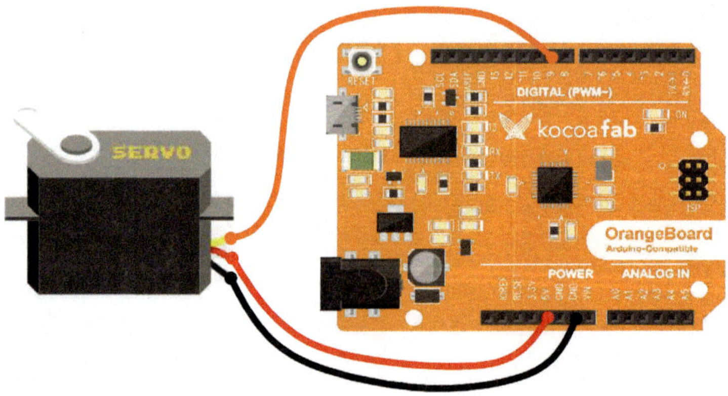

[그림 6-8] 서보 모터 연결

```
#include <Servo.h>                          // Servo 헤더 파일 추가

Servo myservo;                              // 서보 제어를 위한 오브젝트 생성
int pos = 0;                                // 서보 위치 저장 변수 초기화

void setup()
{
   myservo.attach (9);                      // 9번 핀에 서보 모터 신호선 연결
}

void loop()
{
   for (pos = 0; pos <= 180; pos += 1)      // 0° → 180°
   {
      myservo.write (pos);                  // 0°부터 1°씩 증가
      delay (15);                           // 15 ms 지연
   }

   for (pos = 180; pos >= 0; pos -= 1)      // 180° → 0°
   {
      myservo.write (pos);                  // 180°부터 1°씩 감소
      delay (15);                           // 15 ms 지연
   }
}
```

6-2-2. 포텐셔미터에 연결된 서보 모터

포텐셔미터(potentiometer)를 통해 서보 모터가 일정한 각도로 회전할 수 있게 만들 수 있다. 포텐셔미터는 회로에 가변 저항 값을 입력하는데 사용될 수 있으며 가변 저항기라고도 한다.

프로그램 코드는 아두이노 IDE에서 제공되는 'Knob' 예제 코드를 사용한다. 서보 모터와 오렌지 보드만을 사용해서 [그림 6-9]처럼 연결하고 **파일 → 예제 → Servo → Knob** 예제를 업로드 한다.

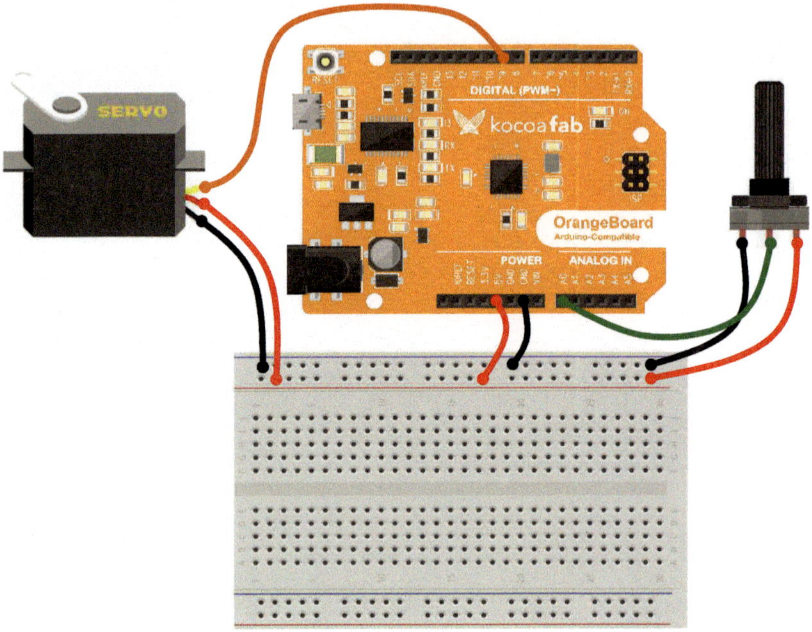

[그림 6-9] 서보 모터와 포텐셔미터 연결

```
#include <Servo.h>

Servo myservo;                       // 서보 제어를 위한 오브젝트 생성

int potpin = 0;                      // 아날로그 A0 핀을 포텐셔미터 연결에 사용
int val;                             // 아날로그 핀에서 값을 읽어오기 위한 변수

void setup()
{
   myservo.attach (9);               // 9번 핀에 서보 모터 신호선 연결
}

void loop()
{
   val = analogRead (potpin);        // 0~1023 사이의 포텐셔미터 값 읽음
   val = map (val, 0, 1023, 0, 180); // 0°~180° 사이 값으로 변환

   myservo.write (val);              // val 값에 따라 서보 위치 설정
   delay (15);
}
```

코드 해석

```
map (val, 0, 1023, 0, 180);
```

map() 함수는 수의 범위를 재설정하는데, val 변수에 저장된 0~1023 사이의 포텐셔미터 값을 0은 0°로 1023은 180°로 바꾸며 그 사이의 값은 비례 배분한 값으로 바꾼다.

6-3. 스테핑 모터

스테핑 모터(stepping motor)는 스텝 모터, 스텝퍼 모터, 펄스 모터로 불리며, 입력 펄스의 시간 순서에 따라 구동 샤프트를 구조적으로 정해진 크기의 스텝 각도만큼 회전시키는 모터이다. 스테핑 모터는 유도 모터의 일종으로 별도의 추가 장치가 없어도 쉽게 위치와 속도를 제어할 수 있어 정밀 제어를 요구하는 공정이나 움직이는 부품의 정확한 위치를 파악해야 하는 전자 장치나 디지털 제어 등에 사용된다.

스테핑 모터의 내부 구조를 보면 [그림 6-10]처럼 회전자(rotor)에 영구 자석이 일정한 간격으로 배치되어 있으며 고정자(stator)는 회전자의 주위로 구성되어 있다. 고정자에는 상(phase)이라고 하는 여러 개의 전자석이 있다. 입력 펄스의 주파수에 따라 스테핑 모터의 속도나 토크가 결정된다.

스테핑 모터의 구동 방식은 유니폴라(unipolar) 방식과 바이폴라(bipolar) 방식으로 구분된다. 유니폴라 방식은 극성이 하나라는 뜻으로 전류가 한쪽 방향으로 흐르는 방식이며 바이폴라 방식은 두 개의 극을 가지고 있으며 권선으로 흐르는 전류의 극성이 교대로 바뀌는 방식이다. 일반적으로 큰 토크에 높은 정밀성이 요구될 때는 바이폴라 방식을 사용한다.

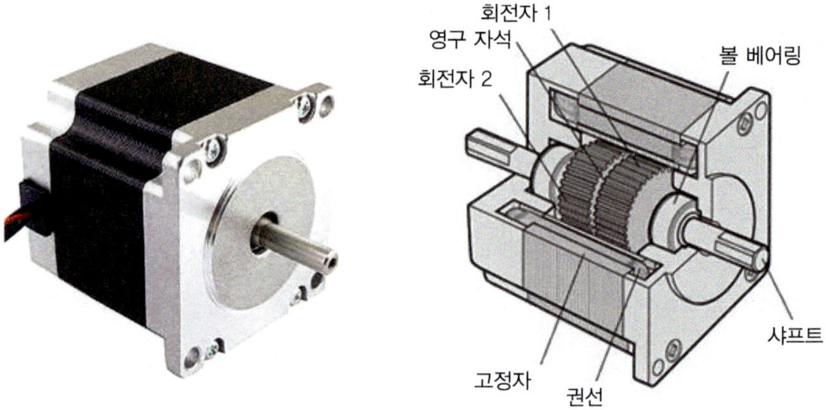

[그림 6-10] 스테핑 모터와 내부 구조

오렌지 보드는 스테핑 모터를 직접 구동시킬만한 충분한 전류나 전압을 출력하지 못한다. 그리고 고정자에 부착되어 있는 전자석을 제어하기 위해 달링턴(darlington) 드라이브 IC나 [그림 6-11]과 같은 스테핑 모터 드라이버 모듈을 사용한다.

[그림 6-11] 스테핑 모터 드라이버 모듈들

스테핑 모터와 모터 드라이버 모듈은 비교적 저렴한 가격에 구할 수 있는 28BYJ-48과 X113647(ULN2003) 모듈을 선택해서 [그림 6-12]와 같이 연결한다. 스테핑 모터와 모터 드라이버 모듈 간의 연결은 5핀 커넥터 타입으로 되어 있어 실제로는 그냥 꽂아주기만 하면 된다.

프로그램 코드는 아두이노 IDE에서 제공되는 'oneRevolution' 예제 코드를 활용한다. **파일 → 예제 →** Stepper → stepper_oneRevolution 예제를 열어 28BYJ-48의 특성에 맞도록 프로그램을 수정한 뒤에 업로드한다.

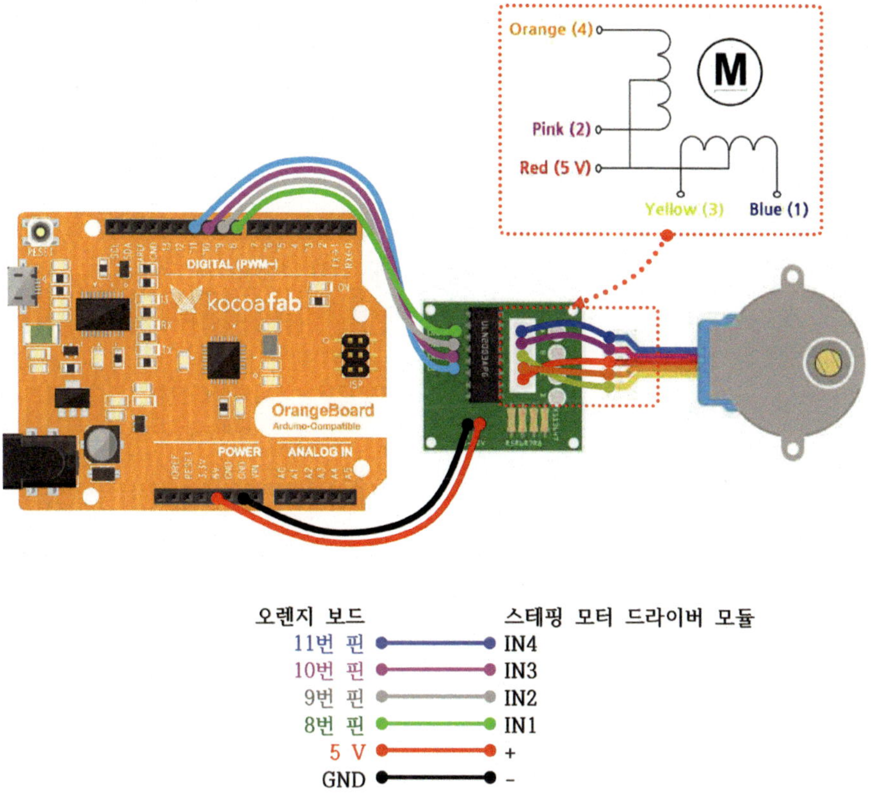

[그림 6-12] 스테핑 모터와 드라이버 모듈 연결

```
#include <Stepper.h>
#define reductionratio 64

const int stepsPerRevolution = 2048;

Stepper myStepper (stepsPerRevolution, 11, 9, 10, 8);

void setup()
{
   myStepper.setSpeed (0.15 * reductionratio);
   Serial.begin (9600);
}
```

```
void loop()
{
    Serial.println ("clockwise");
    myStepper.step (stepsPerRevolution);        // 2048 스텝으로 한 바퀴 회전
    delay (500);

    Serial.println ("counterclockwise");
    myStepper.step (-stepsPerRevolution);       // 반대 방향으로 한 바퀴 회전
    delay (500);
}
```

코드 해석

```
Stepper myStepper (stepsPerRevolution, 11, 9, 10, 8);
```

X113647(ULN2003) 모듈에 IN4, IN2, IN3, IN1 입력 순서대로 설정한다.

```
const int stepsPerRevolution = 2048;
```

스테핑 모터 28BYJ-48 모델은 DC 5 V 또는 12 V로 동작하며, 4상 5선의 full/half 스텝이 가능한 유니폴라 방식의 스테핑 모터이다. 28BYJ-48 모델의 감속비는 1/64이며, 한 스텝에 해당하는 회전 각도는 5.625°/64로 0.087890625°이다. 따라서 half step일 때 한 바퀴를 회전하기 위한 스텝 수는 360°/0.087890625°로 4096 스텝이 필요하다. 따라서 full step일 때는 half step의 두 배인 11.25°로 한 스텝에 해당하는 회전 각도는 0.17578125°이며 360°/0.17578125°로 2048 스텝에 한 바퀴를 회전한다.

```
myStepper.setSpeed (0.15 * reductionratio);
```

28BYJ-48 모델 감속비의 0.15배 속도로 설정한 것이며, 적정 속도를 넘기면 제대로 회전하지 못 할 수 있다.

Stepper 라이브러리

- Stepper(int number_of_steps, int motor_pin_1, int motor_pin_2, int motor_pin_3, int motor_pin_4)

  Stepper 클래스의 생성자 함수로 360° 회전하기 위한 스텝 수와 스테핑 모터의 핀 번호를 전달한다.

Syntax

```
Stepper (int number_of_steps, int motor_pin_1, int motor_pin_2,
                         int motor_pin_3, int motor_pin_4)
number_of_steps : 360° 회전하기 위한 스텝을 설정한다.
motor_pin_1~motor_pin_4 : 핀 번호
```

- setSpeed(long whatSpeed)

  스테핑 모터의 속도를 설정하는 함수이다.

Syntax

```
Stepper.setSpeed (long whatSpeed)
whatSpeed : 분 당 회전 수(revolution per minute)를 설정한다.
```

- step(int steps_to_move)

  스테핑 모터에 설정된 스텝을 진행하는 함수이다. 이 함수가 호출되면 설정된 스텝 루틴이 종료될 때까지 다음 프로그램 코드는 실행되지 않는다.

Syntax

```
Stepper.step (int steps_to_move)
steps_to_move : 스텝 수를 설정한다. 이 값이 음수이면 반대 방향으로 회전한다.
```

6장 | 응용 실습 |

1. 몇 개의 버튼으로 DC 모터의 방향과 속도를 제어하도록 프로그램을 작성한다.
2. 광 센서, 온 · 습도 센서, DC 모터를 사용하여 빛과 대기의 온 · 습도에 따라 자동으로 동작하는 차양막 또는 블라인드 프로그램을 작성한다.
3. 포텐셔미터로 DC 모터의 속도를 제어하는 프로그램을 작성한다.
4. 온도 센서와 서보 모터를 사용하여 온도 변화에 따라 화살표 방향을 움직이는 온도 측정기 프로그램을 작성한다.
5. 토양 수분 센서와 서보 모터를 사용하여 물이 부족한 화분에 자동으로 물을 부어주는 프로그램을 작성한다.
6. 두 개의 서보 모터와 네 개의 광센서를 사용하여 빛을 따라 움직이는 솔라 트래커(solar tracker) 프로그램을 작성한다.
7. 서보 모터를 사용하여 작은 곤충 로봇 프로그램을 작성한다.
8. 초음파 센서 또는 적외선 근접 센서, LED, 서모 모터를 사용하여 회전하면서 주변 장애물의 위치와 거리를 측정하는 프로그램을 작성한다.
9. DC 모터, 서보 모터, 스테핑 모터의 종류와 특성을 알아 보고 산업 분야에서 각 모터의 활용 사례를 문서로 작성하여 제출한다.

07

디스플레이 활용하기

학습목표

- FND의 동작 원리를 이해하고 활용할 수 있다.
- LCD의 동작 원리를 이해하고 활용할 수 있다.

7-1. FND(Flexible Numerical Display)

FND는 LCD와 함께 표시 장치로 많이 사용된다. FND에 보이는 점(dot)을 제외하고 7개의 LED로 숫자를 표시하기 때문에 7-세그먼트(Seven-Segment)라고도 한다. 동일한 모양으로 보이지만 세그먼트라고 불리는 a~h까지의 LED들이 그라운드에 공통으로 연결되어 있는 Common Cathode 형과 전원에 공통으로 연결되어 있는 Common Anode 형 두 가지 방식이 있다.

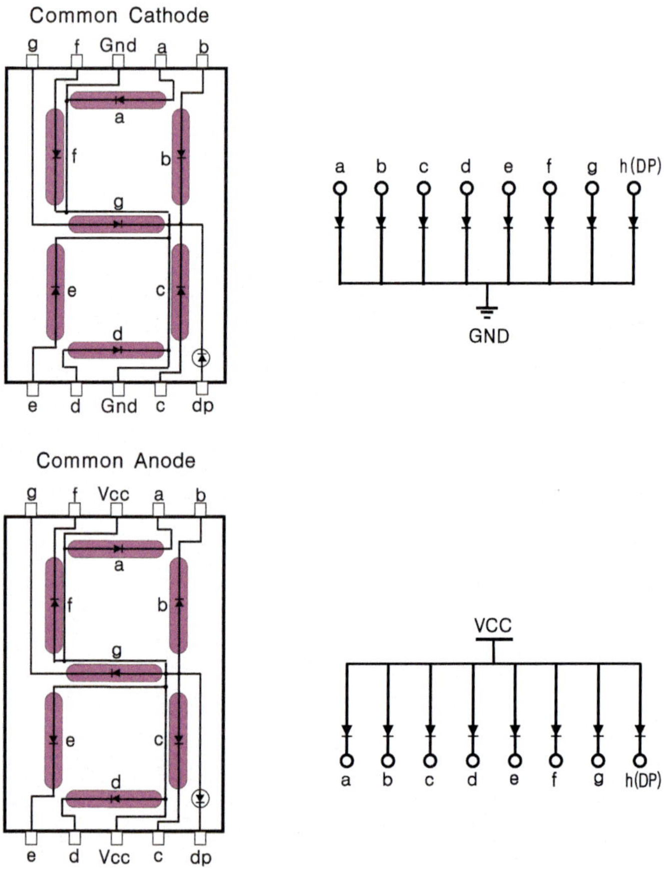

[그림 7-1] 공통 캐소드 형과 공통 애노드 형의 FND 회로

실습에 사용된 FND는 공통 애노드 형이며, [그림 7-2]는 공통 애노드 형의 FND 회로에 핀 번호를 표기한 것이다.

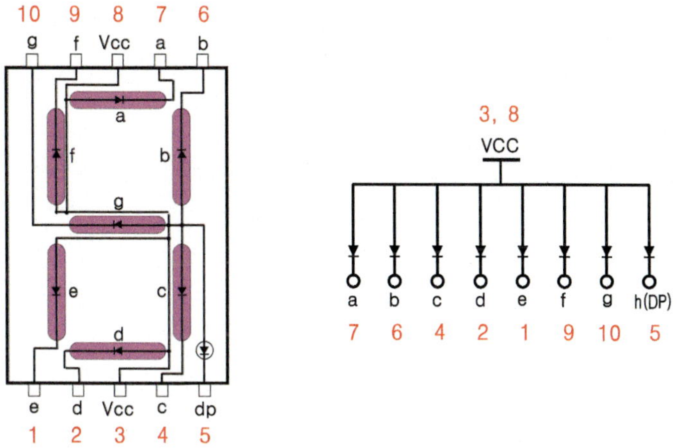

[그림 7-2] 공통 애노드 형의 세그먼트와 핀 번호

공통 애노드 형의 경우 각 세그먼트는 LOW(0 V) 신호에 세그먼트 LED가 켜진다. 공통 캐소드 형의 경우 반대로 그라운드에 세그먼트들이 연결되어 있기 때문에 각 세그먼트는 HIGH(5 V) 신호에 켜진다.

공통 애노드 형에 숫자 3을 표시할 경우, [그림 7-3]과 같이 a, b, c, d, g 세그먼트에 LOW 신호를 나머지 e, f, h 세그먼트에는 HIGH 신호를 보내면 된다.

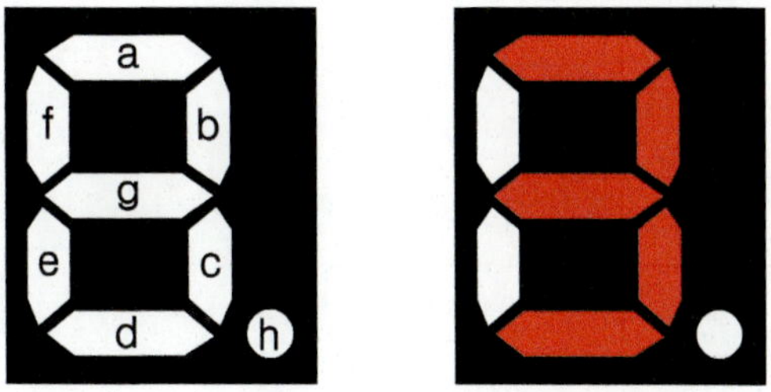

[그림 7-3] 숫자 3 표시

[표 7-1]은 오렌지 보드와 FND의 세그먼트 핀을 연결한 뒤에 숫자 3을 표시하고자 할 때 오렌지 보드에서 HIGH 또는 LOW 신호를 어떻게 만들어야 하는지를 보여 준다.

표 7-1 공통 애노드 형의 코드 값과 오렌지 보드와 FND 세그먼트 연결

FND 세그먼트 입력 신호								출력	16진수 데이터
a	b	c	d	e	f	g	h		
0	0	0	0	0	0	1	1	0	0xC0
1	0	0	1	1	1	1	1	1	0xF9
0	0	1	0	0	1	0	1	2	0xA4
0	0	0	0	1	1	0	1	3	0xB0
1	0	0	1	1	0	0	1	4	0x99
0	1	0	0	1	0	0	1	5	0x92
0	1	0	0	0	0	0	1	6	0x82
0	0	0	1	1	1	1	1	7	0xF8
0	0	0	0	0	0	0	1	8	0x80
0	0	0	0	1	0	0	1	9	0x90

오렌지 보드 핀	신호	FND 세그먼트 핀
2	LOW	7 (A)
3	LOW	6 (B)
4	LOW	4 (C)
5	LOW	2 (D)
6	HIGH	1 (E)
7	HIGH	9 (F)
8	LOW	10 (G)
9	HIGH	5 (DP)

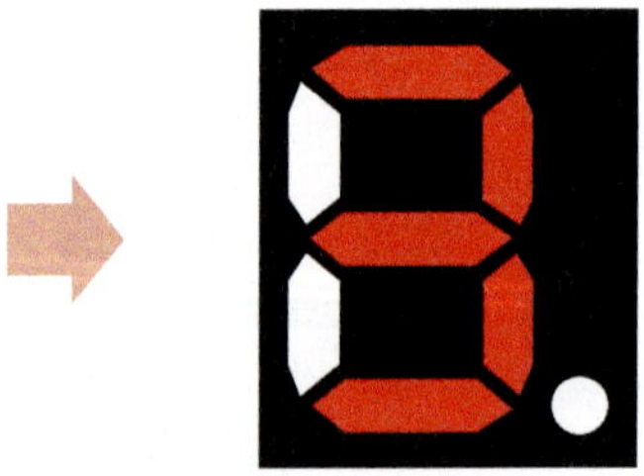

7-1-1. FND에 숫자 3 표시하기

[그림 7-4]처럼 연결한 뒤에 FND에 숫자 3을 출력되도록 프로그램 코드를 업로드 해본다. [그림 7-4]처럼 연결할 때는 [표 7-1]의 핀 연결 구조를 확인하면서 하나씩 위치를 정확하게 확인하도록 한다. 그리고 예제에서는 저항을 연결하였으나 짧은 실습 시 저항을 빼고 연결하는 것도 괜찮다. 하지만 FND 내부의 세그먼트는 LED이기 때문에 저항을 연결하지 않으면 부품 수명에 영향을 줄 수 있기 때문에 기본적으로 저항을 연결해야 한다는 사실은 잊지 않도록 한다.

오렌지 보드의 5 V 전원을 브레드 보드의 가로줄 한쪽에 연결한 뒤 FND의 3번, 8번 핀에 전원을 공급한다.

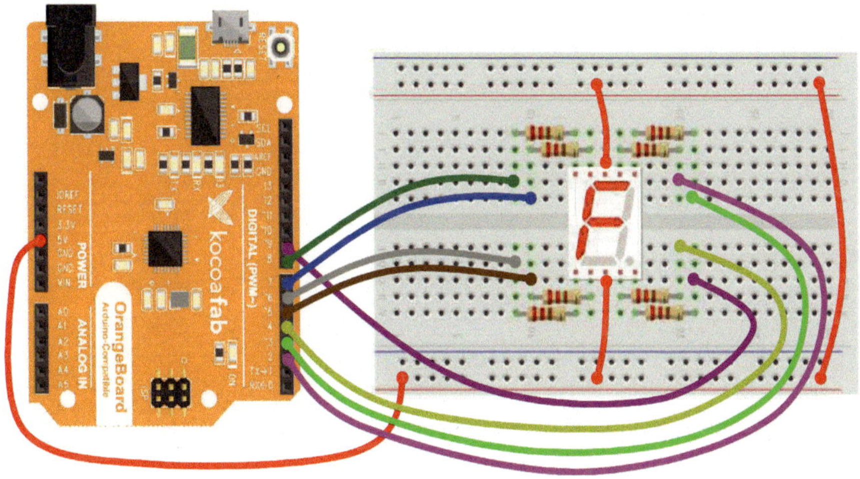

[그림 7-4] FND 연결

```
int a = 2;                          // 세그먼트 a를 2번 핀에 연결
int b = 3;                          // 세그먼트 b를 3번 핀에 연결
int c = 4;                          // 세그먼트 c를 4번 핀에 연결
int d = 5;                          // 세그먼트 d를 5번 핀에 연결
int e = 6;                          // 세그먼트 e를 6번 핀에 연결
int f = 7;                          // 세그먼트 f를 7번 핀에 연결
int g = 8;                          // 세그먼트 g를 8번 핀에 연결
int h = 9;                          // 세그먼트 h를 9번 핀에 연결

void setup()                        // 2번~9번 핀을 출력으로 설정
{
   pinMode (a, OUTPUT);
   pinMode (b, OUTPUT);
   pinMode (c, OUTPUT);
   pinMode (d, OUTPUT);
   pinMode (e, OUTPUT);
   pinMode (f, OUTPUT);
   pinMode (g, OUTPUT);
   pinMode (h, OUTPUT);
}

void loop()
{
   digitalWrite (a, LOW);       // 2번 핀 0 V
   digitalWrite (b, LOW);       // 3번 핀 0 V
   digitalWrite (c, LOW);       // 4번 핀 0 V
   digitalWrite (d, LOW);       // 5번 핀 0 V
   digitalWrite (e, HIGH);      // 6번 핀 5 V
   digitalWrite (f, HIGH);      // 7번 핀 5 V
   digitalWrite (g, LOW);       // 8번 핀 0 V
   digitalWrite (h, HIGH);      // 9번 핀 5 V
}
```

➡ FND에 숫자나 영문을 표시할 수 있는 모양이 크게 다르지 않기 때문에 [표 7-1]에서 언급된 것처럼 코드 값을 미리 만들어 두고 활용할 수 있다. 프로그램 코드 측면에서 보면 배열 문법을 잘 활용하면 좀 더 쉽게 FND에 숫자나 영문을 표시할 수 있다.

➡ FND의 3번과 8번 핀에 반드시 오렌지 보드의 전원을 연결해야 하는 것은 아

니다. 오렌지 보드의 남은 디지털 핀을 통해서 출력을 HIGH가 되도록 하면 동일한 결과를 만들 수 있다. 그리고 한 개 이상의 FND를 동시에 사용해야 할 때 단순히 오렌지 보드의 전원과 그라운드 핀에 FND의 전원 또는 그라운드 핀을 연결해서 디지털시계 같은 카운터 표시 장치를 만들기 어렵다. 이때도 마찬가지로 오렌지 보드의 남은 디지털 핀에 FND의 전원 또는 그라운드 핀을 연결한 뒤에 HIGH 또는 LOW 신호를 주는 방식으로 여러 개의 FND를 동시에 제어한다.

7-1-2. 0에서 9까지 숫자 카운터 표시하기

[그림 7-4]의 회로 상태에서 프로그램 코드만 변경해서 업로드 한다.

```
int a = 2;
int b = 3;
int c = 4;
int d = 5;
int e = 6;
int f = 7;
int g = 8;
int h = 9;

int Fnd_seg[10][8] = {
   { 0, 0, 0, 0, 0, 0, 1, 1 },        // 0
   { 1, 0, 0, 1, 1, 1, 1, 1 },        // 1
   { 0, 0, 1, 0, 0, 1, 0, 1 },        // 2
   { 0, 0, 0, 0, 1, 1, 0, 1 },        // 3
   { 1, 0, 0, 1, 1, 0, 0, 1 },        // 4
   { 0, 1, 0, 0, 1, 0, 0, 1 },        // 5
   { 0, 1, 0, 0, 0, 0, 0, 1 },        // 6
   { 0, 0, 0, 1, 1, 1, 1, 1 },        // 7
   { 0, 0, 0, 0, 0, 0, 0, 1 },        // 8
   { 0, 0, 0, 0, 1, 0, 0, 1 }         // 9
};
```

```
void setup()
{
   pinMode (a, OUTPUT);
   pinMode (b, OUTPUT);
   pinMode (c, OUTPUT);
   pinMode (d, OUTPUT);
   pinMode (e, OUTPUT);
   pinMode (f, OUTPUT);
   pinMode (g, OUTPUT);
   pinMode (h, OUTPUT);
}

void Fnd_Write (int row)
{
   int seg_Pin = 2;

   for (int segPos = 0; segPos < 8; segPos++)      // 세그먼트 a~h까지
   {
      digitalWrite (seg_Pin, Fnd_seg[row][segPos]);
      seg_Pin++;
   }
}

void loop()
{
   for (int count = 0; count < 10; count++)        // 숫자 0에서 9까지
   {
      Fnd_Write (count);                           // Fnd_Write 함수 호출
      delay (500);
   }
}
```

코드 해석

```
for (int count = 0; count < 10; count++)
{
   Fnd_Write (count);
   delay (500);
}
```

FND에 숫자 0에서 9까지 차례대로 표시하기 위한 반복문이다. 최초 count 변수의 0을 Fnd_Write 함수의 매개변수로 전달한다. Fnd_Write 함수의 row 매개변수로 0이 복사가 되어 Fnd_seg[행][열] 배열에서 행의 원소를 결정하여 숫자 0에 해당하는 값을 차례대로 처리하도록 한다.

```
void Fnd_Write (int row)
{
   int seg_Pin = 2;

   for (int segPos = 0; segPos < 8; segPos++)
   {
      digitalWrite (seg_Pin, Fnd_seg[row][segPos]);
      seg_Pin++;
   }
}
```

seg_Pin 변수는 FND 세그먼트에 연결된 핀 번호를 의미한다. 오렌지 보드의 2번부터 차례대로 a~h까지 연결을 한 상태이고 2번 핀에 연결된 세그먼트 a부터 처리한다. segPos 변수는 Fnd_seg[행][열] 배열의 열 원소에 차례대로 접근하기 위한 변수이다.

digitalWrite 함수에서 최초 적용되는 코드는 digitalWrite (2, Fnd_seg[0][0]) 이다. 즉 2번 핀에 연결된 세그먼트 a에는 Fnd_seg[0][0]에 저장된 0(0 V, LOW)이 처리된다. 이후 seg_Pin 변수가 1씩 더해지면서 세그먼트가 변경되고 segPos 변수의 값이 1씩 증가되어 배열의 열 원소 8까지 FND의 각 세그먼트에 해당되는 값이 처리가 되어 최종적으로 FND에 숫자 0이 표시되는 것이다.

다시 Fnd_Write 함수에서 코드가 어떻게 처리되는지 보자. 공통 애노드 형의 숫자 0에 해당되는 코드 초기화 값은 { 0, 0, 0, 0, 0, 0, 1, 1 } 이다.

배열	[0][0]	[0][1]	[0][2]	[0][3]	[0][4]	[0][5]	[0][6]	[0][7]
값	0	0	0	0	0	0	1	1

```
digitalWrite (2, Fnd_seg[0][0])   // 세그먼트 a에 0. 오렌지 보드 2번 핀에서 LOW
digitalWrite (3, Fnd_seg[0][1])   // 세그먼트 b에 0. 오렌지 보드 3번 핀에서 LOW
digitalWrite (4, Fnd_seg[0][2])   // 세그먼트 c에 0. 오렌지 보드 4번 핀에서 LOW
digitalWrite (5, Fnd_seg[0][3])   // 세그먼트 d에 0. 오렌지 보드 5번 핀에서 LOW
digitalWrite (6, Fnd_seg[0][4])   // 세그먼트 e에 0. 오렌지 보드 6번 핀에서 LOW
digitalWrite (7, Fnd_seg[0][5])   // 세그먼트 f에 0. 오렌지 보드 7번 핀에서 LOW
digitalWrite (8, Fnd_seg[0][6])   // 세그먼트 g에 1. 오렌지 보드 8번 핀에서 HIGH
digitalWrite (9, Fnd_seg[0][7])   // 세그먼트 h에 1. 오렌지 보드 9번 핀에서 HIGH
```

7-2. LCD(Liquid Crystal Display)

시스템의 처리 상태를 표시하기 위해서 LCD 표시 장치를 많이 사용한다. LCD 모듈은 7-세그먼트나 Dot matrix 등처럼 원하는 여러 가지 상태를 표시하거나 다양한 문자 형태 또는 이미지, 그래프 등을 표시해 줄 수 있다. 일반적으로 디스플레이 드라이버와 디스플레이를 합한 형태를 취하고 있다.

LCD 표시 장치는 크게 문자형과 그래픽형 두 가지로 분류된다. 문자형은 모듈 내부 ROM에 문자를 저장하고 있어 원하는 문자를 명령어에 의해 표시할 수 있으며, 그래픽형은 문자형에서 제공되는 방식 외에 한글 및 그래픽 등 사용자가 원하는 형태를 생성하여 표현할 수 있다.

이 장에서는 문자형 LCD의 가장 기본적인 모듈이라 할 수 있는 16×2 문자형 LCD 모듈을 기준으로 설명할 것이며 문자형 LCD 표시 장치의 드라이버로 가장 많이 참조되는 Hitachi사의 HD44780의 특성을 참조한다. 실제로 마이크로컨트롤러를 통해서 LCD 모듈을 활용할 때는 많은 부분들을 생각해야 하고 적절한 타이밍에 명령어를 정확하게 처리하지 않으면 LCD 모듈은 제대로 동작하지 않는다. 하지만 아두이노에서는 기본적으로 라이브러리로 제공되는 유용한 함수들을 호출하여 활용하기 때문에 사용자는 LCD를 원하는 대로 제어하는데 필요한 함수를 이해하면 된다.

LCD 모듈에서 중요한 4번, 5번, 6번 핀을 먼저 보자. 4번 핀의 RS 신호를 통해서 LCD 모듈의 명령어 레지스터와 데이터 레지스터를 선택 한다. 이때 명령어와 데이터를 읽거나 쓰기 위해서 5번 핀의 RW 신호를 선택해야 하는데 일반적으로 문자형 LCD 모듈은 내부 ROM에 저장된 문자를 불러오는 즉, 쓰기만 하기 때문에 5번 핀의 RW 신호는 항상 LOW 신호를 선택하면 된다. 그리고 LCD 모듈에서 명령어와 데이터를 읽거나 쓸 때 LCD 모듈을 일정 시간동안 반드시 비활성화 시켜야 하는데 이때 6번 Enable 핀이 필요하다.

데이터 송·수신을 위해서 4비트 인터페이스와 8비트 인터페이스를 선택할 수 있으며 LCD 모듈에서 데이터 송·수신용으로 7번 핀에서 14번 핀까지 8개의 핀이 정해져 있다. 8비트 인터페이스 모드일 때는 DB0~DB7(7번 핀~14번 핀) 모두 연결해야 하지만, 4비트 인터페이스 모드에서는 데이터 전송용으로 상위 4비트만 사용하기 때문에 DB0~DB3(7번 핀~10번 핀)은 연결하지 않는다. 4비트 인터페이스 모드는 오렌지 보드에서 사용되는 핀 수를 줄일 수 있기 때문에 8비트 인터페이스 모드보다 효율적이다.

LCD 모듈의 핀 배열과 기능은 [표 7-2]와 같다.

[그림 7-5]는 RS, RW 신호에 따른 명령어 레지스터와 데이터 레지스터의 선택과 읽기와 쓰기 모드가 어떻게 결정되는지를 보여준다.

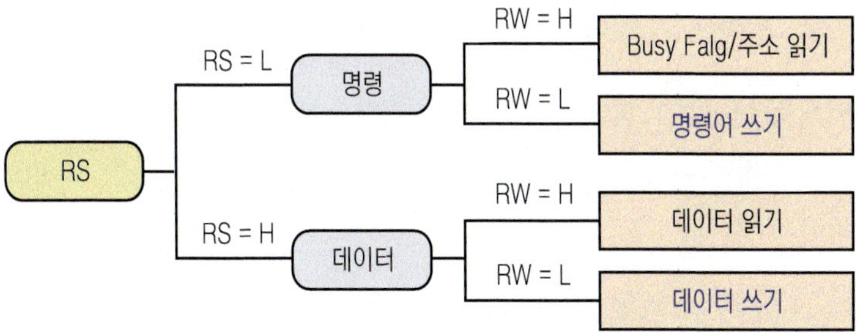

[그림 7-5] RS, RW 신호에 따른 명령어와 데이터 모드 선택

표 7-2 LCD 핀 배열과 기능

<table>
<tr><th>핀 번호</th><th>기호</th><th colspan="2">기능</th></tr>
<tr><td>1</td><td>V_{SS}</td><td colspan="2">GND 연결</td></tr>
<tr><td>2</td><td>V_{DD}</td><td colspan="2">전원 연결 (옵션 +3.0 V)</td></tr>
<tr><td>3</td><td>V_{O}</td><td colspan="2">가변 저항으로 색상 대비 조정</td></tr>
<tr><td>4</td><td>RS</td><td colspan="2">명령/데이터 레지스터 선택</td></tr>
<tr><td>5</td><td>RW</td><td colspan="2">읽기/쓰기 선택</td></tr>
<tr><td>6</td><td>E</td><td colspan="2">LCD 활성화 신호</td></tr>
<tr><td>7</td><td>DB0</td><td>데이터 비트 0</td><td rowspan="4">8비트 인터페이스 모드에서
11번~14번 핀을 포함해서 사용</td></tr>
<tr><td>8</td><td>DB1</td><td>데이터 비트 1</td></tr>
<tr><td>9</td><td>DB2</td><td>데이터 비트 2</td></tr>
<tr><td>10</td><td>DB3</td><td>데이터 비트 3</td></tr>
<tr><td>11</td><td>DB4</td><td>데이터 비트 4</td><td rowspan="4">4비트 인터페이스 모드에서
11번~14번 핀만 사용</td></tr>
<tr><td>12</td><td>DB5</td><td>데이터 비트 5</td></tr>
<tr><td>13</td><td>DB6</td><td>데이터 비트 6</td></tr>
<tr><td>14</td><td>DB7</td><td>데이터 비트 7</td></tr>
<tr><td>15</td><td>A</td><td colspan="2">LCD 백라이트 애노드(+)</td></tr>
<tr><td>16</td><td>K</td><td colspan="2">LCD 백라이트 캐소드(-)</td></tr>
</table>

7-2-1. LCD에 문자열 표시하기

프로그램 코드는 아두이노 IDE에서 제공되는 'Display' 예제 코드를 사용한다.

[그림 7-7]처럼 연결하고 **파일 → 예제 → LiquidCrystal → Display** 예제를 열어 코드의 일부분을 수정한 뒤 업로드한다. 예제를 업로드하면 LCD에 'hello, world!' 문자열이 깜박이며 표시된다.

오렌지 보드와 LCD를 다음과 같이 연결한다.

- LCD 1번 핀(V_{SS}) : 오렌지 보드의 그라운드(GND)에 연결

- LCD 2번 핀(V_{DD}) : 오렌지 보드의 5 V에 연결
- LCD 3번 핀(V_O) : 10 KΩ 가변저항(potentiometer)의 가운데 와이퍼(wiper) 단자에 연결
- LCD 4번 핀(RS) : 오렌지 보드의 2번 핀에 연결
- LCD 5번 핀(RW) : 오렌지 보드의 그라운드(GND)에 연결
- LCD 6번 핀(E) : 오렌지 보드의 3번 핀에 연결
- LCD 11번 핀(DB4) : 오렌지 보드의 4번 핀에 연결
- LCD 12번 핀(DB5) : 오렌지 보드의 5번 핀에 연결
- LCD 13번 핀(DB6) : 오렌지 보드의 6번 핀에 연결
- LCD 14번 핀(DB7) : 오렌지 보드의 7번 핀에 연결
- LCD 15번 핀(A) : 5 V 전원에 연결. 백라이트에 내부 저항이 없는 경우 저항 연결
- LCD 16번 핀(K) : 그라운드(GND)에 연결

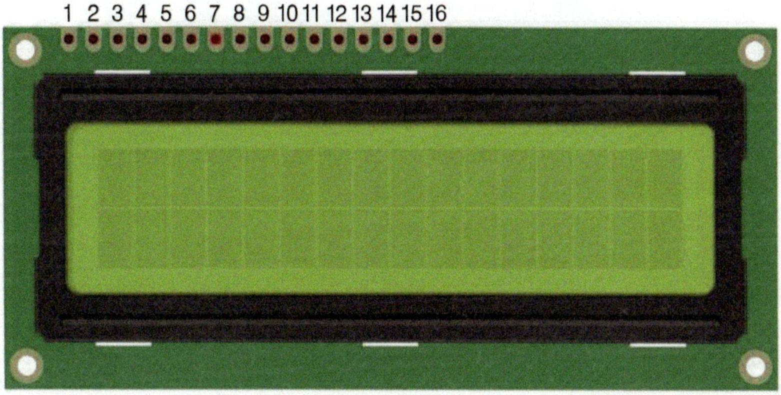

[그림 7-6] 16×2 문자형 LCD의 핀 번호

LCD의 15번, 16번 핀의 경우 LCD 백라이트와 관련된 핀이기 때문에 백라이트가 없는 LCD 모듈의 경우 전원과 그라운드에 연결하지 않아도 된다. LCD 모듈마다 백라이트에 내부 저항이 연결된 것도 있고 없는 것도 있기 때문에 사용자가 해당 LCD 모듈의 데이터시트를 확인한 뒤에 저항 연결 여부를 결정하는 것이 좋다.

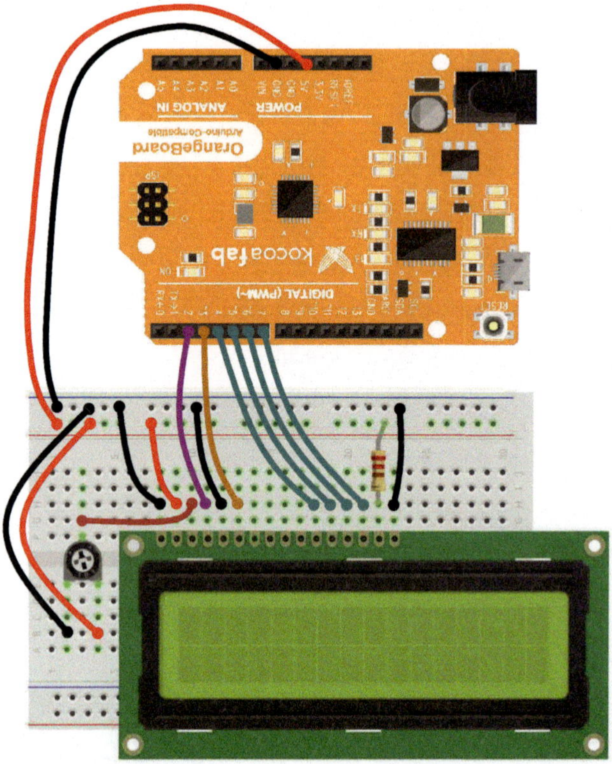

[그림 7-7] 16×2 문자형 LCD 연결

```
#include <LiquidCrystal.h>

LiquidCrystal lcd (2, 3, 4, 5, 6, 7);        // LCD 핀과 라이브러리 초기화

void setup()
{
   lcd.begin (16, 2);                        // 16×2 문자형 LCD 사용
   lcd.print ("hello, world!");              // hello, world! 출력
}

void loop()
{
   lcd.noDisplay ();                         // 표시 끄기
```

```
    delay (500);                                   // 500 ms 지연

    lcd.display ();                                // 표시 켜기
    delay (500);                                   // 500 ms 지연
}
```

코드 해석

```
LiquidCrystal lcd (2, 3, 4, 5, 6, 7);
```

LCD 모듈의 RS, E, DB4, DB5, DB6, DB7 핀에 연결된 오렌지 보드의 핀 번호를 초기화 한 것이다. 오렌지 보드의 다른 핀에 연결을 할 경우 해당되는 핀 번호로 변경하면 된다.

LiquidCrystal 라이브러리

- begin()

  LCD 인터페이스를 초기화 하고, LCD에 표시할 수 있는 문자의 개수와 줄 수(폭 및 높이)를 지정한다. 다른 라이브러리 명령을 지정하기 전에 호출해야 한다. 이후에 print() 함수와 setCursor() 함수를 호출해서 LCD의 특정 위치에 문자를 출력할 수 있다.

  Syntax

  ```
  lcd.begin (cols, rows)
  lcd : LiquidCrystal 형의 변수
  cols : LCD 열(글자)의 수
  rows : LCD 줄(행)의 수
  ```

- clear()

  LCD 화면을 지우고 왼쪽 상단으로 커서를 이동한다. 문장이 표시된 상태에서 새로운 문장이 추가로 표시될 때는 LCD에서 마지막 커서 위치에서부터 문자가

표시되기 때문에 LCD 화면을 깨끗이 지우고 새로운 문자 또는 문장을 표시할 때 유용하다.

Syntax

```
lcd.clear ()
```

- home()

커서를 LCD의 왼쪽 상단(0, 0)으로 위치시켜 다음 문자를 출력할 때 해당 위치를 사용한다. clear() 함수는 LCD 화면의 내용을 지우고 커서를 왼쪽 상단에 위치시킨다면 home() 함수는 LCD 화면의 내용을 지우지 않고 커서의 위치만 왼쪽 상단에 표시한다. 만약 같은 줄에 추가로 문장을 표시할 때 앞서 표시된 문장보다 길이가 짧을 경우 앞서 표시된 문장의 일부가 남기 때문에 용도에 맞게 활용할 필요가 있다.

Syntax

```
lcd.home ()
```

- setCursor()

LCD 커서의 위치를 결정하는 함수이다. setCursor() 함수를 호출하여 문자 또는 문장이 표시될 위치를 설정할 수 있다. 커서를 없애고 싶을 때는 noCursor() 함수를 호출하면 된다. setCursor() 함수를 호출하지 않고 print() 함수를 호출하면 setCursor() 함수의 초기 값 (0, 0) 위치인 LCD 왼쪽 상단의 첫 번째 자리부터 문자가 표시된다.

LCD의 특정 위치부터 문자를 표시하고자 할 때는 col 인수 값을 변경하면 된다. 16×2 문자형 LCD 모듈에서 한 줄에 표시되는 문자수는 16개이다. 왼쪽에서부터 차례대로 위치 값이 1씩 증가하기 때문에 col 인수 값은 0에서부터 15까지이다. 두 줄을 표시할 수 있는 LCD 모듈에서 row 인수 값은 0과 1이며 첫 번째 줄에 문자를 표시할 때는 0, 두 번째 줄에 문자를 표시할 때는 1을 설정한다.

Syntax

```
lcd.setCursor (col, row)
col : 커서의 열 위치 즉, 수평 위치 값이다. (초기 값 0)
row : 커서의 행 위치 즉, LCD 줄 번호 값이다. (초기 값 0)
lcd.setCursor (0, 1) : 두 번째 줄 왼쪽 첫 번째 자리부터 문자 표시
lcd.setCursor (3, 0) : 첫 번째 줄 왼쪽에서 네 번째 자리부터 문자 표시
```

- write()

LCD에 문자를 쓴다.

Syntax

```
lcd.write (data)
data : LCD에 쓸 문자

다음은 시리얼 통신을 활용하여 키보드로 입력되는 문자를 LCD에 그대로 표시할 때
write() 함수를 어떻게 활용하는지 보여준다.

#include <LiquidCrystal.h>

LiquidCrystal lcd (2, 3, 4, 5, 6, 7);

void setup()
{
   Serial.begin (9600);
}

void loop()
{
   if (Serial.available ())
   {
      lcd.write (Serial.read ());     // 통신을 통해 입력된 문자를 LCD에 표시
   }
}
```

- print()

LCD에 문장을 표시한다. write() 함수와 print() 함수는 매개 변수 지정 방법에 대한 차이가 있고, 프로그램에서 처리되는 데이디에 따라 구분해서 사용해야 한다.

Syntax

```
lcd.print (data)
lcd.print (data, BASE)
data : 표시할 데이터(char, byte, int, long, 또는 string)
BASE : 숫자를 표시할 때 선택할 수 있으며 2진수는 BIN, 10진수는 DEC, 8진수는
       OCT, 16진수는 HEX를 쓴다.
```

- blink()

LCD 커서를 깜박이게 한다. blink() 함수와 유사한 cursor() 함수는 다음에 표시될 위치에 깜박임 없이 밑줄(_)로 커서가 표시되는데 blink() 함수와 동시에 사용할 경우 blink() 함수가 실행된 것처럼 보이기 때문에 굳이 함께 사용할 필요가 없다. noBlink() 함수는 커서의 깜박임을 끈다.

Syntax

```
lcd.blink ()
```

- display()

noDisplay() 함수로 꺼진 LCD 화면을 켜준다. 표시되었던 문장과 커서를 복원한다.

Syntax

```
lcd.display ()
```

- scrollDisplayLeft()

LCD 화면의 내용(문장과 커서)을 왼쪽으로 한 칸 이동시킨다. 반대로 오른쪽으로 한 칸 이동시킬 때는 scrollDisplayRight() 함수를 호출한다.

Syntax

```
lcd.scrollDisplayLeft ()
```

LCD의 첫 번째 줄에 "hello, world!" 표시 상태

h	e	l	l	o	,		w	o	r	l	d	!			

scrollDisplayLeft() 함수 호출

e	l	l	o	,		w	o	r	l	d	!				

scrollDisplayRight() 함수 호출

	h	e	l	l	o	,		w	o	r	l	d	!		

- leftToRight()

  LCD에 문장을 왼쪽에서 오른쪽으로 표시한다. 반대로 rightToLeft() 함수는 오른쪽에서 왼쪽으로 표시한다. 설정이 없을 때는 왼쪽에서 오른쪽으로 표시된다.

Syntax

```
lcd.leftToRight ()
```

- autoscroll()

  LCD의 자동 스크롤 기능을 설정한다. 각 문자가 이전에 출력된 문자를 왼쪽에서 오른쪽으로 한 칸씩 밀어내면서 표시된다. LCD의 동일한 위치에 새로운 문자를 표시하는 효과가 있다. noAutoscroll() 함수는 자동 스크롤 기능을 중단한다.

Syntax

```
lcd.autoscroll ()
```

7-2-2. LCD의 두 번째 줄에 숫자 표시

프로그램 코드는 아두이노 IDE에서 제공되는 'HelloWorld' 예제 코드를 사용한다.

[그림 7-7]처럼 연결하고 **파일 → 예제 →** LiquidCrystal → HelloWorld 예제를 업로드한다. 예제를 업로드하면 LCD의 첫 번째 줄에는 'hello, world!' 문자열이 표시되고 두 번째 줄에서 초 단위로 증가되는 숫자를 표시한다.

```
#include <LiquidCrystal.h>

LiquidCrystal lcd (2, 3, 4, 5, 6, 7);    // LCD 핀과 라이브러리 초기화

void setup()
{
   lcd.begin (16, 2);                    // 16×2 문자형 LCD 사용
   lcd.print ("hello, world!");          // 첫 번째 줄 상단부터 문장 출력
}

void loop()
{
   lcd.setCursor (0, 1);                 // 커서 두 번째 줄의 0번째 열에 위치
   lcd.print (millis () / 1000);         // 경과 시간을 1000으로 나눈 값 표시
}
```

코드 해석

```
lcd.print (millis () / 1000);
```

millis() 함수는 오렌지 보드에서 현재 프로그램이 시작된 이후의 시간을 밀리초(milliseconds) 단위로 값을 반환한다. 반환된 값을 1000으로 나눈 것이기 때문에 1초마다 값이 증가하면서 숫자가 표시된다.

7-2-3. LCD에 사용자 정의 문자 표시하기

LCD에 읽기 동작을 만들어 사용자가 원하는 문자 또는 숫자 패턴을 생성하여 표시할 수 있다. 16×2 문자 LCD 모듈은 5×10 도트(dot) 또는 5×8 도트의 폰트를 만들 수 있으나 LiquidCrystal 라이브러리에서 5×8 폰트로 지정해뒀기 때문에 8개의 사용자 정의 문자를 CGRAM 주소에 정의해서 사용할 수 있다.

사용자 정의 문자는 5개 픽셀로 8행을 생성하여 [그림 7-8]처럼 하나의 폰트를 만드는 것이다. 16진수 또는 2진수로 데이터를 생성할 수 있으며, 16진수로 데이터를 생성할 때는 상위 니블의 3비트가 0으로 고정되어 있으므로 그 데이터 값을 함께 반영해준다. [그림 7-8]은 '한', '국' 폰트를 각각 생성한 코드로 사용자가 생성할 픽셀이 켜지게 하려면 1을 써야 하는 것을 알 수 있다.

마지막 줄은 커서를 표시하기 위해서 비워놓고 사용자 정의 문자를 만드는 것이 좋으나 커서를 사용하지 않으면 되기 때문에 한글을 표현하는 공간으로 사용했다.

한								16진수	2진수
상위 4 bit				하위 4 bit					
								0x0A	B01010
								0x1E	B11110
								0x0A	B01010
								0x17	B10111
								0x16	B10110
								0x0A	B01010
								0x10	B10000
								0x1F	B11111

국								16진수	2진수
상위 4 bit				하위 4 bit					
								0x1F	B11111
								0x01	B00001
								0x02	B00010
								0x1F	B11111
								0x04	B00100
								0x1F	B11111
								0x01	B00001
								0x02	B00010

[그림 7-8] 사용자 정의 문자 '한', '국'의 데이터

사용자 정의 문자와 관련된 함수는 createChar 함수와 write 함수이다.

- createChar()

LCD에 사용자 정의 문자를 0에서 7까지 생성한다. 생성된 사용자 정의 문자는

write 함수로 출력한다. 사용자 정의 문자 0은 다른 주소와 달리 호출할 때 변수가 없으면 아두이노 컴파일러에서 오류가 발생될 수 있기 때문에 lcd.write (byte (0))과 같이 byte 형으로 캐스팅해야 한다.

Syntax

```
lcd.createChar (num, data)
num : 생성할 문자 0~7 지정
data : 문자 픽셀 데이터
```

[그림 7-7]의 연결 상태에서 프로그램 코드를 업로드하여 사용자 정의 문자 "한국"을 표시한다.

```
#include <LiquidCrystal.h>

LiquidCrystal lcd (2, 3, 4, 5, 6, 7);

uint8_t read_han[8] = { 0x0A, 0x1E, 0x0A, 0x17, 0x16, 0x0A, 0x10, 0x1F };
uint8_t read_kook[8] = { 0x1F, 0x01, 0x02, 0x1F, 0x04, 0x1F, 0x01, 0x02 };

void setup()
{
   lcd.createChar (1, read_han);      // 생성 문자를 CGRAM 1에 씀
   lcd.createChar (2, read_kook);     // 생성 문자를 CGRAM 2에 씀
   lcd.begin (16, 2);

   lcd.setCursor (8, 0);              // 문자 표시 위치 지정
   lcd.write (1);
   lcd.write (2);
}

void loop()
{
                                      // 아무 것도 하지 않음
}
```

코드 해석

```
uint8_t read_han[8] = { 0x0A, 0x1E, 0x0A, 0x17, 0x16, 0x0A, 0x10, 0x1F };
```

uint8_t는 "stdint.h" 헤더 파일에 정의되어 있으며, unsigned char 형을 의미한다. 배열 값을 초기화할 때 16진수 데이터로 '한' 폰트를 생성했으나, 다음과 같이 2진수 데이터로 초기화해도 동일한 결과를 만들 수 있다.

```
uint8_t read_han[8] = {
    B01010,
    B11110,
    B01010,
    B10111,
    B10110,
    B01010,
    B10000,
    B11111
};
```

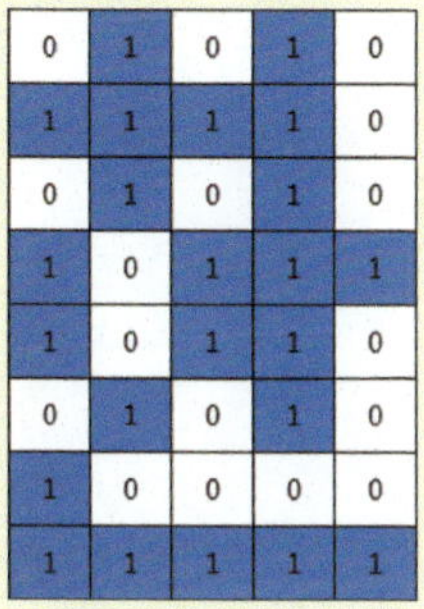

7장 | 응용 실습 |

1. FND를 활용한 디지털 시계 프로그램을 작성한다.
2. 온도 센서와 FND를 사용하여 디지털 온도계 프로그램을 작성한다.
3. LCD, 버튼, 부저를 사용하여 알람 기능을 가진 디지털 시계 프로그램을 작성한다.
4. LCD, 온도 센서, 부저, DC 모터, 버튼을 사용하여 일정 온도 이상 되면 경고음이 발생되고 팬 날개가 달린 DC 모터가 자동으로 돌아가 주변 온도를 낮추는 프로그램을 작성한다.
5. 그래픽 LCD의 종류와 동작 원리를 알아보고 문서로 작성하여 제출한다.
6. LCD에 자신의 한글 이름을 생성하여 표시하는 프로그램을 작성한다.

08 무선 통신

학습목표

- 블루투스를 이해하고 활용할 수 있다.
- 지그비 통신을 이해하고 활용할 수 있다.
- 와이파이 통신을 이해하고 활용할 수 있다.

8-1. 블루투스(Bluetooth)

블루투스는 10세기 스칸디나비아 반도를 통일했던 왕인 헤럴드 블루투스 곰손(Harald Bluetooth Gormsson, 910~986)처럼 다른 통신 장치들 간의 연결을 하나의 무선 통신 규격으로 통일한다는 의미를 가지고 있다. 1994년 통신기기 제조 회사인 스웨덴의 에릭슨(Ericsson)에 의해 시작된 기술로 주로 10 m 전 · 후의 짧은 거리에서 휴대폰, 노트북, 이어폰 등의 휴대 기기들 간의 무선 통신을 위해 연구되었다. 이후 1998년 에릭슨을 주축으로 노키아, IBM, 도시바, 인텔 등으로 구성된 블루투스 SIG(Special Interest Group)를 통해서 본격적으로 개발되기 시작하였다. 오늘날 스마트폰, 노트북 등의 휴대 기기들이 대량 보급이 되면서 블루투스를 이용한 무선 통신 기술이 일상에서 매우 광범위하게 활용되고 있으며 사물인터넷(Internet of Things)이 확산되면서 블루투스의 응용 분야가 빠르게 증가되고 있다.

블루투스는 산업, 과학, 의료용으로 할당된 ISM(Industrial Scientific and Medical) 주파수 대역인 2.4~2.4835 GHz를 사용하며 실제로는 인접한 주파수 대역을 사용하는 시스템들과의 신호 간섭을 피하기 위해서 위아래 주파수를 일부 제외한 2.402~2.480 GHz인 79개 채널을 사용한다. 최근의 블루투스 스마트(Bluetooth Smart)나 저전력 블루투스(BLE, Bluetooth Low Energy)는 1 MHz 폭 채널 79개 대신 2 MHz 폭 채널 40개 채널을 사용한다.

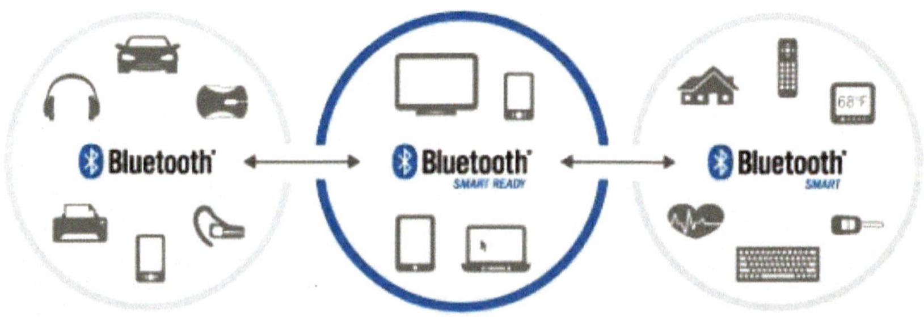

[그림 8-1] 블루투스 장치의 상호 호환성 및 활용 분야[출처 : http://www.bluetooth.com]

ISM 주파수 대역은 전파사용의 허가가 필요 없는 대역이라 아마추어 무선통신, 무선 랜 서비스, RFID, XBee, 블루투스 등 다양한 통신에 사용되기 때문에 통신 시스템 간의 주파수 간섭이 발생될 수 있다. 이런 주파수 간섭 문제를 예방하기 위해서 블루투스는 많은 수의 채널을 특정 패턴에 따라 빠르게 이동하며 데이터를 조금씩 전송하는 주파수 호핑(Frequency Hopping) 방식을 사용하며 1초에 1,600번 주파수를 바꿔가며 통신을 한다.

8-1-1. HC-06 블루투스 모듈

블루투스는 프로파일(Profile)이라는 통신 규약이 있으며 장치들 간 무선 데이터 통신을 위해서는 프로파일이 일치해야 한다. 이 장에서는 다양한 프로파일 중에서 시리얼 통신을 하기 위한 SPP(Serial Port Profile) 프로파일이 구현된 HC-06 블루투스 모듈을 이용한다. HC-06 모듈은 RX, TX, VCC , GND핀을 가지고 있다.

[그림 8-2] 오렌지 보드와 블루투스 모듈 연결

HC-06의 TX, RX 핀을 각각 오렌지 보드의 2번, 3번 핀에 연결하고 VCC는 3.3 V 핀에 GND는 GND 핀에 연결한다. 오렌지 보드와 HC-06 블루투스 모듈의 연결은 기본적으로 [그림 8-2]와 같이 연결되어야 한다.

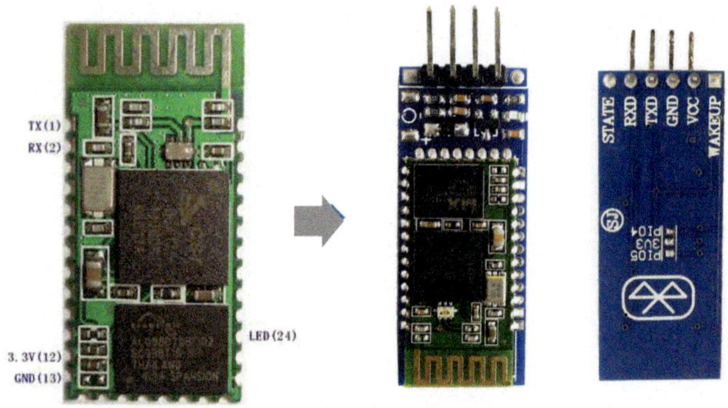

[그림 8-3] HC-06 블루투스 모듈과 백보드 장착형 앞, 뒤 모습

HC-06 블루투스 모듈 주요 사양

- 블루투스 V2.0 프로토콜 기반의 CSR 블루투스 칩 사용
- 동작 전압 : 3.3 V
- 지원 baud rate : 1200, 2400, 4800, 9600, 19200, 38400, 57600, 115200
- 동작 전류 : 40 mA
- 대기 전류 : < 1mA
- 기본 설정 : Slave, 9600 baud rate, N, 8 bit, 1 stop. Pincode 1234

8-1-2. 스마트폰과 오렌지 보드를 블루투스로 연결하여 대화하기

스마트폰에 내장된 블루투스 기능을 사용하여 오렌지 보드를 연결하여 아두이노 IDE의 시리얼 모니터를 통해서 간단한 채팅을 한다. 프로그램 코드는 아두이노 IDE에서 제공되는 'SoftwareSerialExample' 예제를 사용한다.

[그림 8-4]처럼 연결하고 **파일** → **예제** → SoftwareSerial → SoftwareSerialExample 예제를 업로드 한다. 스케치에서 통신 속도 부분과 RX, TX 핀 번호를 수정한다.

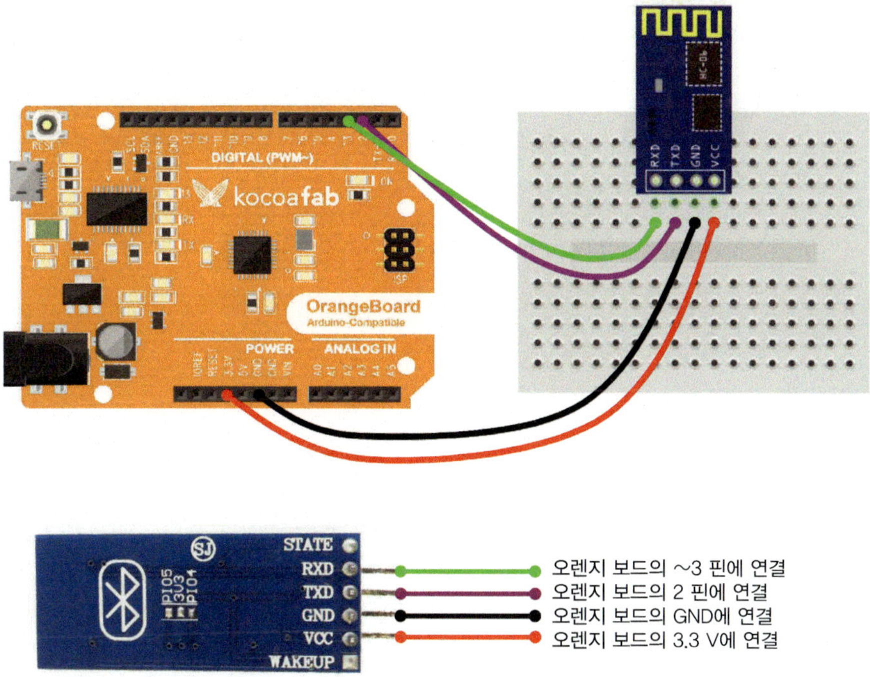

[그림 8-4] HC-06 블루투스 모듈 연결

```
#include <SoftwareSerial.h>

SoftwareSerial mySerial (2, 3);          // 디지털 2번, 3번 핀에 TX, RX 연결

void setup()
{
   Serial.begin (9600);                  // 시리얼 통신 속도 설정

   while (!Serial);                      // 포트 연결까지 대기
   Serial.println ("bluetooth test!");   // 시리얼 모니터 창에 문자열 출력

   mySerial.begin (9600);                // 블루투스 데이터 전송 속도 초기화
   mySerial.println ("Hello, world?");   // 블루투스 연결 시 문자열 출력
}
```

```
void loop()
{
   if (mySerial.available ())            // 블루투스를 통해 데이터 수신되면
      Serial.write (mySerial.read ());   // 수신된 데이터 PC 통신 창에 출력

   if (Serial.available ())              // 시리얼 모니터를 통해 데이터 전송되면
      mySerial.write (Serial.read ());   // 전송된 데이터 스마트폰으로 출력
}
```

코드 해석

```
SoftwareSerial mySerial (2, 3);
```

'SoftwareSerialExample' 예제에서는 블루투스 모듈의 RX 핀은 오렌지 보드의 10번 핀에 연결하고 TX 핀은 오렌지 보드의 11번 핀에 연결하도록 되어 있다. 이 부분을 오렌지 보드의 2번과 3번 핀으로 수정한다. 오렌지 보드의 2번 핀은 RX 핀으로 사용하고 블루투스 모듈의 TX 핀과 연결한다. 오렌지 보드의 3번 핀은 TX 핀으로 사용하고 블루투스 모듈의 RX 핀과 연결한다.

```
if (mySerial.available ())
   Serial.write (mySerial.read ());
```

if 문의 조건에 해당하는 구문이 한 줄일 때 괄호 생략이 가능하기 때문에 괄호가 빠진 것이며 if 문의 조건에 해당될 때 Serial.write (mySerial.read()); 명령이 실행된다.

스마트폰을 통해서 문자나 문장 데이터를 전송하면 블루투스 모듈에서 데이터를 수신한 뒤에 아두이노 IDE의 시리얼 모니터 창으로 수신된 문자나 문장을 출력한다.

available() 함수는 시리얼 버퍼에서 읽을 수 있는 바이트 수를 반환하며 어떤 값이 들어오면 true(1)가 된다. 즉 데이터가 들어왔는지 available() 함수로 체크를 할 수 있다. read() 함수는 시리얼 포트의 RX 핀으로 수신된 문자를 읽는다.

```
if (Serial.available ())
   mySerial.write (Serial.read ());
```

아두이노 IDE의 시리얼 모니터 창에서 문자나 문장을 입력한 뒤 전송을 하면 블루투스 모듈을 통해서 스마트폰의 채팅 창으로 문자나 문장이 출력된다.

실습 환경 설정과 실습 과정

스마트폰에 내장된 블루투스 기능을 사용하고 오렌지 보드에 블루투스 모듈을 연결한 뒤에 아두이노 IDE의 시리얼 모니터를 통해서 스마트폰과 간단한 문자를 주고받는 실습이다.

블루투스로 무선 데이터를 송 · 수신하기 위해서 두 개의 무선 장치를 먼저 연결해야 하는데 이것을 페어링(pairing)이라고 한다. 페어링이 되기 위해서는 두 장치에서 서로를 인식할 수 있어야 한다. 먼저 스마트폰에서 블루투스 기능을 활성화 하면 자동으로 주변의 블루투스 장치들을 찾는데 이때 HC-06 블루투스 모듈이 검색되면 그것을 선택하면 된다. 최초 HC-06을 선택하면 핀 코드(패스워드)를 물어보는데 HC-06의 경우 초기 핀 코드는 '1234'로 설정되어 있다. [그림 8-5]는 스마트폰에 HC-06 모듈을 등록하는 과정을 보여준다. 안드로이드 폰을 기준으로 설명되었고 안드로이드 버전에 따라 인터페이스가 다를 수 있으나 블루투스 장치를 등록하는 과정은 큰 차이가 없으니 참고하면 된다.

이제 스마트폰에서 문자나 문장을 송 · 수신할 수 있는 어플리케이션을 설치해야 한다. 아두이노 블루투스 채팅에 최적화 된 'BT Chat'이라는 앱을 다운로드 한다. [그림 8-6]은 스마트폰의 BT Chat 앱을 통해서 HC-06 블루투스 모듈과의 연결 과정을 보여준다. 스마트폰에서 사용할 수 있는 앱의 종류는 매우 많기 때문에 실습 내용과 적합한 앱을 설치한 뒤에 사용하면 된다. 같은 앱이라도 버전이 바뀌면 인터페이스와 기능 등이 변경될 수 있기 때문에 해당 앱을 배포한 개발자 홈페이지를 통해서 정보를 추가로 확인하도록 한다.

① 블루투스 기능 선택

② HC-06 모듈 검색되면 선택!

③ PIN 번호 '1234' 입력 후 확인

④ HC-06 모듈 스마트폰에 등록됨

[그림 8-5] 안드로이드 스마트폰에서의 블루투스 장치 설정 과정

요즘은 안드로이드 앱을 좀 더 쉽게 개발 할 수 있는 앱 인벤터(App Inventor) 같은 프로그램도 있고 앱 개발과 관련된 소스 공개도 많이 되고 있으니 관심이 있는 사용자의 경우 직접 앱을 개발하는 것에 도전하기 바란다.

HC-06 블루투스 모듈은 오렌지 보드를 통해서 전원이 공급되면 페어링을 자동으로 시도하며 이때 빨간색의 LED가 깜박인다. LED가 점멸되고 있는 상태에서는 아직 장치 간 연결이 되지 않은 것이고 깜박임이 멈추면 장치 간 연결이 된 것으로 생각하면 된다. BT Chat 앱을 실행 한 뒤에 HC-06 블루투스 모듈과 연결되면 HC-06 모듈의 LED의 깜박임이 멈추는 것을 확인할 수 있다.

블루투스 장치를 한번 등록한 뒤에는 다시 반복해서 장치를 등록하는 과정은 필요 없으며 앱만 실행하면 자동으로 주변에 있는 블루투스 장치를 검색해서 연결한다. 만약 장치 간 연결이 되지 않는다면 앱을 종료했다가 다시 실행해보거나, 스마트폰에서 블루투스 기능이 제대로 설정되어 있는지 다시 확인한다.

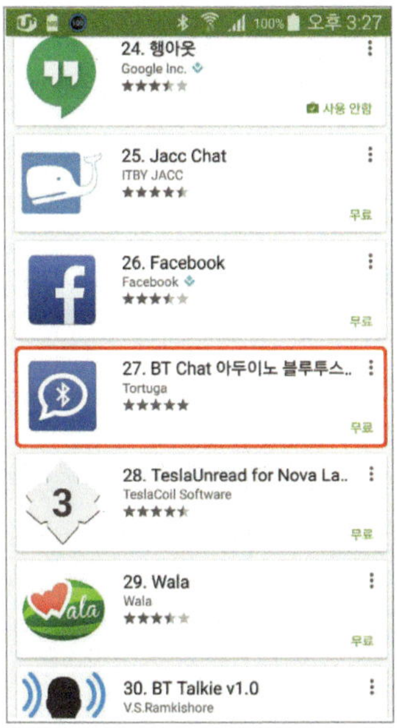

① "BT Chat" 으로 앱 검색

② 설치 버튼 클릭하여 앱 설치!

③ 장치 검색을 눌러 HC-06 선택

④ 아래쪽에 연결 상태 확인됨

[그림 8-6] 안드로이드 앱 설치와 블루투스 장치 연결 과정

이제 스마트폰과 오렌지 보드 간 블루투스 통신이 제대로 되는지 확인해보자. SoftwareSerialExample 예제 코드가 오렌지 보드에 업로드 된 상태에서 아두이노 IDE의 시리얼 모니터 창을 띄운다. 이때 주의할 점은 [그림 8-6]에서 보여주는 것처럼 BT Chat 앱이 실행되어 HC-06 장치와 연결이 되어 있는 상태에서 아두이노 IDE의 시리얼 모니터 창을 띄운 것이다.

시리얼 모니터 창이 실행되면 "bluetooth test!" 라는 문장이 출력되고, [그림 8-7]처럼 동시에 스마트폰의 BT Chat 앱에서 "Hello, world?"를 출력한다.

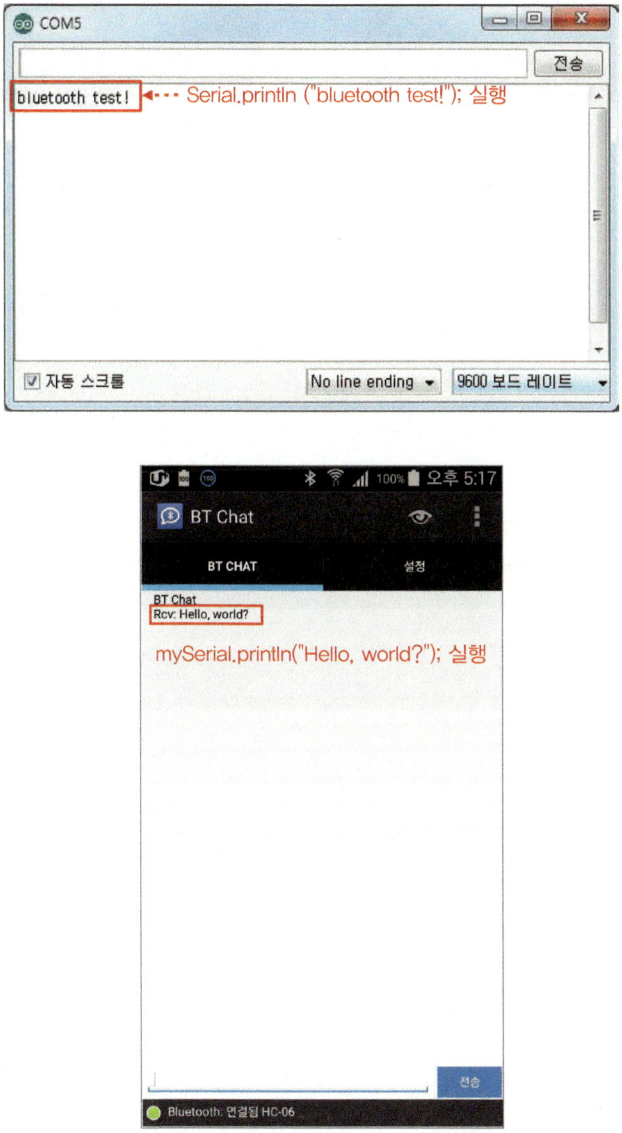

[그림 8-7] 아두이노 IDE 시리얼 모니터 창과 BT Chat 앱에서의 초기 화면

먼저 스마트폰에서 오렌지 보드로 메시지를 보내보자. [그림 8-8]처럼 BT Chat에서 "hello!" 라는 문장을 입력한 뒤에 전송하면, 시리얼 모니터 창에 "hello!" 라고 수신된 문장을 출력한다.

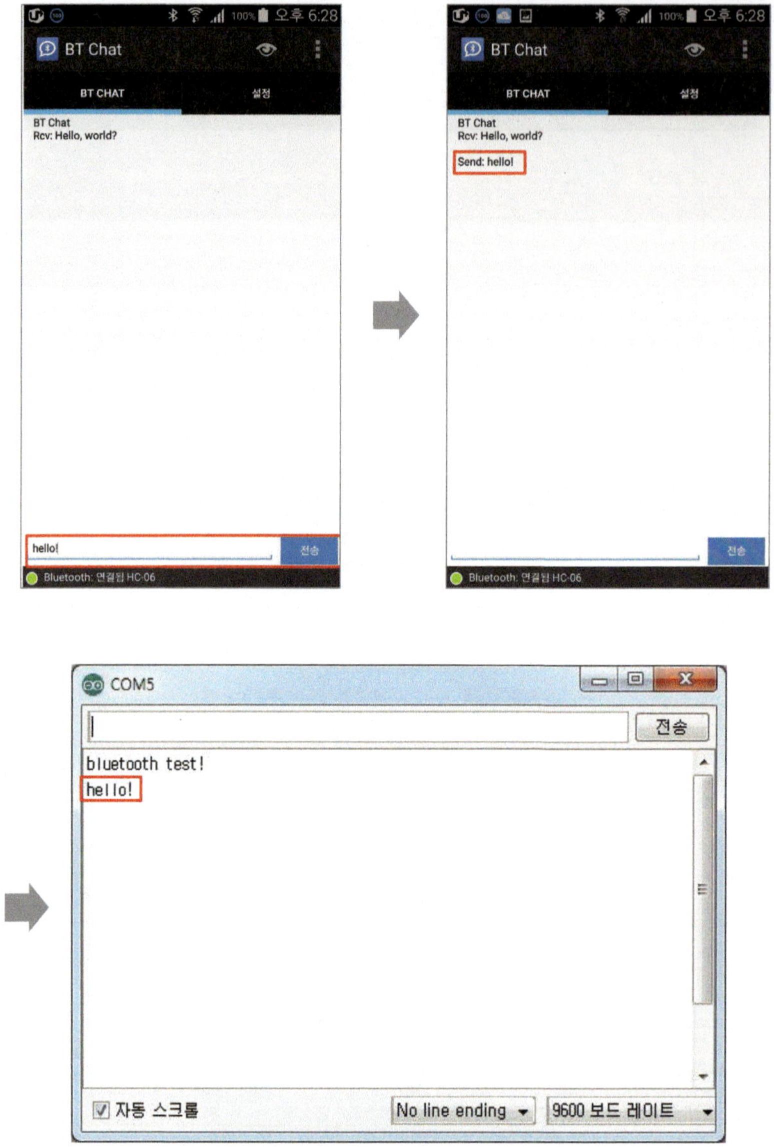

[그림 8-8] 스마트폰에서 오렌지 보드로 메시지 전송

이제 반대로 오렌지 보드에서 스마트폰으로 메시지를 전송해본다. [그림 8-9]처럼 아두이노 IDE의 시리얼 모니터 창에서 "my name is Jeong Bo Kwon"이라는 메시지를 입력한 뒤에 전송 버튼을 클릭하면 스마트폰의 BT Chat에 해당 메시지가 수신되는 것을 확인할 수 있다.

[그림 8-9] 오렌지 보드에서 스마트폰으로 메시지 전송

8-1-3. 스마트폰과 오렌지 보드를 블루투스로 연결하여 LED 제어하기

스마트폰에 내장된 블루투스 기능을 사용하여 오렌지 보드에 연결된 LED를 제어하는 실습이다. [그림 8-10]와 같이 연결하고 'SoftwareSerialExample' 예제에서 일부 수정한 코드를 업로드 한다.

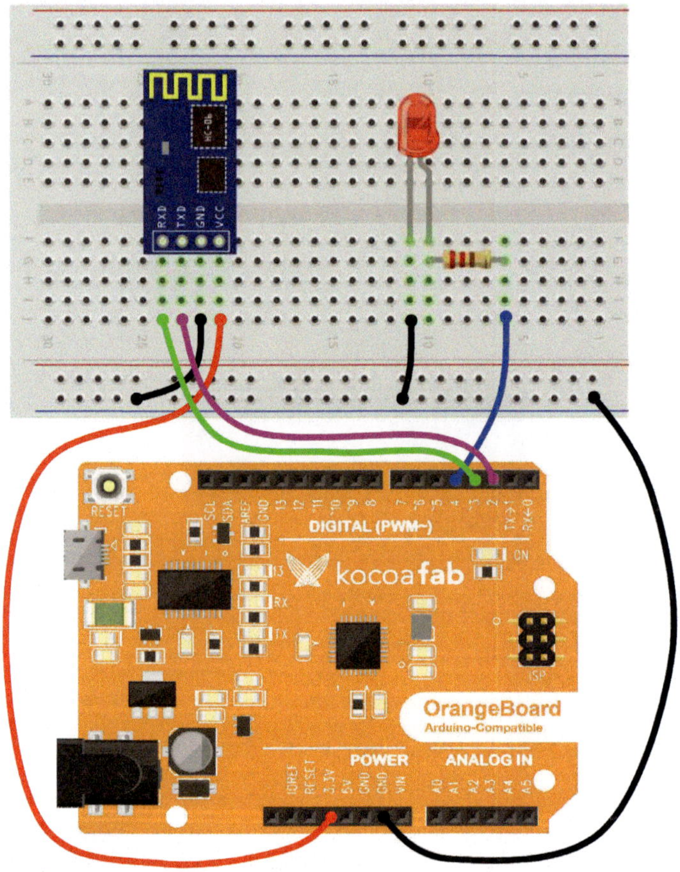

[그림 8-10] 블루투스 모듈과 LED 연결

```
#include <SoftwareSerial.h>

SoftwareSerial BTSerial (2, 3);             // 디지털 2번, 3번 핀에 TX, RX 연결

int LED = 4;                                // 4번 디지털 핀에 LED 연결

void setup()
{
   Serial.begin (9600);                     // 시리얼 통신 속도 설정
   Serial.println ("LED control test!");    // 시리얼 모니터 창에 문자열 출력
   Serial.println ("no command!");

   BTSerial.begin (9600);                   // 블루투스 데이터 전송 속도 초기화

   pinMode (LED, OUTPUT);                   // 4번 디지털 핀을 출력으로 설정
}

void loop()
{
   if (BTSerial.available())                // 데이터가 수신되면
   {
      char toSend = (char)BTSerial.read(); // 문자 형 데이터로 저장

      Serial.print ("Command = ");          // 수신 된 데이터를
      Serial.println (toSend);              // 시리얼 모니터 창에 출력

      switch (toSend)                       // 수신된 데이터가
      {
         case '1':                          // '1' 이면
            Serial.println ("LED On");      // 문자열 출력
            digitalWrite (LED, HIGH);       // LED 켜짐
            break;

         case '0':                          // '0' 이면
            Serial.println ("LED Off");     // 문자열 출력
            digitalWrite (LED, LOW);        // LED 꺼짐
            break;
      }
   }
}
```

실습 환경 설정과 실습 과정

스마트폰에서 특정 버튼을 누르면 오렌지 보드에 연결된 LED가 제어되는 실습을 하기 위해서 [그림 8-11]처럼 사용자의 스마트폰에 “Arduino bluetooth controller”라는 앱을 설치한 뒤에 “LED On”과 “LED Off” 기능을 가진 버튼 두 개를 생성한다. BT Chat 앱과 마찬가지로 안드로이드 폰을 기준으로 설명되기 때문에 사용자의 스마트폰 운영체제가 다를 경우에도 동일한 과정을 따르거나 유사한 앱을 설치해서 실습하면 된다.

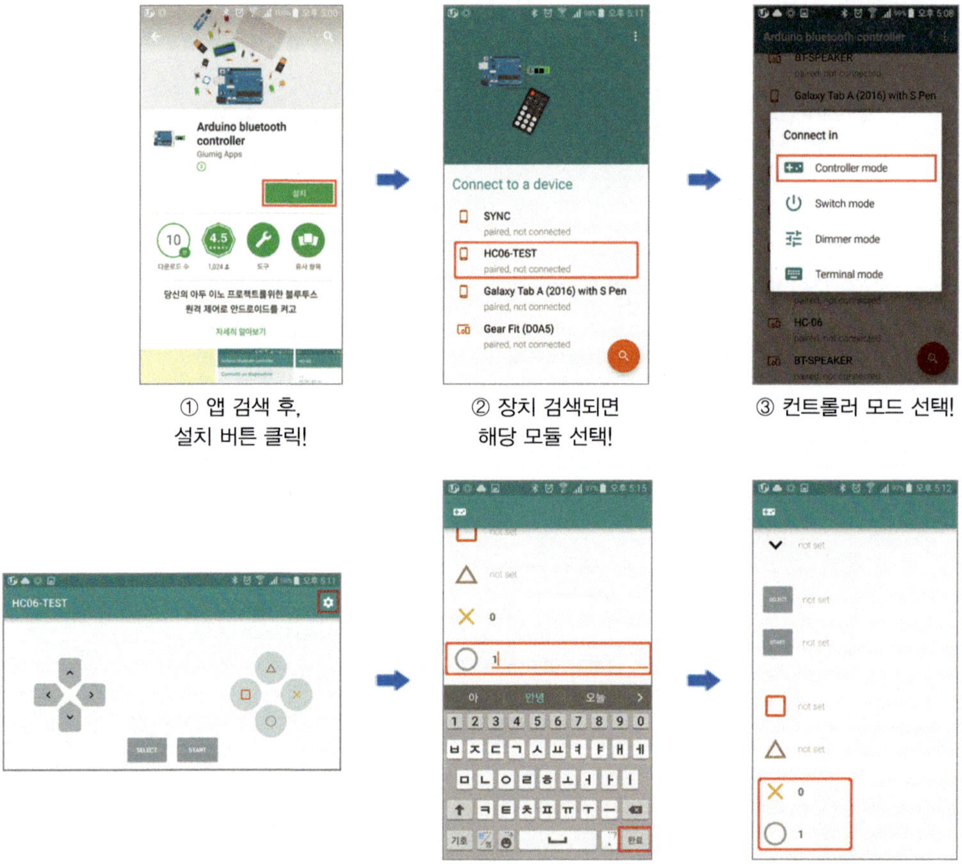

① 앱 검색 후, 설치 버튼 클릭!

② 장치 검색되면 해당 모듈 선택!

③ 컨트롤러 모드 선택!

④ 오른쪽 상단의 버튼 설정 메뉴 선택!

⑤ 원하는 모양의 버튼에 전송 데이터 입력

⑥ 버튼에 설정된 전송 데이터

[그림 8-11] Arduino bluetooth controller 앱 설치와 컨트롤러 모드 설정

처음 아두이노 IDE의 시리얼 모니터 창을 띄우면 [그림 8-12]처럼 "LED control test!", "no command!" 문자열이 출력된다. 이후 Arduino bluetooth controller 앱에 생성된 × 버튼과 ○ 버튼을 번갈아 누를 때마다 LED가 제어되는 것을 확인 할 수 있다.

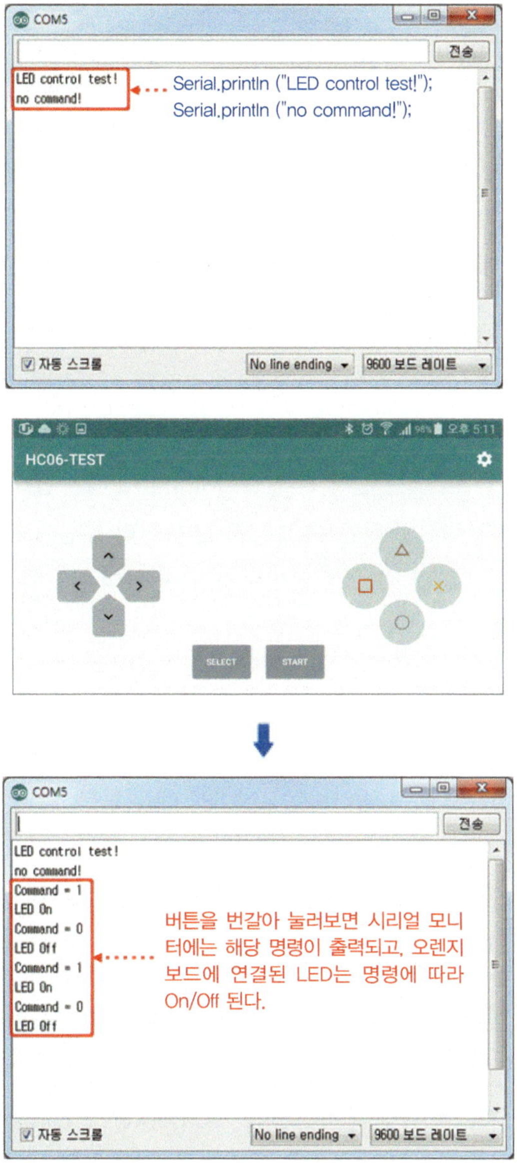

[그림 8-12] Arduino bluetooth controller 앱과 시리얼 모니터 실행

8-2. 지그비(Zigbee) 통신

지그비는 "Zigzag"와 벌을 뜻하는 "Bee"의 합성어로 꿀벌이 지그재그로 날아다니며 정보를 전달하는 것처럼 효율적인 근거리 무선 데이터 통신을 한다는 의미를 가지고 있다.

지그비는 근거리 통신을 지원하는 IEEE 802.15.4 표준 중 하나로 전 세계적으로 2.4 GHz ISM 주파수 대역을 사용하고 있으며 유럽에서는 868 MHz(20 Kbps), 미국과 오스트레일리아에서는 915 MHz(40 Kbps) 대역을 사용한다.

지그비는 블루투스나 Wi-Fi와 같은 다른 근거리 무선 개인 통신망(Wireless Personal Area Network)들에 비해서 상대적으로 더 단순하고 저렴한 기술을 목표로 개발되었다. 지그비에 비해서 Wi-Fi는 방대한 대역폭 제공을 위해서 고가의 무선 주파수 대역이 필요하며, 블루투스는 장치 간 연결이 7개 밖에 되지 않고 많은 전력을 소모하지만 지그비는 저전력으로 많은 수의 장치 간 데이터 통신이 가능하다. 이런 장점을 가진 지그비는 무선 조명 제어, 무선 리모컨, 교통 관리 시스템, 환경 관리 시스템, 무선 센서 네트워크, 홈오토메이션 등 다양한 분야에 응용되고 있다.

[표 8-1]에서 비교된 것처럼 지그비와 앞서 배운 블루투스는 서로 다른 특징을 가지고 있다. 블루투스는 짧은 거리에서 음성이나 영상 데이터 전송 등이 가능하지만 지그비의 경우 실시간으로 큰 데이터를 전송하기에는 적합하지 않으며 텍스트 데이터 전송을 안정적으로 송 · 수신 할 수 있도록 설계되었기 때문에 주기적 또는 간헐적으로 데이터를 전송하거나, 센서 및 입력 장치 등의 단순 신호 데이터를 송 · 수신 하는데 적합하다.

지그비 모듈은 일대일 통신(point to point)과 일대다 통신(point to multipoint)을 사용하며, [그림 8-13]처럼 지그비 코디네이터(ZigBee Coordinator), 지그비 라우터(ZigBee Router), 지그비 단말 장치(ZigBee End Device) 세 가지 유형으로 구분하여 적용할 수 있다.

표 8-1 지그비, 블루투스, Wi-Fi의 비교

구분	지그비	블루투스	Wi-Fi
기술 표준	IEEE 802.15.4	IEEE 802.15.1	IEEE 802.11
노드 확장성	65,536 노드	7 노드	32 노드
통신 거리	10~100 m	10 m	50~100 m
송 · 수신 속도	250 Kbps	1 Mbps	11 Mbps, 54 Mbps
네트워크 방식	Ad-hoc, mesh	Ad-hoc	Point to hub
동작 주파수	2.4 GHz	2.4 GHz	2.4 and 5 GHz
통신 연결 시간	30 ms	10 second	-
가격 및 전력	저가격, 저전력	저가격, 중전력	고가, 고전력
용도	제어 및 모니터링	케이블 대체	무선 LAN 연결

※ 기술의 발전으로 [표 8-1]의 내용 중 연결 노드 수, 통신 거리, 송 · 수신 속도 등이 변경될 수 있다.

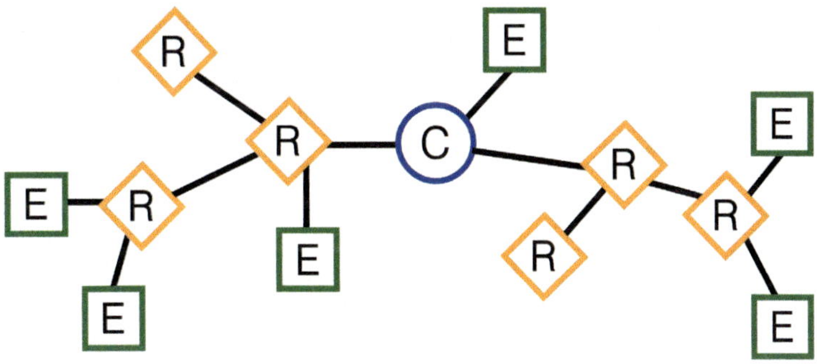

[그림 8-13] 코디네이터(C), 라우터(R), 단말 장치(E)

지그비 코디네이터는 다른 네트워크 그룹들을 연결시키는 중요한 역할을 하며 전체 네트워크의 중심부로서 네트워크의 설정과 관리, 주소할당, 보안 등의 기능을 가진다. 지그비 라우터는 어플리케이션 기능과 코디네이터와 단말 장치 사이를 연결하는 기능을 가진다. 그리고 지그비 단말 장치는 자녀라고 불리며 부모 노드와 통신할 수 있는 기능을 가진다.

8-2-1. XBee 모듈과 실드(Shield)

Digi사의 XBee 무선 통신은 시리즈 1과 시리즈 2 그리고 시리즈 2.5 모듈이 있다. 시리즈 1과 시리즈 2/2.5는 서로 호환되지 않는다. 시리즈 1 모듈은 일대일 또는 일대다 통신을 지원하지만 메시(mesh) 네트워킹 표준은 기본적으로 지원하지 않는다. 이처럼 XBee 모듈을 사용할 때는 기본/프로 모듈, 동작 전압, 안테나 형태, 동작 주파수, 네트워킹 능력 등에 따라 다양한 모듈이 있기 때문에 사용 환경이나 용도에 따라 적합한 모듈을 선택해야 한다. 어떤 시리즈를 선택할지 잘 모르겠다면 설정이 비교적 쉬운 시리즈 1을 선택하면 된다. 본 도서에서 사용된 지그비 모듈은 Digi사의 XBee PRO S1으로 시리즈 1에 해당하며 실습을 위해서 최소 두 개 이상의 동일한 시리즈 1 모듈이 필요하다.

[그림 8-14] XBee 모듈의 다양한 안테나 방식

XBee는 [그림 8-15]와 같이 20개의 핀을 가지고 있으며 주로 1, 2, 3, 10번 핀을 사용한다. 1번 핀은 VCC로 전원을 연결한다. 대부분의 XBee는 3.3 V를 사용하기 때문에 높은 전압이 공급되지 않도록 주의한다. 2번과 3번 핀은 DOUT과 DIN이다. 데이터

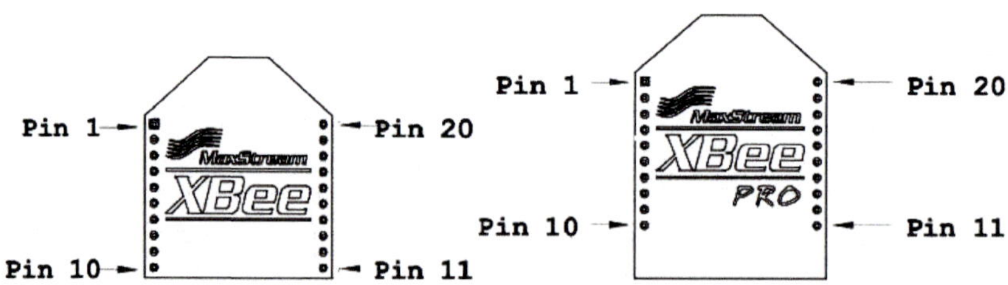

[그림 8-15] XBee/XBee-PRO 모듈의 핀 배열

직렬 전송은 DOUT 핀을 통하고 데이터 직렬 수신은 DIN 핀을 통한다. 10번 핀은 GND로 그라운드에 연결한다. [표 8-2]는 XBee 모듈의 핀 기능을 설명한다.

표 8-2 XBee/XBee-PRO 모듈의 핀 기능 설명

Pin #	Name	Direction	Direction
1	VCC	-	Power supply
2	DOUT	Output	UART Data Out
3	DIN/ $\overline{\text{CONFIG}}$	Input	UART Data In
4	DO8*	Output	Digital Output 8
5	$\overline{\text{RESET}}$	Input	Module Reset (reset pulse must be at least 200 ns)
6	PWM0 / RSSI	Output	PWM Out 0 / RX Signal Strength Indicator
7	PWM1	Output	PWM Output 1
8	[reserved]	-	Do not connect
9	$\overline{\text{DTR}}$ / SLEEP_RQ / DI8	Input	Pin Sleep Control Line or Digital Input 8
10	GND	-	Ground
11	AD4 / DIO4	Either	Analog Input 4 or Digital I/O 4
12	$\overline{\text{CTS}}$ / DIO7	Either	Clear-to-Send Flow Control or Digital I/O 7
13	ON / $\overline{\text{SLEEP}}$	Output	Module Status Indicator
14	VREF	Input	Voltage Reference for A/D Inputs
15	Associate / AD5 / DIO5	Either	Associated Indicator, Analog Input 5 or Digigra I/O 5
16	$\overline{\text{RTS}}$ / AD6 / DIO6	Either	Request-to-Send Flow Control, Analog Input 6 or Digital I/O 6
17	AD3 / DIO3	Either	Analog Input 3 or Digital I/O 3
18	AD2 / DIO2	Either	Analog Input 2 or Digital I/O 2
19	AD1 / DIO1	Either	Analog Input 1 or Digital I/O 1
20	AD0 / DIO0	Either	Analog Input 0 or Digital I/O 0

오렌지 보드의 기본적인 개발 환경에서 부가적으로 기능을 확장해주는 실드라 부르는 보드가 있다. 필요한 기능을 가진 모듈을 오렌지 보드와 연결할 때 브레드 보드와 케이블을 사용하거나 납땜을 추가적으로 하지 않도록 오렌지 보드 위에 실드를 겹쳐서(적층) 장착할 수 있는 방식이며 기능에 따라 다양한 종류의 실드를 선택할 수 있다.

XBee 모듈 연결을 쉽게 해주는 XBee 실드가 있고 [그림 8-16]에서 세 가지 종류의 XBee 실드를 보여주고 있다. 더 많은 종류가 있으니 직접 찾아보고 저렴하고 쉽게 구입할 수 있는 XBee 실드를 선택한다.

[그림 8-16] 다양한 XBee 실드

8-2-2. XBee 모듈 연결과 XCTU 설치

일반적으로 XBee 모듈은 채널, 전송률 등 기본적인 설정이 되어 있는 상태이기 때문에 수신 범위 내의 모든 XBee 모듈과 데이터를 송 · 수신할 수 있다. 하지만 XBee 모듈에 펌웨어를 다운로드하거나 설정 사항 등을 변경해야 할 수도 있기 때문에 XBee 모듈을 컴퓨터와 연결해서 문제없이 제대로 동작을 하는지 확인하고 XBee 모듈의 세부 설정을 변경하는 방법을 사전에 확인할 필요가 있다. 이를 위해 XBee USB 어댑터를 사용한다. [그림 8-17]은 XBee USB 어댑터의 종류인 SparkFun Electronics사의 XBee Explorer USB이며 전원이 연결되면 자동으로 FTDI 드라이버를 인식한다. XBee USB 어댑터의 FTDI 드라이버는 오렌지 보드에서 사용하는 FTDI 드라이버와 동일하다. FTDI 드라이버는 아두이노 소프트웨어가 설치될 때 함께 설치되기 때문에 별도로 설치할 필요가 없지만, XBee USB 어댑터가 제대로 인식되지 않는다면

FTDI사의 홈페이지(http://www.ftdichip.com)에서 VCP(Virtual COM port) 드라이버를 다운로드한 뒤 설치하도록 한다.

[그림 8-17] XBee 모듈을 XBee Explorer USB와 연결한 모습

XBee USB 어댑터의 FTDI 드라이버가 정상적으로 설치되면 [그림 8-18]과 같이 가상 시리얼 포트를 확인할 수 있다. 사용자의 환경에 따라 가상 시리얼 포트가 다르게 생성되기 때문에 제어판의 장치 관리자에 접근하여 확인해보기 바란다.

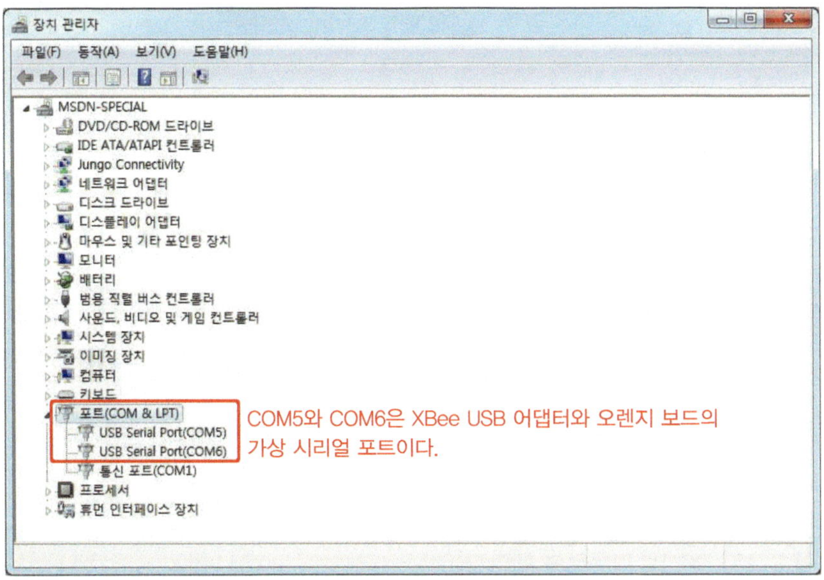

[그림 8-18] 가상 시리얼 포트 확인

Digi사의 웹사이트에서 제공하는 "XCTU"라는 전용 프로그램을 활용하면 XBee 모듈의 설정 변경 작업을 좀 더 쉽게 할 수 있다. XCTU는 윈도우, MacOS X, 리눅스 운영체제를 지원한다.

XCTU를 사용하기 위해서는 XBee 모듈을 컴퓨터의 시리얼 포트에 연결해야하기 때문에 XBee USB 어댑터 모듈이 필요하다. XCTU 응용 프로그램의 설치 과정은 어렵지 않으나 절차를 보면 다음과 같다.

❶ Digi사의 홈페이지(http://www.digi.com/xctu)에서 사용자의 운영체제와 환경에 맞는 XCTU 최신 응용 프로그램을 다운로드 한다. 최신 버전의 XCTU는 사용자 인터페이스가 많이 변경되었다.

사용자가 참고할 것은 XBee 모듈에 따라 가장 최신 버전의 XCTU에서 작업을 하는 것보다 어떤 경우에는 XCTU 이전 버전에서 작업하는 것이 더 편하고 효율적일 수 있다. 그 예로 XCTU 최신 버전에서 XBee PRO S1 모듈의 일부 설정

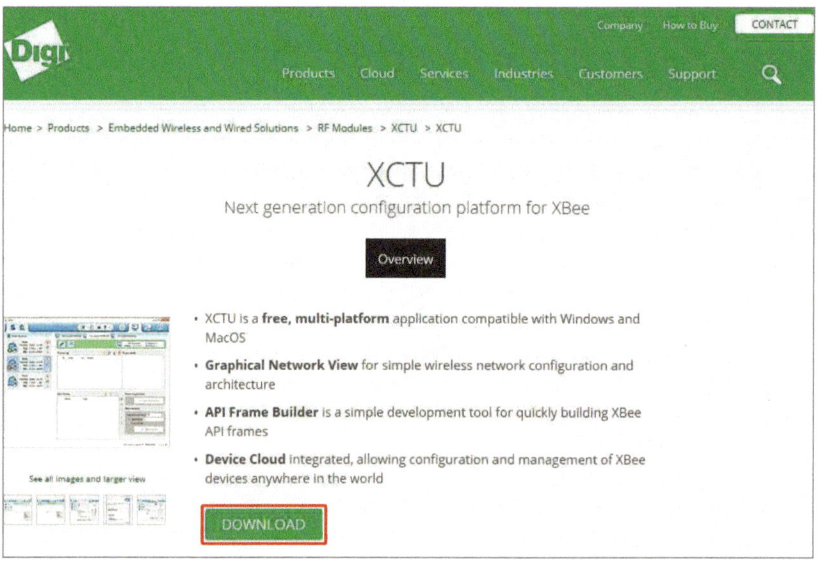

[그림 8-19] XCTU 다운로드 페이지

항목이 보이지 않고 제대로 동작하지 않는 문제가 발생해서 모듈 초기화를 해야 하는 상황이었는데 문제를 해결하기 위해서 많은 시간을 헤매다가 XCTU 이전 버전인 XCTU 5.x.x.x 버전에서 쉽게 모듈 초기화를 한 뒤에 제대로 동작하는 것을 확인할 수 있었다. 이런 부분들은 해당 XBee 모듈의 판매처에 기술적인 지원을 받으면 좀 더 쉽게 문제를 해결 할 수 있으니 기술 지원이 가능한 제품 구입을 추천한다.

❷ XCTU 설치 마법사를 시작하는 페이지이다. 최신 버전에 대한 정보는 Digi사 홈페이지를 통해서 확인하면 된다. 다음 버튼 클릭!

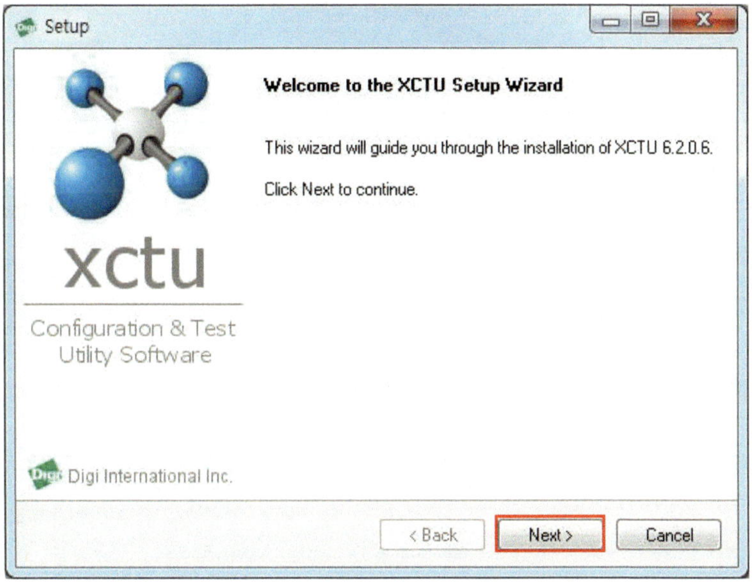

❸ 라이선스 동의에 대한 페이지로 "I accept the agreement" 옵션 체크를 한 뒤에 다음 단계로 진행한다.

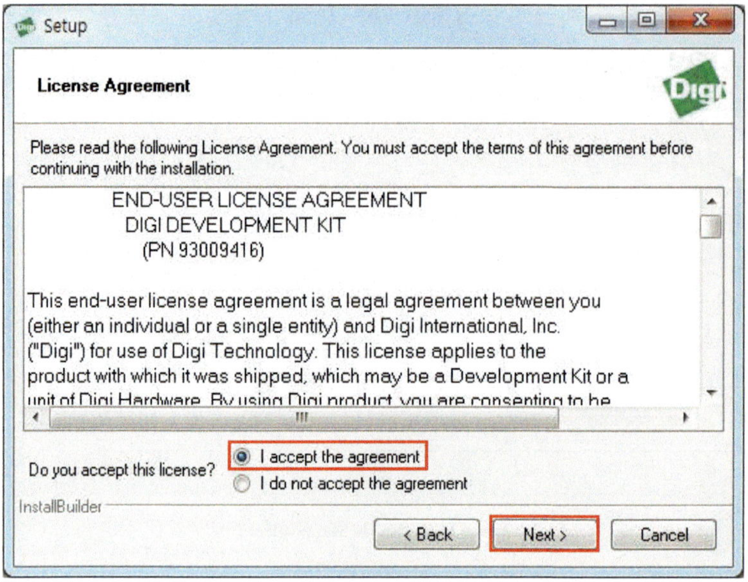

❹ XCTU가 설치되는 폴더 경로에 대한 정보를 알려주는 단계이다. 만약 사용자가 관리자 권한을 가지고 있지 않을 경우 사용자가 접근할 수 있는 설치 폴더 경로로 바꿔준다.

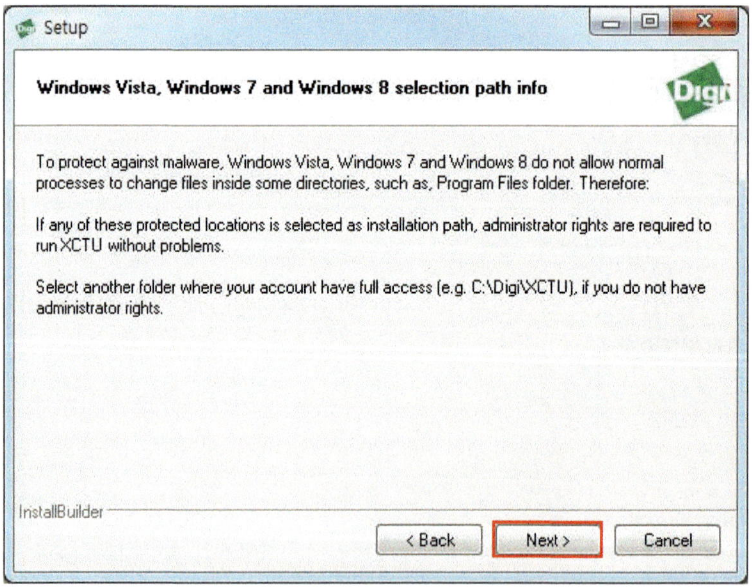

❺ XCTU가 설치되는 기본 폴더 그대로 두고 다음 단계로 넘어간다.

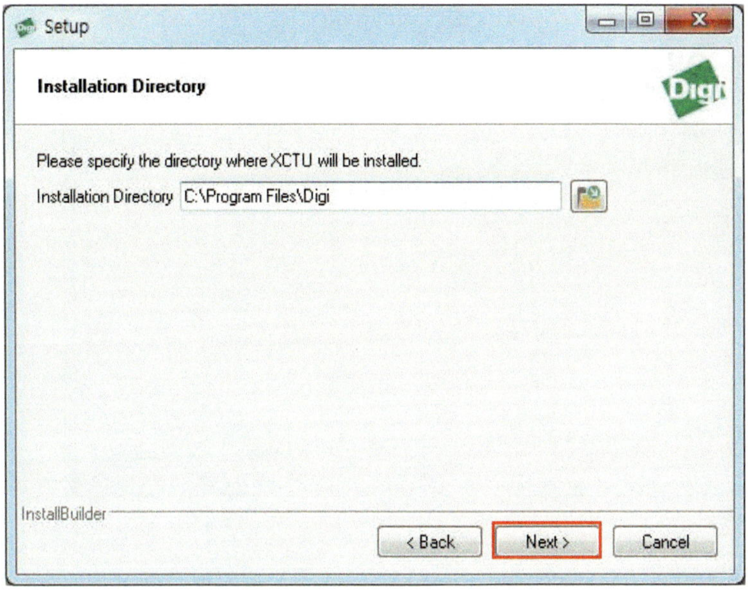

❻ 다음 버튼을 클릭하면 설치를 시작한다.

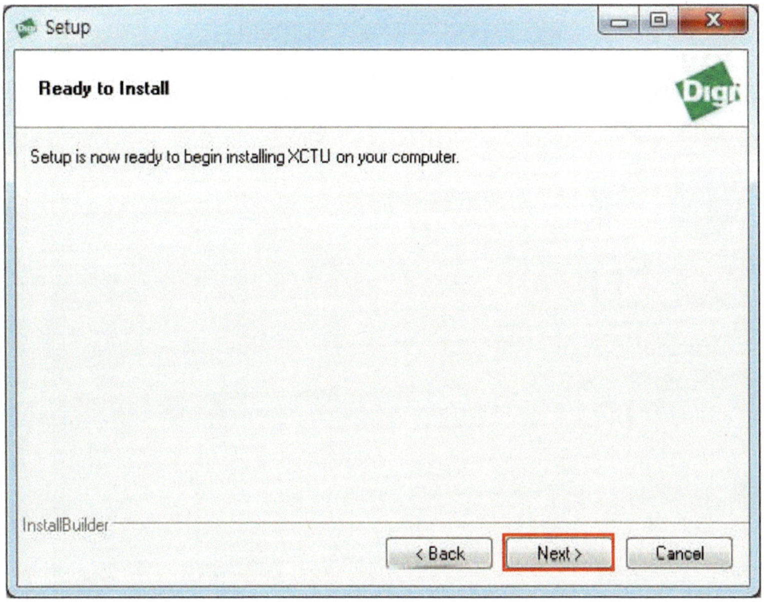

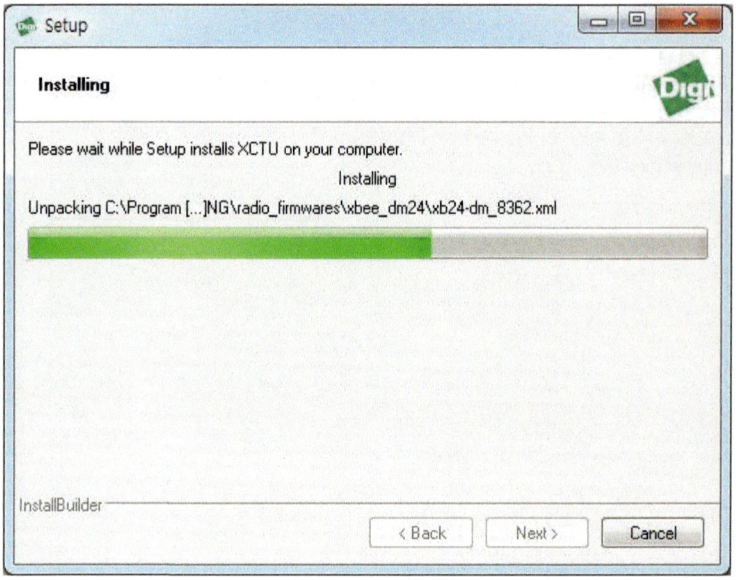

❼ "Lauch XCTU" 체크 박스에만 체크한 뒤 완료 버튼을 클릭하면 XCTU가 실행되며 자동으로 펌웨어 업데이트를 한다. XCTU에 대한 추가적인 설명과 정보가 필요할 경우 Readme File을 읽는 것이 좋다.

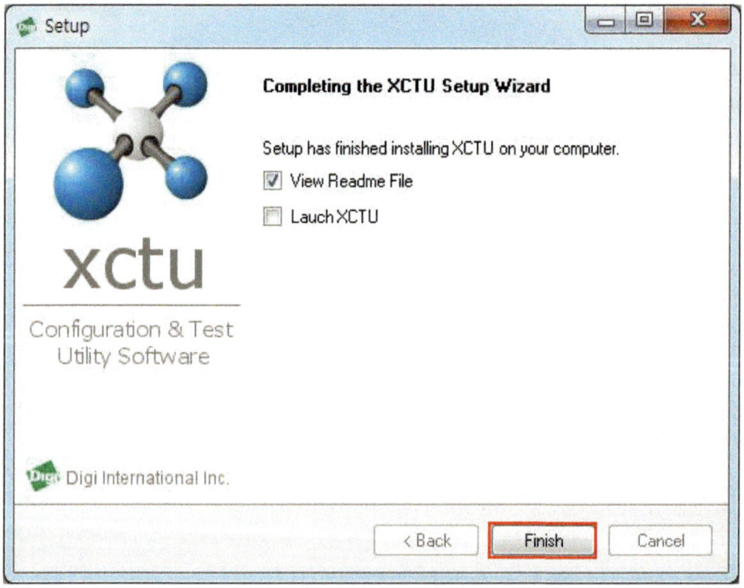

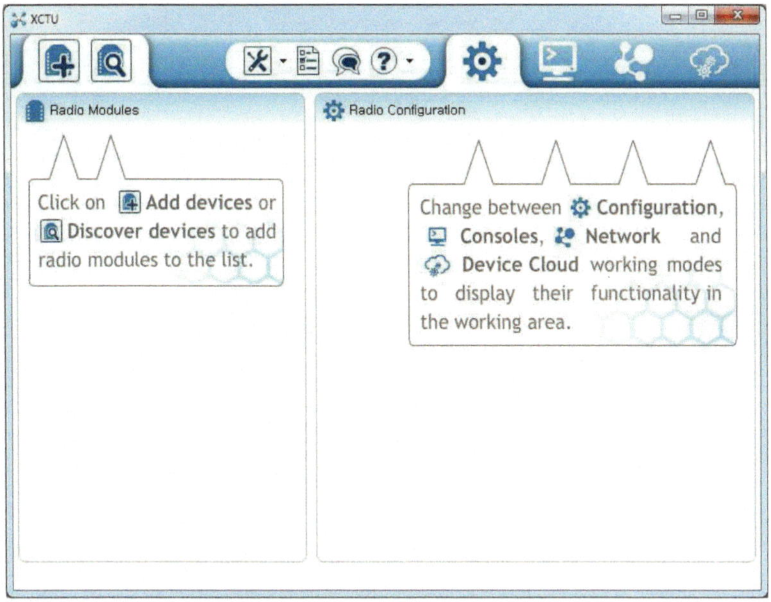

8-2-3. XCTU를 이용한 XBee 모듈 설정과 통신 테스트

❶ XBee 모듈을 XBee USB 어댑터에 연결한 상태에서 XCTU를 실행한다. COM 포트 선택을 쉽게 하기 위해서 XBee USB 어댑터만 남기고 오렌지 보드의 USB 케이블은 빼둔다. 무선 장치 추가 버튼을 누르면 선택할 수 있는 시리얼 포트가 나타나는데 XBee USB 어댑터의 가상 시리얼 포트를 선택한 뒤에 시리얼 통신 속도 외의 기본 설정을 그대로 두고 마침 버튼을 클릭한다.

시리얼 포트를 선택하는 부분에서 한글 설명이 제대로 보이지 않기 때문에 깨진 문자를 확인해야 할 경우 제어판의 장치 관리자에서 확인하도록 한다. 그리고 무선 장치 찾기 아이콘()을 사용하면 쉽게 여러 대의 XBee 모듈을 추가할 수 있다.

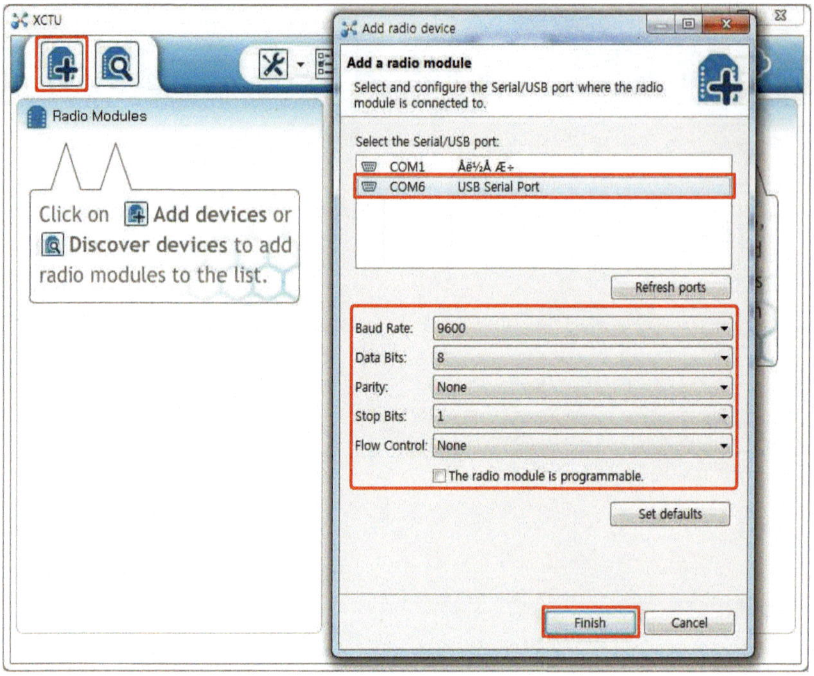

❷ XBee USB 어댑터에 연결되어 있는 XBee 모듈을 찾아 왼쪽 창에 추가한다. 추가된 모듈을 클릭하면 오른쪽 창에 모듈의 세부 설정을 할 수 있는 메뉴가 활성화된다. XBee 모듈의 펌웨어 정보, MAC 주소 설정, 보안 설정, 시리얼 통신 설정, 입·출력 핀 설정, 슬립 모드 설정, AT 명령 옵션, 펌웨어 버전/정보에 대한 설정을 할 수 있다.

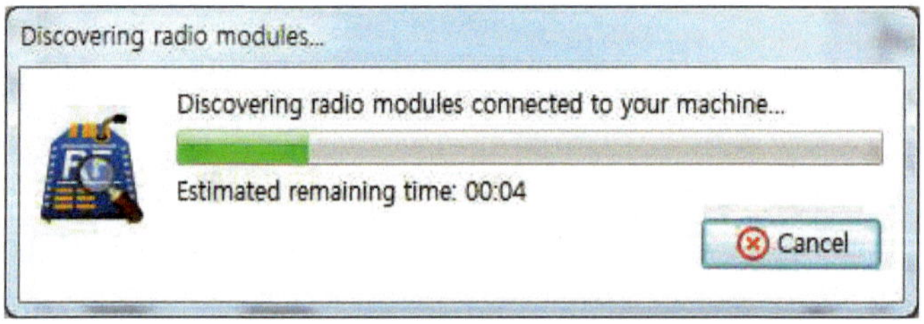

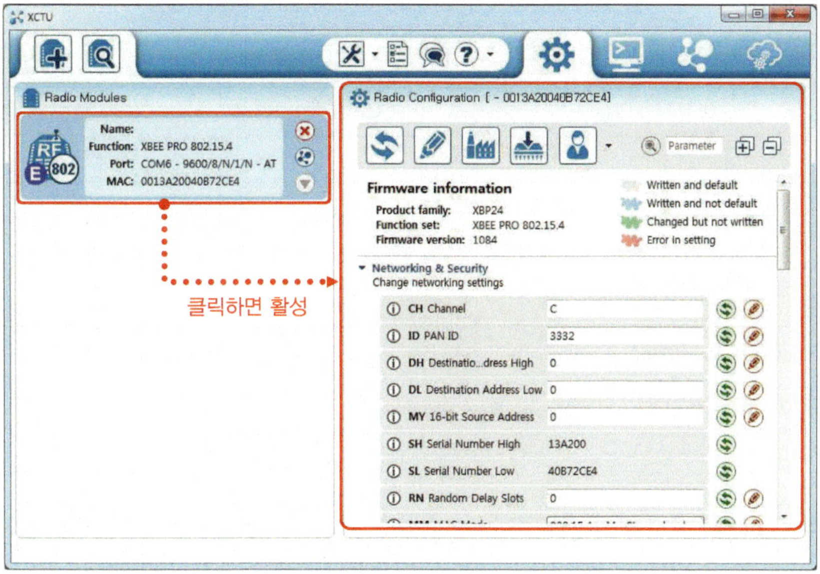

❸ XBee 네트워크 구성에 따라 모듈 설정을 변경해야 하지만 복잡한 네트워크 구성이 아니라면 기본 설정 상태에서 실습을 진행한다. 다만 최종적으로 두 개의 XBee 모듈을 이용해서 무선 통신을 할 것이기 때문에 변경해야 하는 항목을 [표 8-3]을 참고하여 설정한다.

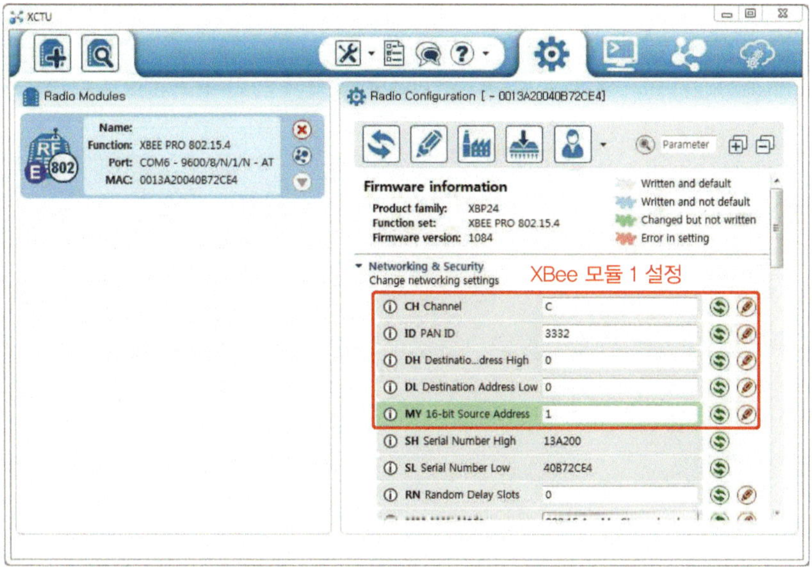

표 8-3 XBee 1:1 통신 시 모듈 설정

설정 매개변수	XBee 모듈 1	XBee 모듈 2
CH (Operating Channel)	C	C
ID (Network ID)	3332	3332
DH (Destination Address High)	0	0
DL (Destination Address Low)	0	1
MY (Source Address)	1	0

* ID, DL, MY 값은 사용자가 원하는 값으로 지정할 수 있다.

XBee 모듈의 설정에서 채널은 동작 주파수 2.4 GHz 대역을 의미하고 모든 XBee 모듈은 같은 채널이어야 한다. 네트워크 ID는 0x0000~0xFFFF까지의 16진수 값을 가지며 동일 네트워크 ID를 가진 모듈끼리만 통신하기 때문에 송 · 수신 XBee 모듈은 모두 동일한 ID 값을 가지도록 설정한다. 목적지 주소는 64 비트 구조의 0x0~0xFFFFFFFF 범위 값을 가지며 상위 32 비트 주소는 DH에 하위 32 비트 주소는 DL에 값을 설정한다. 두 개의 모듈 연결 시 각각 다른 DL 값을 가지도록 설정하면 된다.

네트워크에서 각 XBee 모듈은 MY 또는 소스 주소로 지칭되는 XBee 모듈 주소를 가지며 0x0~0xFFFF 사이의 16 비트 구조의 고유한 주소로 값을 가지도록 설정한다.

기본 설정 값을 변경할 때는 변경하고자 하는 값을 입력 한 뒤, 아이콘을 클릭하면 된다.

❹ XBee USB 어댑터에 XBee 모듈 한 대를 더 연결한 뒤에 같은 방법으로 추가한다.

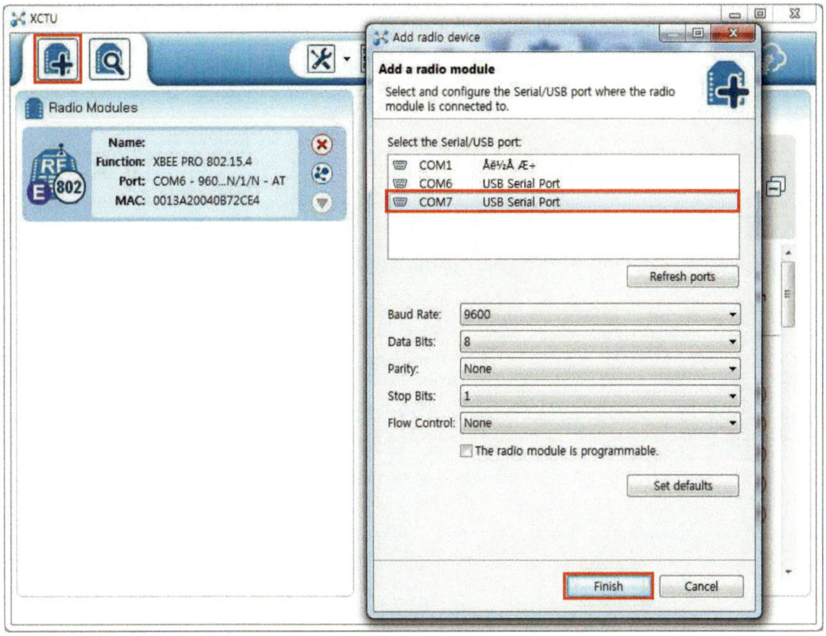

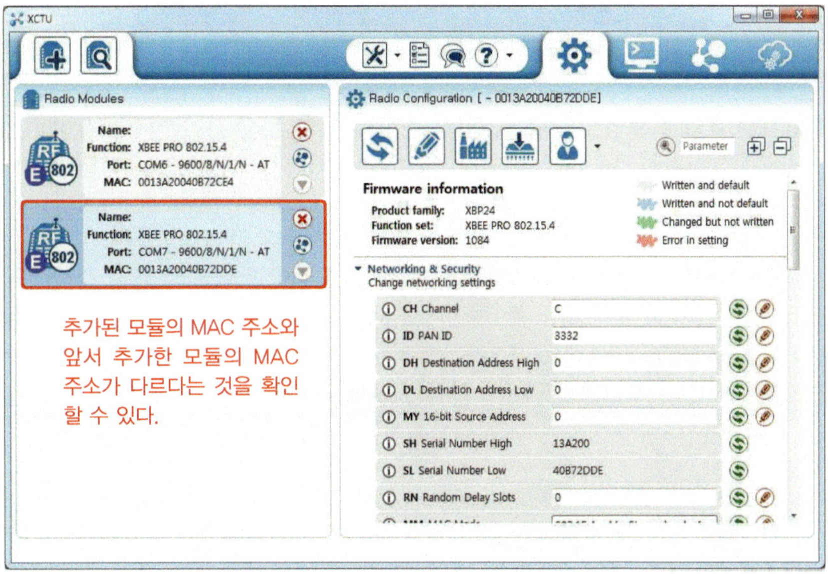

❺ XBee 모듈의 채널과 네트워크 ID는 3332로 동일해야 하고, DL과 MY 값은 XBee 모듈마다 다르게 설정해야 한다. 각각의 XBee 모듈이 [표 8-3]에서 제시된 값으로 설정되었는지 다시 한 번 더 확인한다. [표 8-3]에서 제시된 값은 지정된 것이 아니기 때문에 사용자가 원하는 네트워크 ID와 DL, MY 값으로 변경해서 설정할 수 있다.

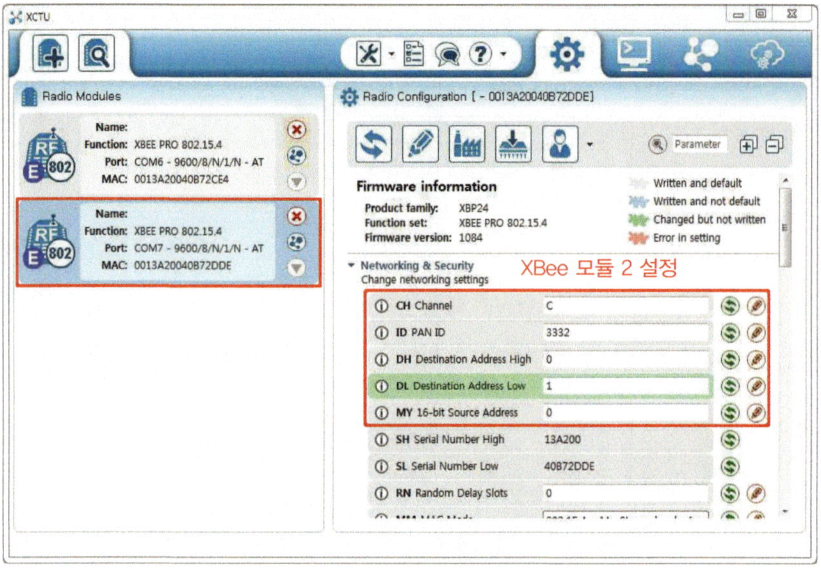

❻ XCTU 오른쪽 상단의 콘솔 작업 모드 아이콘( )을 클릭하여 콘솔 모드로 전환한다. 다음으로 추가된 두 개의 XBee 모듈을 하나씩 선택하여 시리얼 연결 아이콘( )을 클릭한다. 연결이 되면 콘솔 경계가 녹색으로 바뀌고 케이블이 연결된 모양으로 아이콘이 변경된다.

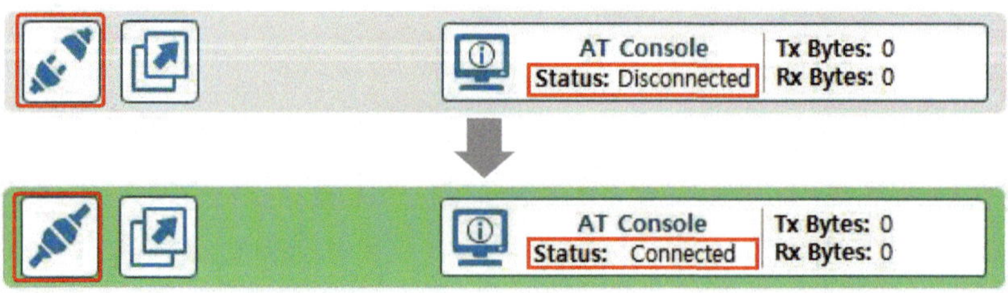

❼ 먼저 XBee 모듈 1을 선택한 뒤에 Console log 창에 "Hello" 메시지를 보낸다. Tx Bytes 정보를 통해 5 바이트의 메시지가 전송되었음을 확인할 수 있으며 해당 문자의 16진수 정보도 확인할 수 있다. XBee 모듈 2를 선택한 뒤 Console log 창을 보면 XBee 모듈 1에서 보낸 "Hello" 메시지가 수신된 것을 확인할 수 있다. 수신 데이터는 빨간색으로 표시된다.

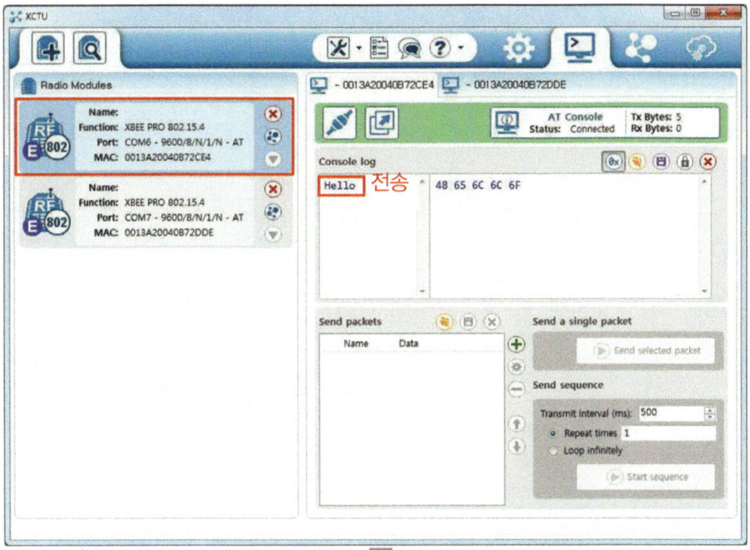

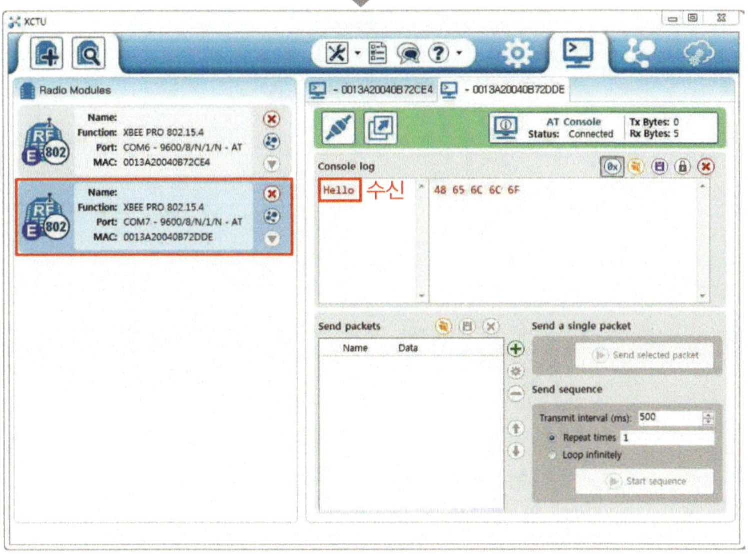

❽ 반대로 XBee 모듈 2에서 XBee 모듈 1로 “Hi” 메시지를 보내본다. 이제 XBee 모듈 2가 전송을 하고 XBee 모듈 1이 수신하는 것을 확인할 수 있다.

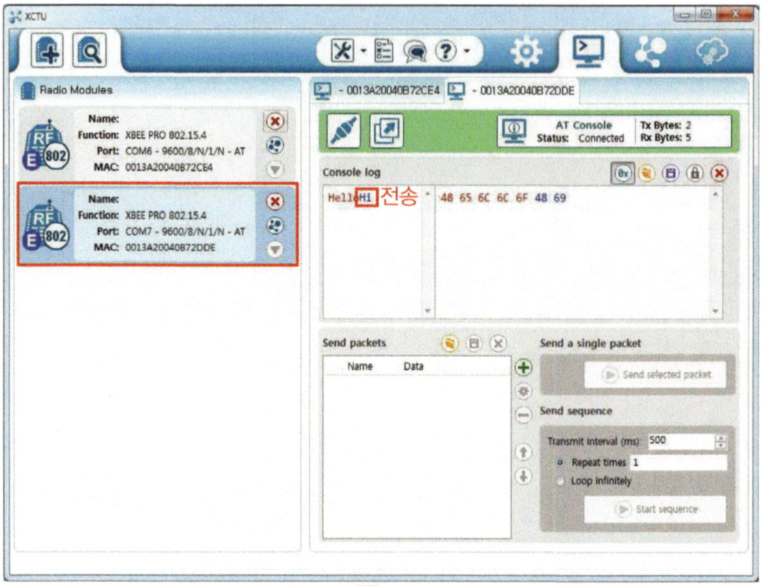

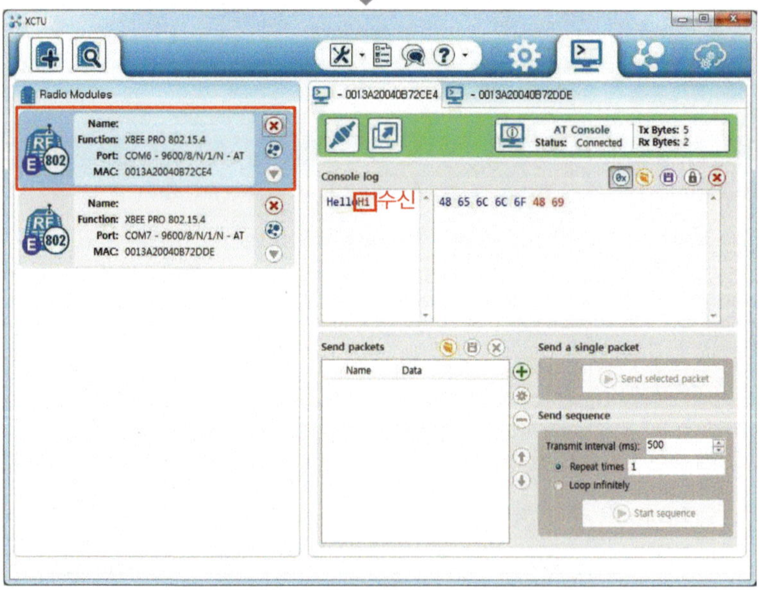

8-2-4. XBee 모듈, XBee 실드, 오렌지 보드 연결

앞서 XBee USB 어댑터를 사용해서 XBee 모듈을 컴퓨터에 연결한 뒤에 펌웨어 업그레이드와 XBee 모듈의 세부 설정을 하고 간단한 통신 테스트를 해보았다. 이제는 오렌지 보드에 XBee 모듈을 쉽게 연결해주는 XBee 실드를 사용해보자.

XBee 모듈을 XBee 실드에 꽂고 다시 XBee 실드를 오렌지 보드에 적층한다. 이렇게 모듈을 꽂을 때나 뺄 때는 장치에 발생될 수 있는 문제를 방지하기 위해서 전원 연결 케이블을 빼둔다. 필요한 장치들을 적층하면 [그림 8-20]과 같은 모습이 될 것이다.

오렌지 보드에 스케치를 업로드 할 때 오류가 발생되면 XBee 실드에서 XBee 모듈을 제거한 뒤에 스케치를 업로드 하거나 XBee 실드에서 XBEE/USB를 변경해주는 슬라이드 스위치를 USB 쪽으로 이동시킨 뒤에 업로드를 한다. 스케치를 업로드한 뒤에 XBee 모듈 통신만 할 경우에 슬라이드 스위치를 XBEE 쪽으로 이동시킨다. 참고로 XBee 실드 제품에 따라 XBEE/USB 스위치로 구분되거나 UART/DLIN 등으로 스위치 선택 이름이 다를 수 있다.

[그림 8-20] XBee 실드와 오렌지 보드 적층 모습과 XBee 실드의 슬라이드 스위치

XBee 실드의 슬라이드 스위치

오렌지 보드의 마이크로컨트롤러 내부에 시리얼 통신이 가능한 UART 컨트롤러는 한 개가 있다. XBee 모듈도 마찬가지로 UART로 오렌지 보드와 통신하며 오렌지 보드의 Rx/Tx 핀에 연결된다.

오렌지 보드와 XBee 모듈, 컴퓨터를 연결한 상태에서 동시에 시리얼 통신을 하게 되면 오렌지 보드가 동시에 여러 개의 시리얼을 연결할 수 없기 때문에 [그림 8-21]과 같이 시리얼 통신 충돌 문제가 발생된다.

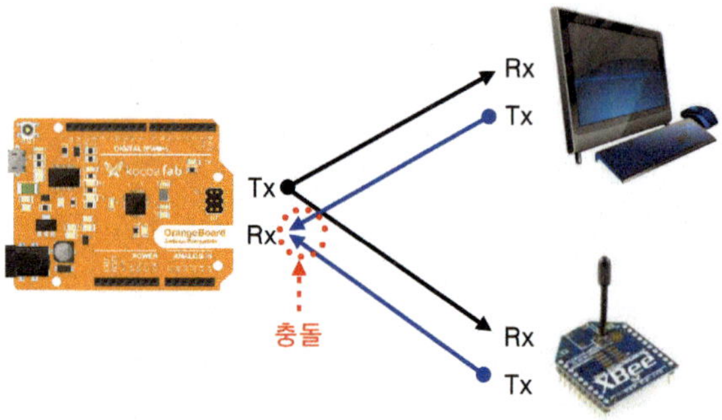

[그림 8-21] 시리얼 통신 충돌

이런 충돌 문제는 스케치를 업로드 할 때 주로 발생된다. XBee 실드의 스위치 유 · 무와 상관없이 컴퓨터에서 오렌지 보드로 스케치를 업로드하기 전에 XBee 실드를 떼어낸 뒤에 업로드 한다.

XBee 실드에 스위치가 있는 경우에는 필요에 따라 통신 상태를 전환할 수 있다. 스위치의 XBEE(UART)쪽으로 이동시키면 XBee 모듈이 오렌지 보드의 시리얼 포트와 연결되어 있는 동안 오렌지 보드와 컴퓨터는 통신과 프로그래밍 할 수 없도록 한다. 반대로 오렌지 보드와 컴퓨터가 통신과 프로그래밍을 하기 위해서는 USB(DLIN)쪽으로 슬라이드 스위치를 이동시키면 된다.

8-2-5. XBee 실드와 XBee USB 어댑터를 사용한 XBee 1:1 통신 실습

XBee 모듈 하나는 [그림 8-20]처럼 연결하고 또 다른 XBee 모듈은 XBee USB 어댑터에 연결한다. 두 대의 XBee 모듈은 [표 8-3]에서 제시된 것처럼 ID, DL, MY 등의 값이 제대로 설정되어 있어야 한다.

[그림 8-22]와 동일하게 연결된 상태에서 XBee 모듈 1에 프로그램 코드를 업로드 한다. 주의할 점은 프로그램 코드를 업로드 할 때는 XBee 실드의 슬라이드 스위치를 USB(DLIN) 쪽으로 이동시키고, 업로드가 끝나면 XBee 실드의 스위치는 XBEE(UART) 쪽으로 이동시킨다.

XBee 모듈 1	
ID	3332
DL	0
MY	1

XBee 모듈 2	
ID	3332
DL	1
MY	0

[그림 8-22] XBee 실드와 XBee USB 어댑터를 활용하여 XBee 모듈 연결

```
#include <SoftwareSerial.h>

SoftwareSerial XBee (2, 3);                      // RX, TX
unsigned char ch = 'A';                          // 'A' 문자 ch 변수에 저장

void setup()
{
   Serial.begin (9600);                          // 시리얼 통신 속도 9600 bps 설정
   Serial.println ("XBee test start!");          // 시리얼 통신 시작되면 문장 출력

   XBee.begin (9600);                            // XBee 통신 속도 9600 bps 설정
}

void loop()
{
   XBee.println (ch);                            // XCTU 콘솔 창에 문자 출력
   Serial.println (ch);                          // 시리얼 모니터 창에 문자 출력

   ch = ch + 1;                                  // 'A'부터 1씩 더하며 알파벳 변경

   if (ch > 'Z')                                 // 만약 'Z' 이상 넘어가면
   {
      ch = 'A';                                  // 다시 'A'부터 시작
   }

   delay (1000);                                 // 1초 지연
}
```

XCTU를 실행한 상태에서 XBee USB 어댑터에 연결된 XBee 모듈 2를 추가한다. 설정이 잘못되어 통신이 제대로 안될 수 있으니 설정이 제대로 되어 있는지 다시 확인한다. 그 다음 XCTU 오른쪽 상단의 콘솔 작업 모드 아이콘( )을 클릭하여 콘솔 모드로 전환한 뒤 시리얼 연결 아이콘( )을 클릭하여 XBee 모듈 2를 연결한다.

이제 아두이노 IDE의 시리얼 모니터 창을 실행하면 [그림 8-23]처럼 XBee 모듈 1에서 보내는 알파벳을 XBee 모듈 2가 수신하는 것을 확인할 수 있다.

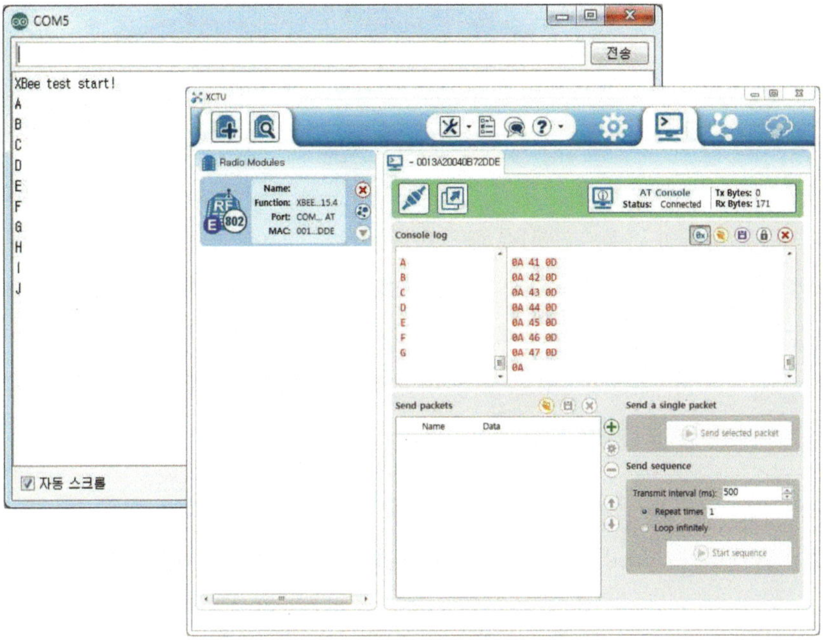

[그림 8-23] 시리얼 모니터 창과 XCTU 콘솔 창 통신 상태 확인

➡ XCTU 콘솔 모드 상태에서 시리얼 연결을 끊지 않고 오렌지 보드를 통한 스케치 다운로드 등의 작업을 하게 되면 콘솔 창이 멈춰버릴 수 있다. 이런 경우 외에도 콘솔 창이 작업 중 멈추게 되면 추가된 XBee 모듈을 삭제한 뒤에 다시 해당 XBee 모듈을 추가하면 문제를 해결할 수 있다.

➡ XCTU에서 연결되어 있는 XBee 모듈을 찾지 못할 경우 문제를 해결하는 몇 가지 방법을 제시하는데 실제 도움이 되지 않는 경우가 많다. 이런 경우 XBee 모듈 제조사에서 제시하는 방법대로 모듈을 초기화 하는 것이 가장 빠르고 확실한 방법이다. 일부 제품들은 XCTU 최신 버전에서 모듈 초기화가 힘들 수 있으며 이때는 이전 버전의 X-CTU를 사용하면 된다. 보통의 경우 제조사에서 모듈 초기화에 대한 메뉴얼을 제공하니 필요할 경우 제조사에 연락을 하거나 홈페이지에서 정보를 찾도록 한다.

8-2-6. XBee 실드 두 대를 활용한 XBee 1:1 통신 실습

XBee 모듈, XBee 실드, 오렌지 보드를 각각 두 대씩 준비하여 XBee 모듈의 송 · 수신 실습을 해본다. 이번 실습의 경우 비용적인 측면에서 부담이 될 수 있다. 이런 실습의 경우에는 혼자서 실습 환경을 갖추는 것보다 지그비 통신 실습이 가능한 장비를 가지고 있는 사람과 공동으로 실습 환경을 구성하는 것을 추천한다. 혼자 여러 대의 무선 통신 실습 장비를 갖추는 것은 부담이 되지만 동일한 실습 장비를 갖추고 있는 사람들끼리 모이면 일대일 통신과 일대다 통신 실습이 가능하고 서로 지그비 코디네이터, 지그비 라우터, 지그비 단말 장치 세 가지 유형으로 역할을 구분한 뒤 지그비 네트워크를 구성하는 실습을 해 볼 수 있다.

XBee 모듈을 XBee 실드에 꽂고 다시 XBee 실드를 오렌지 보드에 적층한다. [그림 8-24]와 같이 두 대를 구성하고 각각 송신용과 수신용으로 구분해서 통신 실습을 한다.

XBee 모듈 1	
ID	3332
DL	0
MY	1

XBee 모듈 2	
ID	3332
DL	1
MY	0

[그림 8-24] XBee 모듈, XBee 실드, 오렌지 보드를 적층한 모습

프로그램 코드를 업로드 할 때는 XBee 실드의 슬라이드 스위치를 USB(DLIN) 쪽으로 이동 시켜두고 송 · 수신 프로그램 업로드가 완료되면 XBee 실드의 스위치는 XBEE(UART) 쪽으로 이동시킨다.

두 대를 동시에 연결한 상태에서 송 · 수신 프로그램을 업로드 할 때 주의할 점은 아두이노 IDE가 중복 실행될 때 시리얼 포트가 자동으로 할당되는 것이 아니기 때문에 각각의 오렌지 보드에 송 · 수신 프로그램이 업로드 될 수 있도록 아두이노 IDE에서 시리얼 포트 연결 상태를 확인하도록 한다. 개발 환경에서 포트 연결 상태를 확인하는 방법은 툴 메뉴의 포트로 접근 하거나 아두이노 IDE의 오른쪽 맨 아래쪽에 표시된 연결 포트를 확인하면 된다.

❶ XBee 모듈 1 - XBee 송신용 프로그램

```
int led = 13;
int Str_Index = 0;
int cnt;
char Rx_String[50];
boolean Rx_Ping = true;

void setup()
{
   pinMode (led, OUTPUT);

   Serial.begin (9600);
   Serial.println ("XBee Tx Start!");
}

void loop()
{
   if (Rx_Ping == true)
   {
      digitalWrite (led, HIGH);
      delay (1000);

      Serial.print ("Tx_Ping...");
      Serial.println (++cnt);
      Rx_Ping = false;
   }
```

```
    read_Rx_String ();

    if (Str_Index > 1)
    {
        if (strncmp (Rx_String, "Rx_Ping...", 2)  == 0)
        {
            Rx_Ping = true;

            digitalWrite (led, LOW);
            delay (1000);
        }
        Str_Index = 0;
    }
}

void read_Rx_String ()
{
    char read_Data;

    if (Serial.available ())
    {
        while (Serial.available ())
        {
            read_Data = Serial.read ();
            Rx_String[Str_Index] = read_Data;
            Str_Index++;
        }
    }
}
```

❷ XBee 모듈 2 - XBee 수신용 프로그램

```
int led = 13;
int Str_Index = 0;
int cnt;
char Tx_String[50];

void setup()
```

```
{
   pinMode (led, OUTPUT);

   Serial.begin (9600);
   Serial.println ("XBee Rx Start!");
}

void loop()
{
   read_Tx_String ();

   if (Str_Index > 1)
   {
      if (strncmp (Tx_String, "Tx_Ping...", 2) == 0)
      {
         digitalWrite (led, HIGH);
         delay (1000);

         Serial.print ("Rx_Ping...");
         Serial.println (++cnt);

         digitalWrite (led, LOW);
         delay (1000);
      }
      Str_Index = 0;
   }
}

void read_Tx_String ()
{
   char read_Data;

   if (Serial.available ())
   {
         while (Serial.available ())
         {
            read_Data = Serial.read ();
            Tx_String[Str_Index] = read_Data;
            Str_Index++;
         }
      }
}
```

➡ 수신쪽 시리얼 모니터 창을 먼저 실행한 뒤에 송신쪽 시리얼 모니터 창을 실행한다.

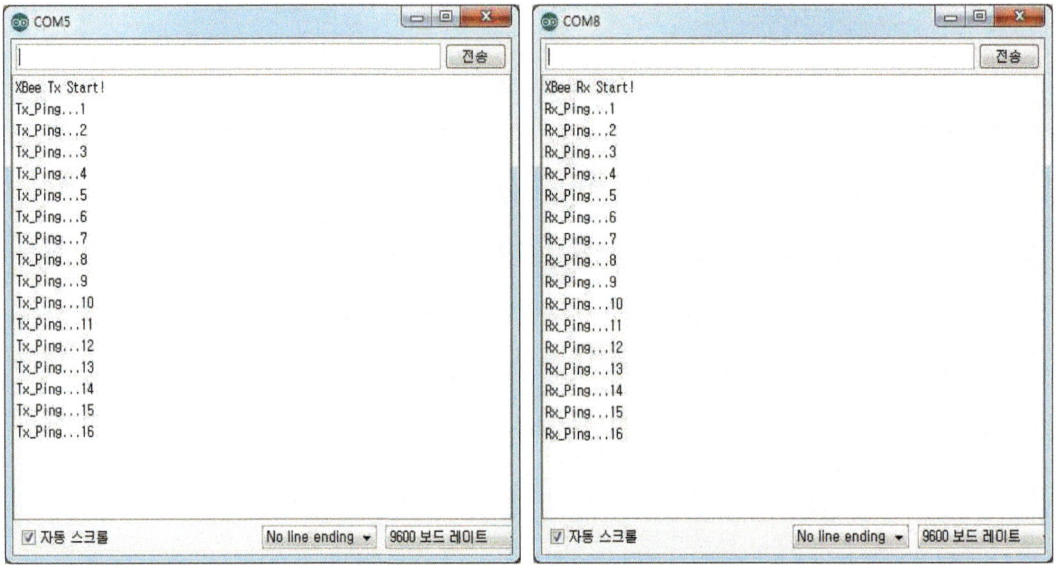

[그림 8-25] 송신과 수신 지그비 통신

코드 해석

```
void read_Rx_String ()
{
   char read_Data;

   if (Serial.available ())
   {
      while (Serial.available ())
      {
         read_Data = Serial.read ();
         Rx_String[Str_Index] = read_Data;
         Str_Index++;
      }
   }
}
```

송신과 수신 프로그램에 동일한 방식의 함수를 쓰고 있다.

시리얼을 통해서 데이터가 들어오면 데이터를 읽어 read_Data 변수에 먼저 저장한 뒤에 Rx_String 배열에 차례대로 데이터를 저장한다.

```
read_Rx_String ();

if (Str_Index > 1)
{
   if (strncmp (Rx_String, "Rx_Ping...", 2)  == 0)
   {
      Rx_Ping = true;

      digitalWrite (led, LOW);
      delay (1000);
   }
   Str_Index = 0;
}
```

read_Rx_String() 함수를 호출하여 수신된 데이터를 Rx_String 배열에 저장하고 Str_Index 배열 인덱스 변수가 1 이상인지 체크한다. 이것은 시리얼을 통해 데이터가 최소 한 개 이상 수신되어 저장되었다면 다음 작업을 하겠다는 의미이다.

strncmp 함수는 문자열을 비교하는 함수이며 대소문자를 구분하여 지정된 길이만큼 두 개의 문자열을 비교한다. stricmp 함수는 대소문자를 구분하지 않고 지정된 길이만큼 두 개의 문자열을 비교하며 단순히 두 개의 문자열을 비교하는 strcmp 함수도 있다.

strncmp 함수의 원형은 int strncmp (const char *string1, const char *string2, size_t count); 이다. 이것을 해석하면 NULL로 끝나는 비교할 첫 번째 문자열 string1 포인터와 비교할 두 번째 문자열 string2 포인터를 count에서 지정된 문자의 수만큼 비교한다. string1이 string2 보다 작은(<) 경우 –1, string1과 string2가 같은(==) 경우 0, string1이 string2 보다 큰(>) 경우 1을 각각 반환한다.

if (strncmp (Rx_String, "Rx_Ping...", 2) == 0) 코드를 해석하면 Rx_String 배열에 저장된 문자열과 "Rx_Ping..." 문자열에서 앞의 두 글자를 비교하여 같으면 다음 구문을 실행하겠다는 의미이다. 이후 Rx_Ping 부울 변수를 true로 변경하여 수신쪽으로 "Tx_Ping..." 문자열을 전송하고 LED를 끈다.

Str_Index = 0;을 통해 배열의 인덱스를 0으로 초기화해서 배열의 처음부터 데이터가 저장되도록 해준다.

8-3. 와이파이(WiFi)

와이파이는 와이파이 얼라이언스(Wi-Fi Alliance)의 상표명으로 Wireless Fidelity를 줄인 말이다. 이는 IEEE 802.11 기반의 무선랜 연결과 장치 간 연결, PAN/LAN/WAN 구성 등을 지원하는 기술을 뜻하며, 일반적으로 인터넷에 데이터를 전달해주는 기능을 하는 유 · 무선 공유기 같은 AP(Access Point)에 사용자의 노트북, 스마트폰 등의 기기를 무선으로 연결하여 인터넷 서비스를 이용하는 근거리 무선 통신망을 말한다.

와이파이를 이용하기 위해서는 무선 랜카드가 있어야 하지만 요즘은 노트북, 태블릿 PC, 스마트폰, 프린터 등과 같은 IT 기기 외에도 냉장고, 에어컨, 세탁기 등과 같은 생활 가전제품에도 무선 랜카드가 기본적으로 장착되고 있어 AP가 있는 일정 범위 내에서는 무선 인터넷을 쉽고 편리하게 이용할 수 있다.
[표 8-4]는 와이파이 규격들의 특성을 정리한 것이며 각각의 규격에 대한 자세한 정보는 Wi-Fi Aliance(www.wi-fi.org/ko)에서 확인할 수 있다.

표 8-4 IEEE802.11 규격 비교 (출처 : Wi-Fi Aliance)

프로토콜	변조 방식	주파수 대역(GHz)	채널 대역폭	최대 전송 속도(Mbps)
IEEE802.11	DSSS, FHSS	2.4~2.5	20	2
IEEE802.11a	OFDM	5.15~5.35, 5.47~5.725	20	54
IEEE802.11b	DSSS	2.4~2.5	20	11
IEEE802.11g	OFDM, DSSS	2.4~2.5	20	54
IEEE802.11n	OFDM	2.4~2.5, 5.15~5.35, 5.47~5.725	20, 40	600
IEEE802.11ac	OFDM	5.15~5.35, 5.47~5.725	20, 40, 80, 160	6,933
IEEE802.11ad	OFDM+SC	2.4, 5, 60		

와이파이는 AP가 주변의 일정한 범위 내에 있는 복수의 기기들과 데이터를 주고받는 인프라스트럭처 모드(Infrastructure Mode)와 AP 없이 기기 간 P2P(peer to peer) 형태로 데이터를 주고받는 애드혹 모드(Ad-hoc Mode) 중 하나로 동작한다.

인프라스트럭처 모드는 일반 가정이나 회사에서 흔히 이용하는 형태로 AP를 통해 와이파이를 지원하는 모든 기기들이 무선망에 접속하고 AP를 통해서 서로 데이터를 주고받을 수 있다. 인프라스트럭처 모드는 AP를 통한 보안 관리와 더 넓은 서비스 커버리지를 제공할 수 있다는 장점이 있다.

애드혹 모드는 인프라스트럭처 모드와 달리 기기 중 한 대가 AP 역할을 하며, 와이파이 AP가 없는 환경에서 기기를 서로 연결하여 데이터를 주고받을 경우 사용할 수 있다. 최근 근거리 무선통신 관련 기기가 많아지고 무선 통신에 대한 관심이 높아지면서 어렵고 복잡한 설정을 해야하는 단점을 가지고 있던 애드혹 모드는 더 안전하고 쉽게 기기 간 무선 연결을 지원하는 와이파이 다이렉트(Wi-Fi Direct) 기술로 표준화되었다.

[그림 8-26] 인프라스트럭처 모드와 애드혹 모드

8-3-1. ESP8266

ESP8266은 Espressif 사에서 만든 와이파이 SoC(System on Chip) 솔루션으로 80 MHz 이상의 32-bit MCU, SRAM, 플래시메모리, UART, SPI, I²C, ADC, TCP/IP 프로토콜 스택 등이 탑재되어 있다. ESP8266 기반의 모듈은 아두이노보다 더 저렴한 가격과 Espressif 사의 오픈소스 정책으로 개발자가 특정 용도로 변경하거나 개선된 펌웨어를 직접 개발할 수 있으며 최소한의 부품만으로 무선랜 모듈을 구성할 수 있는 장점을 가지고 있다. 이에 ESP8266 기반의 다양한 종류의 모듈과 실드, 호환 보드가 개발되고 있으며, 전 세계 오픈소스 커뮤니티의 지원을 받는 IoT 플랫폼(platform)으로 많이 활용되고 있다.

[그림 8-27] ESP8266 기반의 ESP-xx 모듈들

[ESP8266EX 주요 사양]

- 802.11 b/g/n/e/i 지원
- 와이파이 다이렉트(P2P) 지원
- 인프라스트럭처(infrastructure) BSS Station 모드와 soft-AP 모드 지원
- CPU : Tensilica L106 32-bit 마이크로컨트롤러
- CPU 클록 : 80 MHz (160 MHz 까지 지원)
- 동작 전압 : 3.0 V~3.6 V
- 동작 전류 : 80 mA
- 메모리 : 50 KB SRAM, 512 KB 플래시메모리 (16 MB까지 지원)
- 주변 장치 : UART, SDIO, SPI, I^2C, I^2S, IR Remote Control, GPIO, ADC, PWM

ESP8266 기반의 모듈은 일반적으로 ESP-xx 모델명으로 개발되고 있으며, 아두이노에서 와이파이 연결 프로젝트를 진행할 때 주로 ESP-01과 ESP-12 모듈이 많이 활용되고 있다. 이 모듈들은 가격이 매우 저렴하며 참고할 수 있는 자료도 다른 모듈들보다 많다. 따라서 본 장에서는 두 모듈 중에서 [그림 8-28]과 같은 ESP8266 ESP-01 모듈을 사용한다.

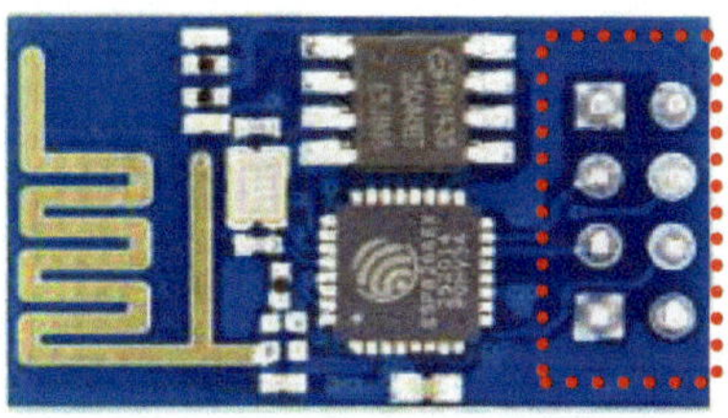

RXD	VCC
GPIO0	RESET
GPIO1	CH_PD
GND	TXD

[그림 8-28] ESP8266 ESP-01 모듈과 핀 배열

ESP8266 ESP-01 모듈은 와이파이 통신만 사용할 때 상당히 저렴하게 쓸 수 있는 모듈이고 시리얼 통신을 통해 AT 명령어로 모듈을 쉽게 제어할 수 있는 등의 장점이 있지만 최소한의 모듈 형태로 구성되어 있어 ESP8266의 전체 GPIO 핀의 기능을 사용하지 못하며 펌웨어 업데이트 등의 작업을 할 때 부가적인 회로를 구성하거나 별도의 모듈을 연결해야 하는 불편함을 가지고 있다. 따라서 시중에는 ESP8266 ESP-xx 모듈과 5 V 전원 입력 또는 리튬 폴리머 배터리 등의 별도 전원 입력 지원, 3.3 V 500 mA 레귤레이터 등의 각종 부가 회로가 구성되어 있거나, 아두이노처럼 USB 연결을 통해 개발과 모듈의 펌웨어 업데이트 작업을 쉽게 할 수 있도록 FTDI 모듈이 포함된 NodeMCU, WeMos D1 등의 보드도 있다. 기본적으로 ESP8266 기반의 모듈들은 사용하는 방법이 유사하기 때문에 필요에 따라 다른 종류의 모듈이나 보드 선택을 고려하는 것도 괜찮다.

8-3-2. ESP8266 ESP-01 모듈의 환경 설정

최종적으로는 오렌지 보드와 호스트 PC 간의 연결은 하드웨어 시리얼(hardware serial)로 사용하고, 오렌지 보드와 ESP8266 ESP-01 모듈 간의 연결은 소프트웨어 시리얼(software serial)을 사용해야 한다. 그런데 ESP8266 ESP-01 모듈의 시리얼 통신 속도는 기본적으로 115200 bps로 설정되어 있어 통신 속도의 제한이 있는 소프트웨어 시리얼을 사용할 수 없다. 따라서 오렌지 보드와 ESP8266 ESP-01 모듈 간의 소프트웨어 시리얼 통신을 위해 ESP8266 ESP-01 모듈의 기본 통신 설정을 9600 bps로 설정해야 한다. 이는 모듈 제조사 등에서 배포하는 펌웨어를 업데이트하는 방법으로 해결할 수 있다. 만약 구입한 ESP8266 ESP-01 모듈이 9600 bps로 설정된 상태라면 아래 몇 가지 과정은 진행할 필요가 없다.

하드웨어 시리얼과 소프트웨어 시리얼

오렌지 보드는 시리얼 통신을 사용하기 위해 디지털 0번(RX), 1번(TX) 핀이 할당되어 있고 이 기능을 사용하기 위한 함수도 있다. 이것을 하드웨어 시리얼이라고 한다. 이 두 개의 핀은 아두이노 IDE에서 작성된 프로그램을 업로드할 때 사용되기 때문에 다른 용도로 사용 중이라면 프로그램은 업로드되지 않고 "avrdude: stk500_getsync(): not in sync: resp=0×00"과 같은 에러 메시지가 출력된다. 따라서 주로 PC에서 작성된 프로그램을 오렌지 보드로 업로드할 때 발생되는 이 문제를 해결하기 위해서는 0번, 1번 핀에 연결된 장치 또는 점퍼 케이블을 해당 핀에서 제거한 뒤 프로그램을 업로드한 다음 장치를 연결하면 된다. 아두이노에서 "Serial.명령" 형태로 만들어진 함수들은 하드웨어 시리얼을 사용하는 것이다.

아두이노에서는 하드웨어 시리얼 통신 방식이 아닌 마이크로컨트롤러가 직접 제어하는 비트 뱅잉(bit banging) 방식의 시리얼 통신을 지원하고 있는데 이것을 소프트웨어 시리얼이라고 한다. 아두이노에서 SoftwareSerial 라이브러리가 그 역할을 하는데, 이 라이브러리를 이용하면 오렌지 보드에서 디지털 0번과 1번을 제외한 다른 디지털 핀을 사용해서 시리얼 통신을 할 수 있다. 하지만, 소프트웨어 시리얼로 여러 개의 디지털 핀을 동시에 사용하더라도 한번에 하나의 데이터만 수신할 수 있다. 그리고 아두이노 또는 제누이노 101에서 최대 수신 속도 57600 bps으로 제한되어 있으며 13번 핀에서는 수신 동작을 하지 않는다.

ESP8266 ESP-01 모듈의 펌웨어를 업데이트할 때 사용할 수 있는 방법은 다양하지만 그 중에서 두 가지 방법을 소개한다. 첫 번째는 오렌지 보드와 ESP8266 ESP-01 모듈을 직접 연결해서 업데이트하는 것이고, 두 번째는 [그림 8-29]와 같은 3.3 V가 지원되는 FTDI USB to Serial 모듈과 ESP8266 ESP-01 모듈을 연결하는 것이다.

동작 전압이 3.3 V이고 소모 전류가 높은 ESP8266 ESP-01 모듈과 5 V 출력 전압(TTL 레벨)을 사용하는 오렌지 보드를 직접 연결할 때는 별도의 레벨 시프터(level

[그림 8-29] FTDI USB to Serial 모듈 종류

shifter)와 레귤레이터(regulator)를 사용하는 것이 좋다. 따라서 첫 번째 방법을 사용할 경우 모듈이 망가질 수도 있어 두 번째 방법을 권장하고 있지만, 업데이트가 문제없이 완료되는 것을 여러 번 확인했다. 만약 3.3 V FTDI USB to Serial 모듈을 가지고 있는 경우에는 두 번째 방법을 사용하고 그게 아니라면 비용과 시간이 소요되기 때문에 첫 번째 방법으로 업데이트한다.

[그림 8-30]은 첫 번째 방법으로 펌웨어를 업데이트할 때 연결 방법을 보여준다. ESP8266 ESP-01 모듈의 핀 배열은 [그림 8-28]을 참고한다. 앞서 언급을 했지만 ESP8266 ESP-01 모듈에는 반드시 오렌지 보드의 3.3 V 전원을 연결해야 한다.
ESP8266 ESP-01 모듈의 CH_PD 핀은 칩 활성화(chip enable) 핀으로 오렌지 보드의 3.3 V에 연결하고, GPIO0 핀은 LOW 상태일 때 업데이트를 할 수 있는 플래싱 모드(flashing mode)가 되기 때문에 오렌지 보드의 GND에 연결한다. 그리고 펌웨어 업데이트가 완료된 이후에는 GPIO0 핀에 연결되어있던 GND 연결을 해제하여 동작 모드(running mode)로 전환한다. 이렇게 연결된 상태에서 펌웨어 업그레이드를

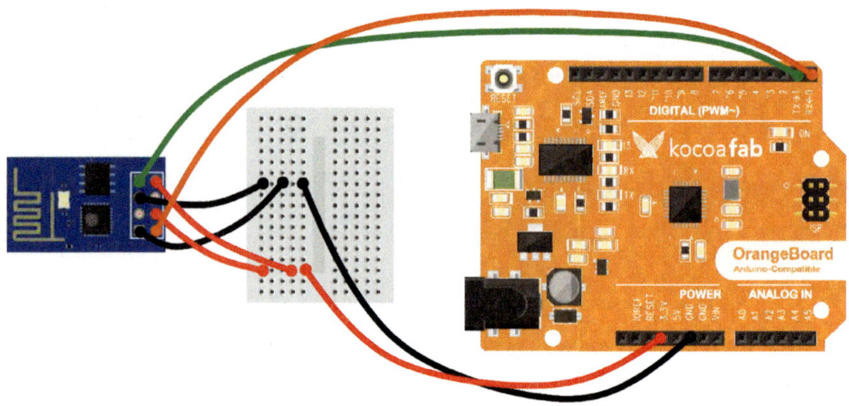

ESP8266 ESP-01 모듈	오렌지 보드
VCC	3.3 V
CH_PD	3.3 V
GPIO0	GND
GND	GND
RXD	TX
TXD	RX

[그림 8-30] ESP8266 ESP-01 모듈과 오렌지 보드 간 연결(플래싱 모드)

시도할 때 에러가 발생하는 경우는 두 가지 정도인데, 오렌지 보드의 RX, TX 핀과 ESP8266 ESP-01 모듈의 TXD, RXD를 교차해서 연결하지 않은 경우와 오렌지 보드에 하드웨어 시리얼을 사용하는 프로그램이 업로드 되어 있는 상태 또는 ESP8266 ESP-01 모듈의 펌웨어 업데이트 과정에 영향을 줄 수 있는 프로그램이 업로드 되어 있는 상태이다. 후자의 경우 오렌지 보드에 연결되어 있는 모든 점퍼 케이블을 제거하고 setup(), loop() 함수가 아무것도 하지 않는 새 파일(빈 스케치)을 오렌지 보드에 업로드하고 ESP8266 ESP-01 모듈의 펌웨어 업데이트를 진행하면 된다.

[그림 8-31]은 두 번째 방법으로 펌웨어를 업데이트할 때 연결 방법을 보여준다. ESP8266 ESP-01 모듈의 핀 배열은 [그림 8-28]을 참고한다. 마찬가지로 ESP8266 ESP-01 모듈의 CH_PD 핀은 칩 활성화 핀으로 FTDI USB to Serial 모듈의 VCC에 연결하고, GPIO0 핀은 GND에 연결하여 플래싱 모드로 만든다. 펌웨어 업데이트가 완료된 이후에는 GPIO0 핀에 연결되어있던 GND 연결을 해제하여 동작 모드로 전환한다.

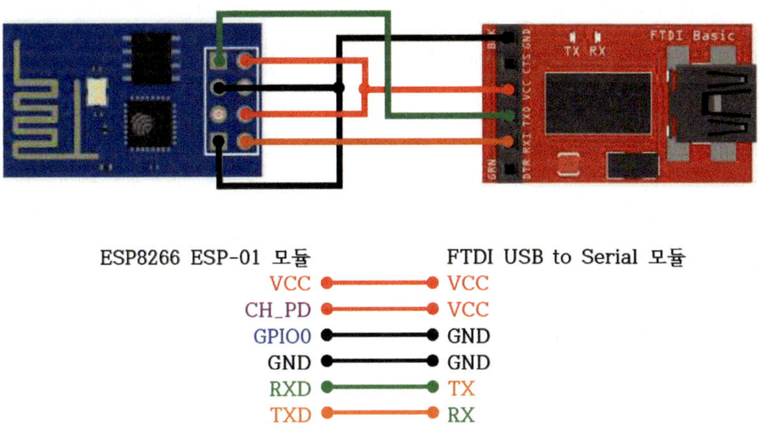

[그림 8-31] ESP8266 ESP-01 모듈과 FTDI USB to Serial 모듈 연결

펌웨어를 업데이트하기 위한 연결을 정확하게 해놓은 뒤에 윈도즈 환경에서 펌웨어 업데이트를 쉽게 할 수 있도록 만들어진 esp8266_flasher.exe 프로그램과 ESP8266 ESP-01 모듈의 기본 보 레이트(baud rate)가 9600으로 설정된 펌웨어 바이너리 파

일(.bin)을 오픈소스 프로젝트가 공유되는 깃허브(GitHub, https://github.com) 또는 esp8266 관련 커뮤니티 등에서 다운로드한다. 아래는 사용된 업데이트 툴과 펌웨어 파일 정보이다. 이 파일들의 버전과 내용은 변경될 수 있으며 펌웨어 업데이트를 위한 적합한 작업을 적용할 수 있으면 된다.

펌웨어 업데이트 툴 : ESP8266_flasher_V00170901_00_Cloud Update Ready
펌웨어 : ai-thinker-0.9.5.2-9600.bin - The default baud rate is 9600

아래 절차에 따라 펌웨어 업데이트를 완료한다.

❶ 펌웨어 업데이트 프로그램 esp8266_flasher.exe을 실행시킨 뒤, Bin 버튼을 눌러 펌웨어 파일 ai-thinker-0.9.5.2-9600.bin을 선택한다. 이때 펌웨어 업데이트 프로그램과 펌웨어 파일은 C 드라이브 루트 폴더(C:\)에 동일한 폴더 또는 경로에 위치하도록 한다. 파일의 경로에 공백이나 2바이트 문자가 포함된 경우 인식되지 않을 수 있다.
오렌지 보드와 연결되어 있는 USB 시리얼 포트(COMx)와 다르면 직접 수정해 준다. 연결된 USB 시리얼 포트는 제어판-장치관리자-포트(COM & LPT)에서 확인할 수 있다.

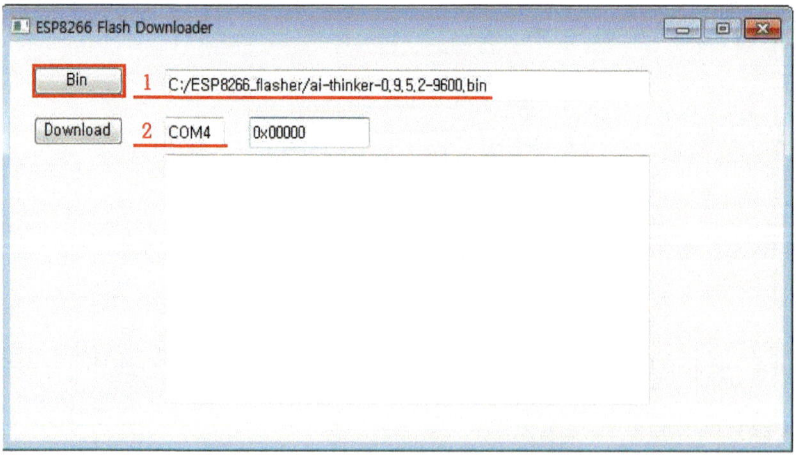

❷ Download 버튼을 눌러 업데이트를 시작한다. 99 %까지 진행되고 "Leaving..."메시지까지 나오면 업데이트가 완료된 것이다. 만약 업데이트를 진행하지 못하고 "Failed to Connect" 또는 "Invalid head of packet" 메시지가 뜨면 RXD, TXD 연결 상태 등을 확인하거나, 앞서 언급한 것처럼 파일 경로를 재확인 한다. 그리고 업데이트 중에 에러가 나면 다시 시도하거나 작업 PC를 바꿔서 업데이트를 진행한다.

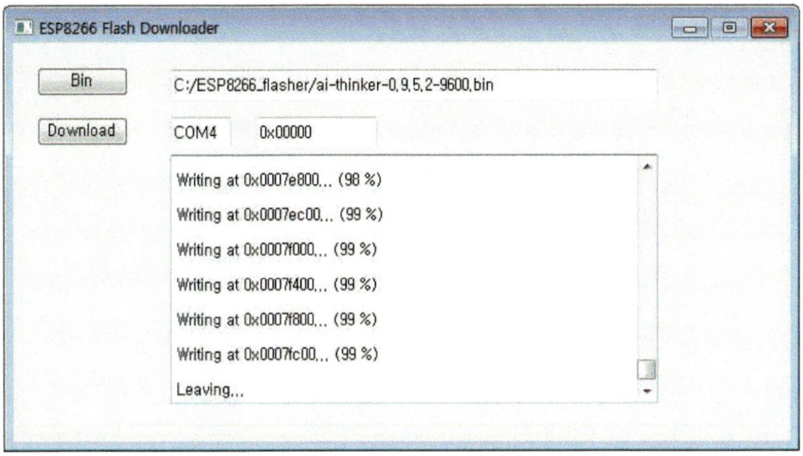

8-3-3. AT 명령 설정

AT 명령 설정 과정을 진행하기 전에 오렌지 보드에 아래의 프로그램을 업로드한다. 만약 오렌지 보드의 디지털 0번, 1번 핀에 점퍼 케이블이 연결되어 있다면 제거한 뒤에 업로드 한다.

```
#include <SoftwareSerial.h>

SoftwareSerial ESPserial (2, 3);          // TX, RX

void setup()
{
```

```
    Serial.begin (9600);                        // 시리얼 통신 속도 초기화
    ESPserial.begin (9600);                     // 소프트웨어 시리얼 통신 속도 초기화·시작

    Serial.println ("");
    Serial.println ("AT Command for ESP8266 ESP-01 module");
    Serial.println ("");
}

void loop()
{
    if (ESPserial.available ())                 // ESP-01 모듈에서 데이터가 수신되면,
    {
        Serial.write (ESPserial.read ()); // 수신된 모듈 데이터를 읽어 시리얼 모니터에 출력
    }
    if (Serial.available ())                    // 사용자의 시리얼 입력 데이터가 수신되면,
    {
        ESPserial.write (Serial.read ()); // 수신된 데이터를 읽어 시리얼 모니터에 출력
    }
}
```

유 · 무선 공유기와 연결되어 ESP8266 ESP-01 모듈이 무선통신 모듈로서 동작을 하도록 AT 명령을 사용한다. AT 펌웨어는 앞서 업데이트한 바이너리 파일에 포함되어 있으며, 전체 AT 명령 셋 관련 파일과 명령의 상세 내용은 ESP8266 제조사 홈페이지(http://espressif.com) 또는 room-15(https://room-15.github.io/blog)에서 참고한다. 여러가지 방법으로 AT 명령 제어가 가능하고 이와 관련된 다양한 툴들이 있지만 준비해야하는 과정을 간소화시키기 위해서 [그림 8-32]와 같이 오렌지 보드와 연결된 상태에서 아두이노 시리얼 모니터 창을 통해서 AT 명령 제어를 진행한다. 다만 ESP8266 ESP-01 모듈은 오렌지 보드의 3.3 V 레귤레이터가 공급할 수 있는 전류보다 더 많은 전류를 필요로하기 때문에 3.3 V FTDI USB to Serial 모듈 또는 브레드보드 전원 공급 모듈 등으로 별도의 전원 공급 방법을 사용하면 오렌지 보드와 와이파이 모듈이 손상되는 것을 방지할 수 있고 더 안정적인 제어를 할 수 있다.

ESP8266 ESP-01 모듈을 독립적으로 설정하고 제어할 수 있는 PuTTY, ESPlorer, ESP8266 Config 등와 같은 유용한 툴들이 있으니 필요할 경우 해당 툴 정보를 찾아

활용하도록 한다.

ESP8266 ESP-01 모듈의 GPIO0 핀에 연결되어있던 GND 점퍼 케이블을 제거하여 와이파이 모듈을 동작 모드로 만든다. 모듈의 RXD는 오렌지 보드의 3번 핀에 연결하고, TXD는 오렌지 보드의 2번 핀에 연결한다.

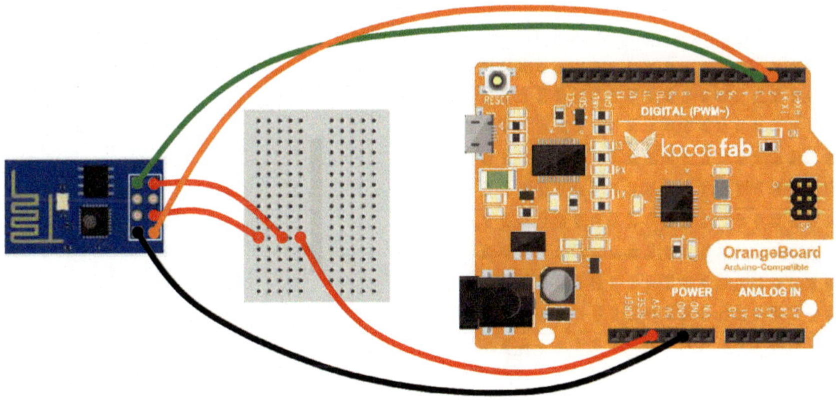

ESP8266 ESP-01 모듈	오렌지 보드
VCC	3.3 V
CH_PD	3.3 V
GND	GND
RXD	3번 핀에 연결
TXD	2번 핀에 연결

[그림 8-32] ESP8266 ESP-01 모듈과 오렌지 보드 간 연결 (동작 모드)

AT 명령을 통해 ESP8266 ESP-01 모듈의 동작 확인 및 주변의 유·무선 공유기에 연결되어 와이파이 기능을 수행할 수 있도록 다음과 같이 설정한다. [표 8-5]는 모듈 설정을 위해 자주 사용하는 AT 명령을 정리한 것이다.

표 8-5 자주 사용하는 AT 명령

AT 명령	기능	응답
AT	명령 테스트(정상 동작 확인)	OK
AT+GMR	펌웨어 버전 확인	OK+ADDR:〈MAC 주소〉
AT+RESET	초기화 및 모듈 사용 준비	OK…ready
AT+CWMODE=〈모드〉	와이파이 모드 설정 1(Station), 2(AP), 3(Dual)	+CWMODE:〈모드〉 OK
AT+CWMODE?	현재 와이파이 모드 확인	+CWMODE:〈모드〉 OK
AT+CWLAP	AP 목록 출력	리스트 출력...OK
AT+CWJAP=〈SSID〉,〈PWD〉	AP에 연결	OK
AT+CWJAP?	연결된 AP 확인	+CWJAP:AP SSID OK
AT+CIFSR	할당 받은 IP 주소 확인 MAC 주소 확인	+CIFSR:STAIP,IP 주소 +CIFSR:STAMAC,MAC 주소 OK
AT+CIPSTATUS	TCP/IP 연결 상태 확인	STATUS:2 (IP 주소 얻어옴) OK
AT+CIPCLOSE	TCP/UDP 연결 해제	OK(ERROR/UNLINK)
+IPD	수신 데이터	
AT+CIPMUX=〈모드〉	다중 접속 설정	OK
AT+CIPSERVER=〈모드〉,포트	TCP 서버 모드로 설정	OK

❶ 아두이노 시리얼 모니터 창을 실행하고, 시리얼 모니터 창의 오른쪽 하단의 "line ending 없음"을 "Both NL & CR"로 수정한다. 이때 통신 속도 설정도 다시 확인한다.

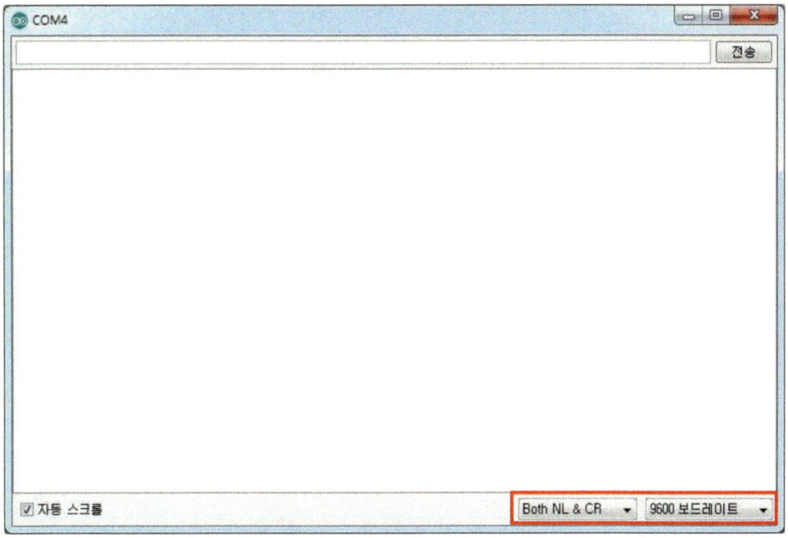

❷ 모듈 동작 확인을 위해 AT 명령을 전송했을 때 OK 메시지로 응답하면 모듈이 정상적으로 동작하고 있다는 것이다. 다음 AT+GMR 명령을 전송해서 모듈의 현재 펌웨어 버전을 확인한다.

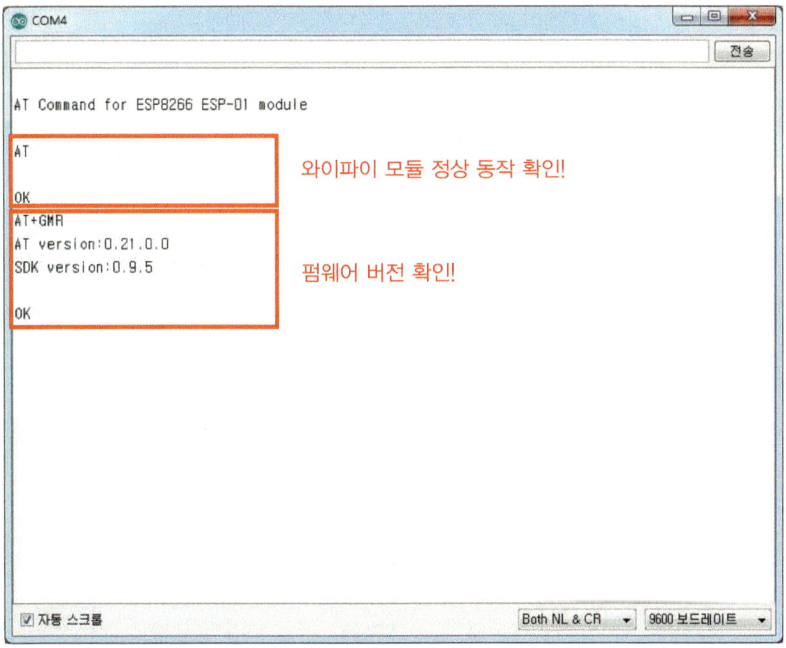

❸ ESP8266 ESP-01 모듈은 Station 모드(client/1), AP 모드(host/2), Station/AP Dual 모드(3)로 세 가지 모드를 지정할 수 있다. 모듈의 모드 변경은 AT+CWMODE=**모드 번호**이고, 현재 모드 확인은 AT+CWMODE?이다.
모듈의 모드 변경 명령을 테스트한 뒤에 최종적으로 AT+CWMODE=1 명령을 전송하여 모듈을 유 · 무선 공유기에 접속하는 Station 모드로 설정한다.

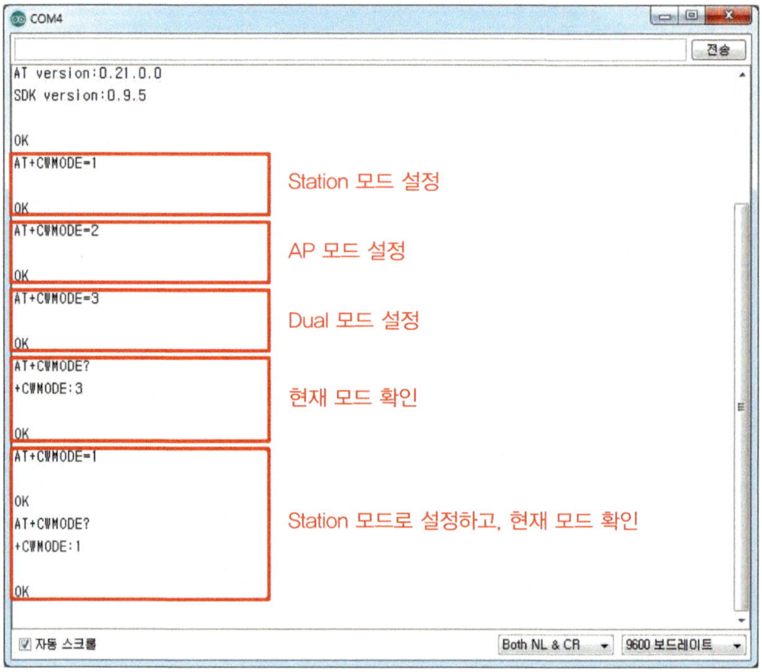

❹ 모듈 주변의 연결 가능한 AP 신호를 AT+CWLAP 명령을 전송하여 찾는다. 회사 또는 집에서 사용하고 있는 유 · 무선 공유기의 SSID가 보일 것이다.

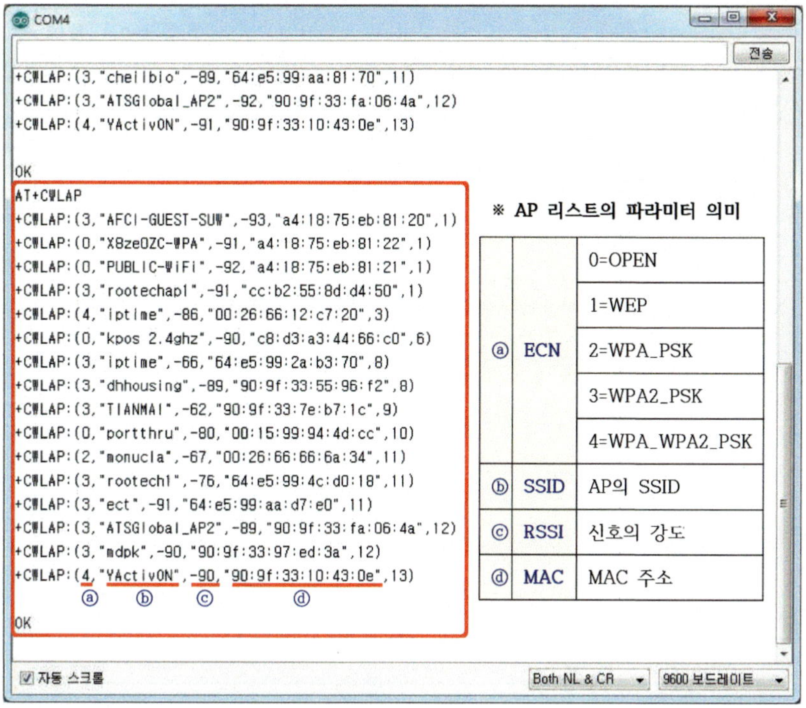

❺ AT+CWJAP="AP의 SSID“,"패스워드” 명령으로 자신이 접속하고자 하는 AP에 연결을 한다. 일반적으로 유・무선 공유기는 타인이 임의로 접속하지 못하도록 패스워드 설정을 해놓기 때문에 미리 확인을 해둔다. AP+CWJAP? 명령으로 AP 연결 상태를 확인한다. 이 과정에서 에러가 나면 ESP8266 ESP-01 모듈을 리셋하거나 전원을 해제한 뒤에 다시 시도한다.

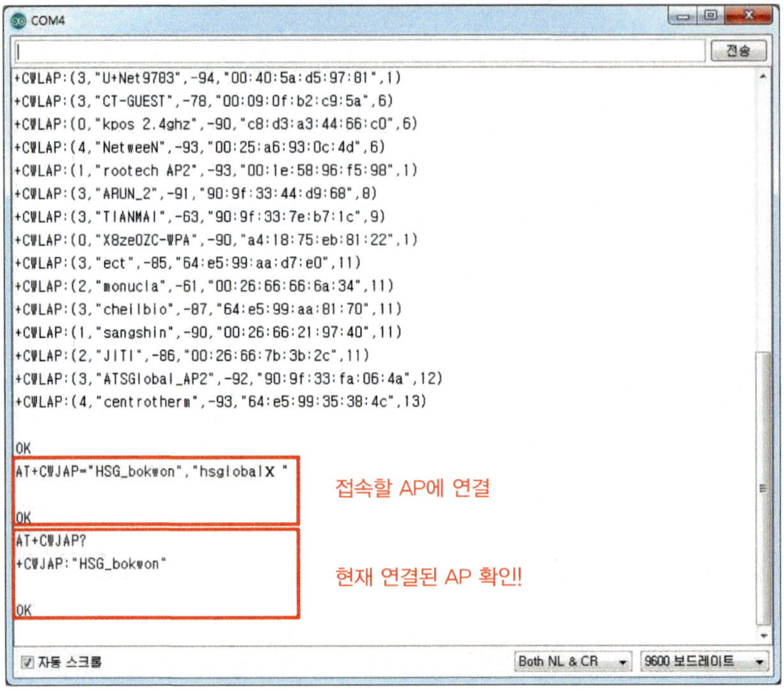

❻ 유 · 무선 공유기에서 할당한 IP 주소를 AT+CIFSR 명령을 통해 확인한다. 이렇게 설정된 접속 정보는 ESP8266 ESP-01 모듈에 저장이 되어 이후부터는 설정된 AP에 자동으로 접속한다.

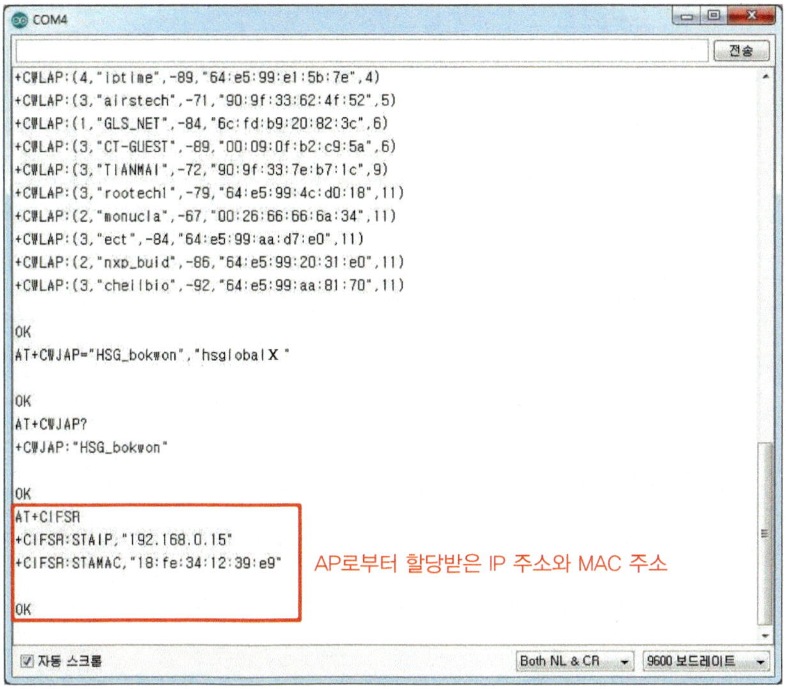

PC의 명령 프롬프트(cmd.exe)에서 ping 테스트를 해보면 ip 데이터그램이 도착하는 정보를 확인할 수 있다.

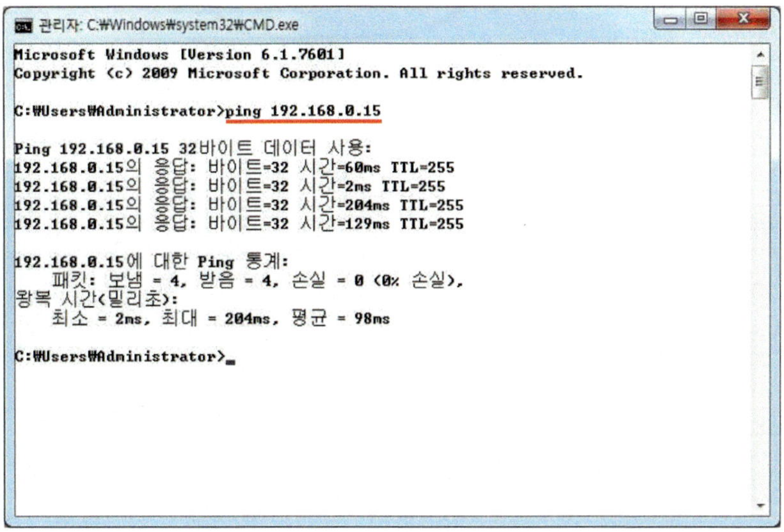

8-3-4. ESP8266 ESP-01 모듈을 이용한 LED On/Off

HTML로 웹페이지에 버튼 두 개를 생성하고, 웹페이지의 각 버튼을 누를 때마다 오렌지 보드에 연결된 LED가 On/Off 동작을 번갈아 한다. 이 실습은 ESP8266 ESP-01 모듈이 동작할 때 필요한 전류가 충분히 공급되지 않을 경우 원활하게 동작하지 않는다. 앞서 언급된 것처럼 [그림 8-33]처럼 FTDI USB to Serial 모듈 또는 브레드보드 전원 공급 모듈 등으로 ESP8266 ESP-01 모듈에 별도의 전원을 연결한다. [그림 8-33]과 다른 방법으로 전원 공급 문제를 해결할 수도 있으니 관련된 자료를 찾아서 참고하도록 한다.

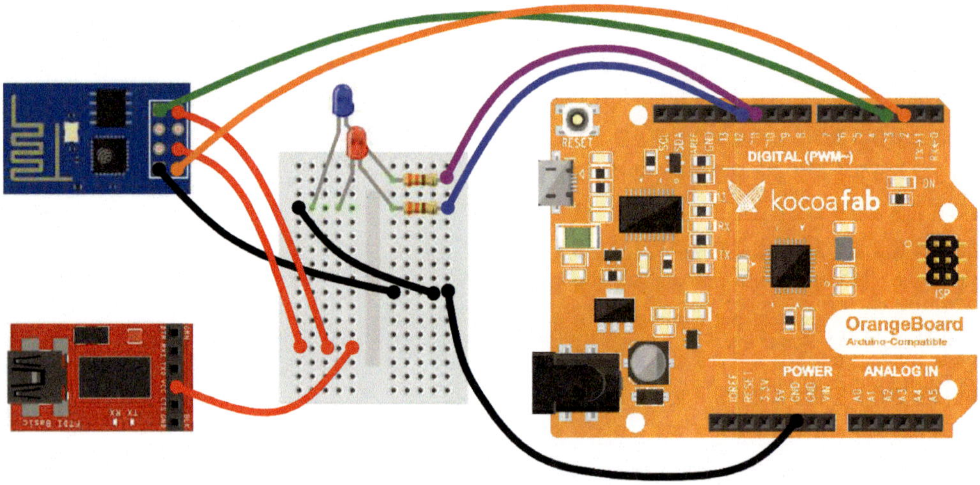

[그림 8-33] FTDI USB to Serial 모듈 별도 연결

❶ 22번째 AT+CWJAP 명령 행은 접속 가능한 AP SSID와 패스워드로 수정한 뒤 오렌지 보드에 업로드한다.

```
#include <SoftwareSerial.h>
#define DEBUG true

SoftwareSerial ESPserial (2, 3);
```

```
void setup()
{
   Serial.begin (9600);
   ESPserial.begin (9600);

   Serial.println ("ESP8266 ESP-01 module LED Control");
   Serial.println ("");

   pinMode (11, OUTPUT);
   pinMode (12, OUTPUT);
   digitalWrite (11, LOW);
   digitalWrite (12, LOW);

   sendData ("AT+RST₩r₩n", 2000, DEBUG);
   sendData ("AT+CWMODE=3₩r₩n", 1000, DEBUG);
   sendData ("AT+CWLAP₩r₩n", 3000, DEBUG);
   sendData ("AT+CWJAP=₩"AP SSID₩",₩"패스워드₩"₩r₩n", 10000, DEBUG);
   sendData ("AT+CIFSR₩r₩n", 1000, DEBUG);
   sendData ("AT+CIPMUX=1₩r₩n", 1000, DEBUG);
   sendData ("AT+CIPSERVER=1,80₩r₩n", 1000, DEBUG);
}

void loop()
{
   if (ESPserial.available())                        // 모듈 메시지 수신 확인
   {
      if (ESPserial.find ("+IPD,"))                  // 데이터가 수신되면,
      {
         delay (1000);                               // 시리얼 버퍼 채우기 위해 대기
         int connectionId = ESPserial.read () - 48;  // ASCII 0은 48이므로 빼줌
         ESPserial.find ("pin=");                    // "pin="으로 커서 이동
         int pinNum = (ESPserial.read () - 48) * 10; // 첫 번째 숫자에는 10을 곱함
         pinNum += (ESPserial.read () - 48);         // 두 번째 숫자에 48을 뺀 뒤 더함
         digitalWrite (pinNum, !digitalRead (pinNum)); // 해당 핀 LED 반전 값 반영

         String closeCommand = "AT+CIPCLOSE=";       // TCP/UDP 연결 해제 명령
         closeCommand += connectionId;
         closeCommand += "\r\n";
         sendData (closeCommand, 1000, DEBUG);
```

```
        }
    }
}

void sendData (String command, const int timeout, boolean debug)
{
    String response = "";
    ESPserial.print (command);                          // 모듈에 읽을 문자 전송
    long int time = millis ();                          // 현재 시간 저장

    while ((time + timeout) > millis ())                // timeout 값을 넘기면,
    {
        while (ESPserial.available ())                  // 모듈 메시지 수신 확인
        {
            char c = ESPserial.read ();                 // 다음 문자를 읽음
            response += c;                              // 문자열 저장
        }
    }

    if (debug)                                          // 항상 실행
    {
        Serial.println (response);                      // 문자열 시리얼 창에 출력
    }
}
```

❷ 메모장을 실행하여 다음과 같이 웹페이지 소스를 작성한다. 웹페이지 소스에 자바 스크립트 라이브러리인 jQuery 코드를 사용했기 때문에 12번째 줄의 "jquery-x.x.x.min.js" 파일을 http://jquery.com/download 웹페이지에서 다운로드한다. 다운로드한 jQuery 파일명 그대로 웹페이지 소스를 작성해야 하며, "jquery-x.x.x.min.js" 파일은 웹페이지 소스와 동일한 폴더 내에 위치하도록 저장한다.

17번째 줄의 IP 주소는 본인의 AP에서 받은 IP 주소로 바꿔야 할 부분이다.

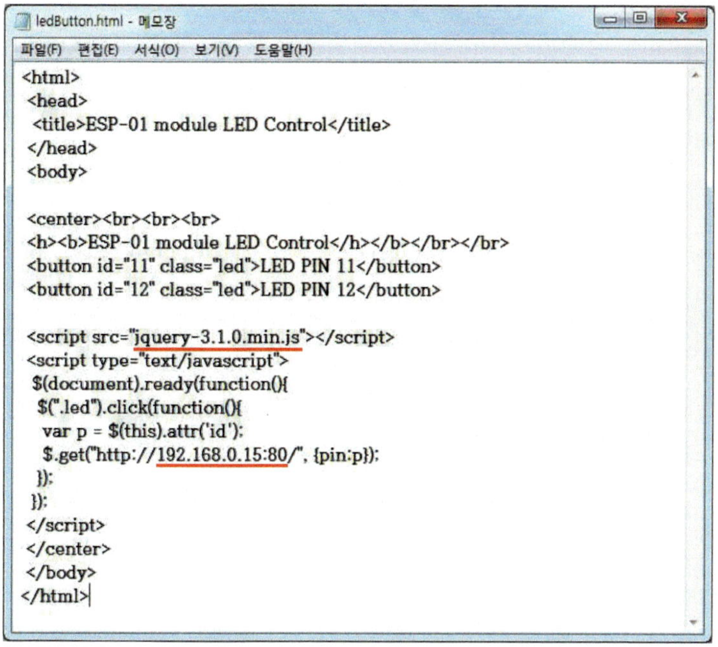

```
<html>
 <head>
  <title>ESP-01 module LED Control</title>
 </head>
 <body>

 <center><br><br><br>
 <h><b>ESP-01 module LED Control</h></b></br></br>
 <button id="11" class="led">LED PIN 11</button>
 <button id="12" class="led">LED PIN 12</button>

 <script src="jquery-3.1.0.min.js"></script>
 <script type="text/javascript">
  $(document).ready(function(){
   $(".led").click(function(){
    var p = $(this).attr('id');
    $.get("http://192.168.0.15:80/", {pin:p});
   });
  });
 </script>
 </center>
 </body>
</html>
```

❸ 메모장에서 작성된 웹페이지 소스는 파일 형식을 "모든 파일 (*.*)" 형식으로 변경하고, 파일 이름은 "파일명.html" 확장자로 저장한다.

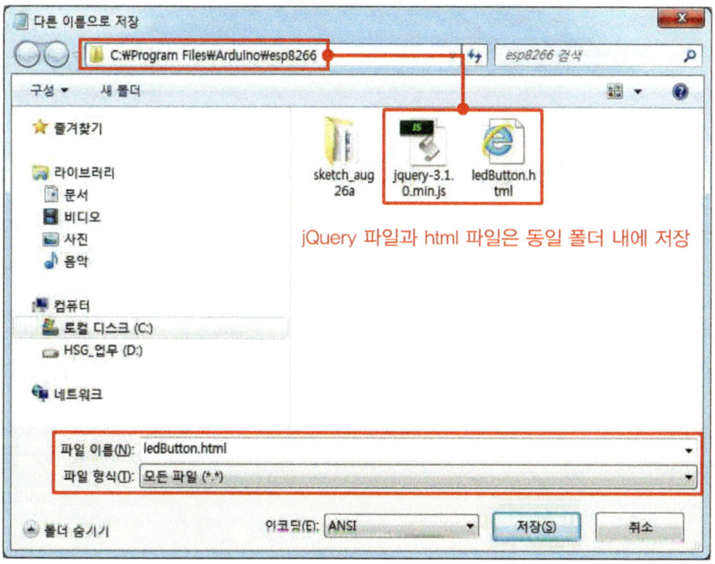

❹ 로컬 PC에서 테스트할 때는 저장된 웹페이지 소스 파일을 웹브라우저에서 불러와 동작을 확인할 수 있다. 자신의 PC를 웹서버로 운용하거나 웹호스팅 서비스를 통해 작성된 웹페이지를 등록하면 원격지에서 웹페이지를 열어서 LED를 제어할 수 있다.

웹브라우저의 파일-열기 메뉴를 통해 저장한 html 파일을 찾아 실행하면, 작성된 웹페이지 소스가 웹브라우저를 통해 실행된다.

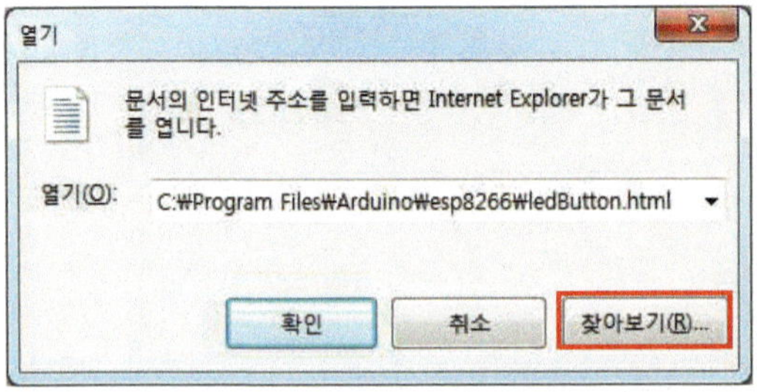

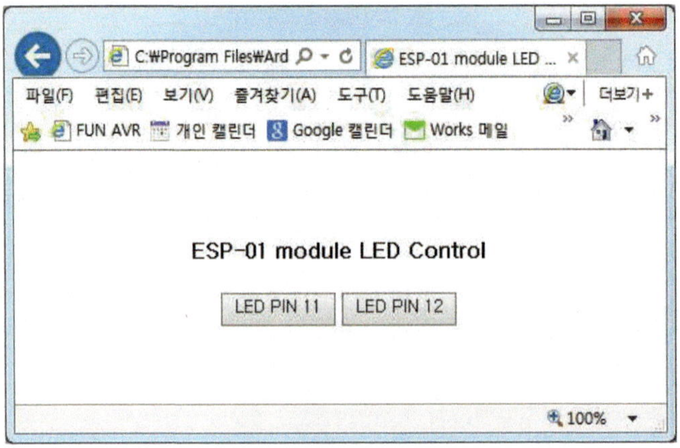

❺ 아두이노의 시리얼 모니터 창을 실행하면, "ESP8266 ESP-01 module LED Control" 문장을 출력하고 AT 명령들이 순서대로 진행되는 과정을 출력한다. 마지막 AT+CIPSERVER 명령에 대한 응답 OK를 확인한 뒤에 웹브라우저의 LED PIN 11, LED PIN 12 버튼을 각각 누르면 오렌지 보드에 연결된 LED가 동작하는 것을 확인할 수 있다.

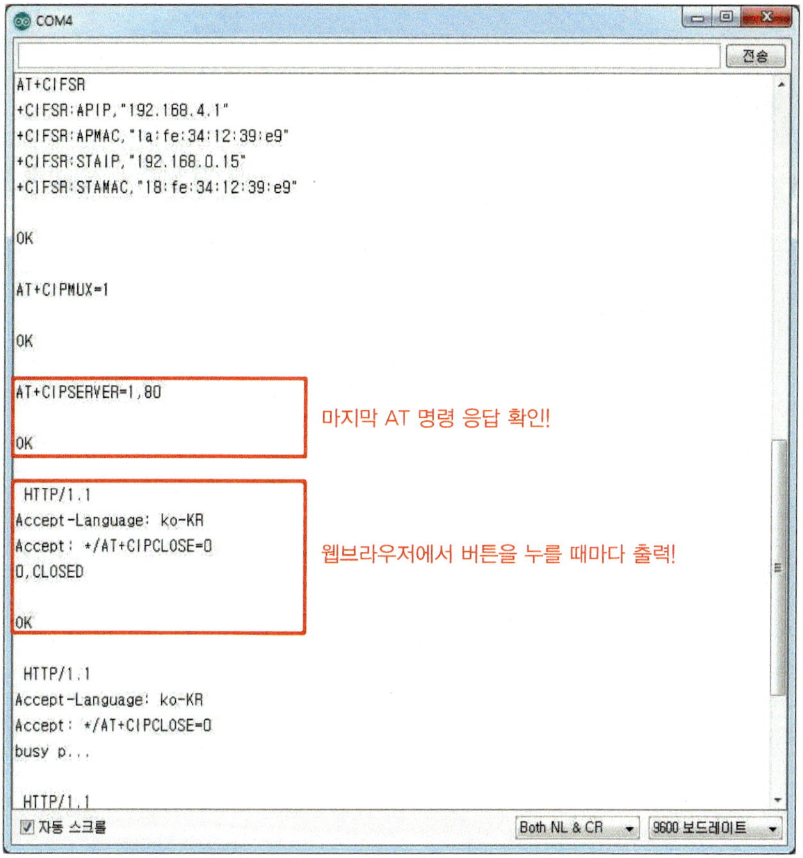
COM4
전송
AT+CIFSR
+CIFSR:APIP,"192.168.4.1"
+CIFSR:APMAC,"1a:fe:34:12:39:e9"
+CIFSR:STAIP,"192.168.0.15"
+CIFSR:STAMAC,"18:fe:34:12:39:e9"
OK
AT+CIPMUX=1
OK
AT+CIPSERVER=1,80
OK
마지막 AT 명령 응답 확인!
HTTP/1.1
Accept-Language: ko-KR
Accept: */AT+CIPCLOSE=0
0,CLOSED
OK
웹브라우저에서 버튼을 누를 때마다 출력!
HTTP/1.1
Accept-Language: ko-KR
Accept: */AT+CIPCLOSE=0
busy p...
HTTP/1.1
자동 스크롤
Both NL & CR
9600 보드레이트

8장 | 응용 실습 |

1. 앱 인벤터(App inventor)에 대해서 알아 보고 블루투스를 활용할 수 있는 앱을 자유롭게 만들어 본다
2. 블루투스 모듈, 초음파 센서, 부저를 사용하여 일정한 거리를 벗어나면 경고음을 울리는 프로그램을 작성한다.
3. 특정 지그비에만 메시지를 보내는 프로그램을 작성한다.
4. 두 개의 지그비, 버튼, 부저를 사용하여 무선 초인종 프로그램을 작성한다.
5. 두 개의 지그비, 온도 센서를 사용하여 온도 센서 값을 지그비 통신으로 전송하는 프로그램을 작성한다.
6. 초음파 센서, 릴레이, 블루투스 모듈을 사용하여 물체가 일정 범위 내에 접근하면 자동으로 가전 제품의 전원을 제어하는 프로그램을 작성한다. 단, 릴레이로 220 V 가전 제품 등을 제어할 때는 안전 사고에 유의하도록 한다.
7. 와이파이 모듈을 활용하여 원격지에서 릴레이를 제어하는 프로그램을 작성한다.

09 디지털 통신 인터페이스

학습목표

- SPI 통신을 이해하고 활용할 수 있다.
- I^2C 통신을 이해하고 활용할 수 있다.

여러가지 센서류와 메모리, 디스플레이 장치 등을 연결할 때 SPI(Serial Peripheral Interface)와 I^2C(Inter-Integrated Circuit) 통신 인터페이스를 활용해야 할 때가 있다.

마이크로컨트롤러 내부의 SPI와 I^2C 통신의 원리를 정확하게 익혀서 활용하는 것은 쉬운 일이 아니지만 아두이노에서 제공되는 라이브러리를 이해하고 적용하면 되기 때문에 쉽게 장치들 간 통신 인터페이스를 구현할 수 있다.

SPI 통신은 고속의 양방향 통신 구현과 풀업 저항없이 오렌지 보드와 연결하여 SPI 장치를 사용할 수 있는 장점을 가지고 있으며 I^2C는 두 개의 신호선만 사용하여 장치 간 통신이 되는 장점을 가지고 있다. 그러나 I^2C의 신호선에는 반드시 풀업 저항을 연결해야 하며 상대적으로 SPI 통신보다 느리다. SPI와 I^2C 통신 인터페이스를 모두 지원하는 센서 및 장치들이 있지만 그렇지 않은 경우에는 사용자가 장치를 선택할 때 두가지 통신 방식 중에 익숙하고 잘 사용할 수 있는 것을 선택하면 된다. 초보자에게는 I^2C 통신보다 SPI 통신이 좀 더 다루기 쉽다.

9-1. SPI 통신

9-1-1. SPI 통신 개요

SPI는 마이크로컨트롤러와 주변 장치들 또는 여러 주변 장치들 간에 고속으로 데이터를 동기 전송하는데 사용되는 직렬 통신을 말한다.

SPI는 MOSI, MISO, SCK, /SS 로 구성된 네 개의 선을 구성하며 하나의 마스터에 여러 개의 슬레이브가 연결될 수 있는 형식을 취할 수 있다.

SPI 통신 모듈은 [그림 9-1]처럼 8비트 시프트 레지스터로 구성되어 있다. SCK(Serial Clock)는 동기 통신을 위한 클록으로 마스터에서 생성된다. 마스터에서 /SS(Slave Select) 신호가 LOW로 출력되면 슬레이브가 활성화 되면서 마스터/슬레이브 간의

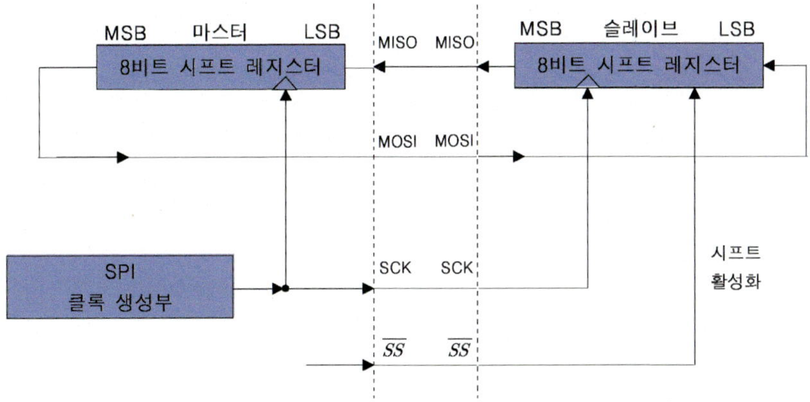

[그림 9-1] SPI 통신의 마스터/슬레이브 연결

통신이 가능해진다. /SS에 HIGH 신호가 출력되면 슬레이브는 MISO, MOSI, SCK 핀을 하이임피던스(Hi-Z) 상태로 변경되면서 비활성화 된다. 마스터는 통신을 시작하기 전에 /SS 핀으로 LOW 신호를 출력하고 시프트 레지스터에 전송할 데이터를 쓴다. SPI 모듈의 시프트 레지스터는 데이터를 이동시키면서 클록 사이클 마다 1비트씩 MOSI(Master Out Slave In) 핀을 통해서 슬레이브와 동기 통신을 한다. 슬레이브에 전송된 비트는 슬레이브 SPI 모듈의 시프트 레지스터에 의해 1비트씩 저장하게 된다. 이때 슬레이브의 시프트 레지스터에 있던 내용은 MISO(Master In Slave Out) 핀을 통하여 마스터에 전송된다. 슬레이브가 마스터에 데이터를 전송할 필요가 없을 때 MISO 핀을 연결할 필요가 없다.

SPI 통신에 사용되는 핀의 이름은 [그림 9-2] 처럼 제조사와 장치에 따라서 다른 이름이 사용될 수 있기 때문에 해당 장치의 데이트시트를 확인해야 한다.

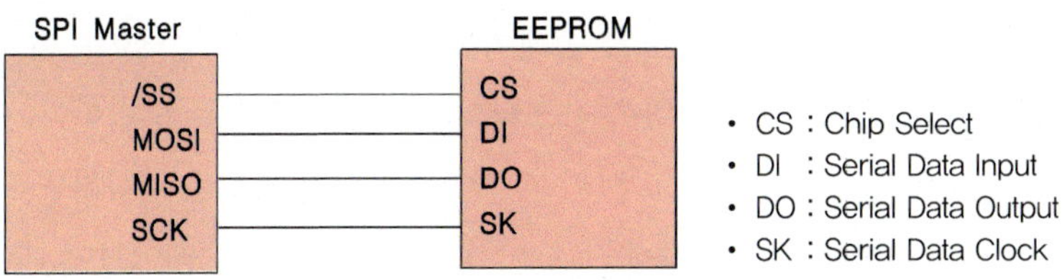

[그림 9-2] SPI 주변장치 간 연결

하나의 마스터와 여러 개의 슬레이브 간의 통신은 두 가지 방법이 있다.

첫 번째 방법은 [그림 9-3]처럼 마스터의 MISO, MOSI, SCK를 각 슬레이브의 MISO, MOSI, SCK와 연결하고 각 슬레이브를 선택하는 /SS 핀을 슬레이브의 수만큼 연결한 뒤 통신을 하고 싶은 슬레이브에 해당하는 /SS 핀에만 LOW 신호를 전송하여 활성화 하고 나머지 슬레이브들을 비활성화 한 뒤 통신하는 방법이다. 이때 슬레이브 장치 n 개를 연결한다면 마스터 장치는 3+n 개의 핀이 필요하다.

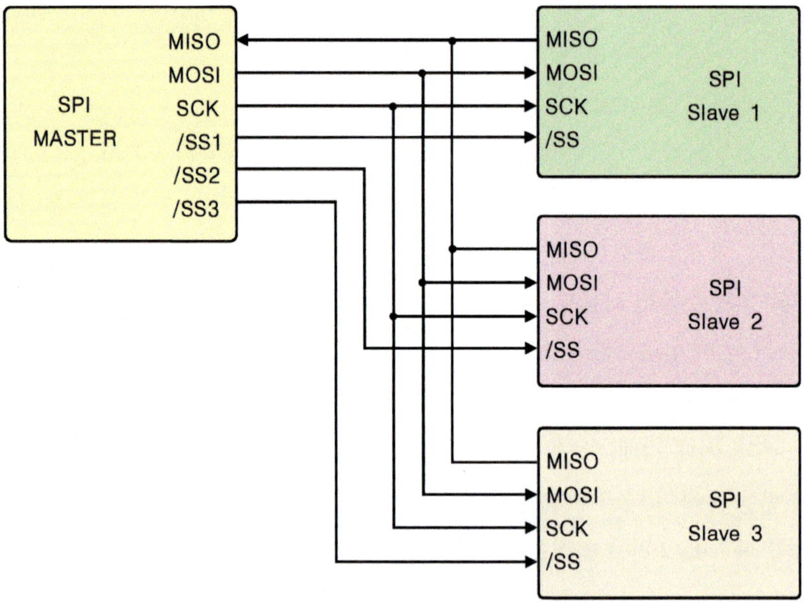

[그림 9-3] 마스터와 여러 슬레이브 간의 SPI 통신 구성

두 번째 방법은 Daisy-Chain 방식으로 슬레이브의 출력을 다음 슬레이브의 입력으로 연결하고 마지막 슬레이브 출력을 마스터의 입력과 연결하는 방법이다. 슬레이브를 선택하는 /SS는 모두 공유하고 있기 때문에 마스터가 통신을 시작하면 모든 슬레이브가 활성화 되어 통신이 가능해진다. 이 방식으로 n 번째 슬레이브에 데이터를 전달하기 위해서는 n 번의 데이터 전송이 필요하다.

9–1–2. SPI 통신 라이브러리

SPI 관련 함수를 사용하기 위해서는 "SPI.h" 헤더 파일을 추가해야 한다.

- begin()

  SPI 통신 설정을 초기화한다.

  아두이노 Due 보드 외의 보드에서는 매개 변수가 없으며 Due 보드의 경우 SPI.begin (slaveSelectPin)처럼 매개 변수에 /SS 핀 번호를 설정할 수 있다.

Syntax

```
SPI.begin ()
```

- end()

  SPI 통신을 종료하고 사용하던 핀을 디지털 입·출력 핀으로 전환한다.

  아두이노 Due 보드 외의 보드에서는 매개 변수가 없으며 Due 보드의 경우 SPI.end (slaveSelectPin)처럼 매개 변수에 /SS 핀 번호를 설정할 수 있다.

Syntax

```
SPI.end ()
```

- setBitOrder()

  SPI 통신으로 데이터 전송 시 최상위 비트를 먼저 전송할 지 최하위 비트를 먼저 전송할 지 설정한다. 이것은 SPI 통신의 공통 설정이기 때문에 여러 개의 슬레이브 통신 설정이 각각 달라야 할 경우 SPI.beginTransaction() 함수를 사용한다. 아두이노 Due 보드는 SPI.setBitOrder (slaveSelectPin, order) 형식으로 /SS 핀 번호를 설정할 수 있다.

Syntax

```
SPI.setBitOrder (order)
order : 매개 변수 값으로 LSBFIRST 또는 MSBFIRST를 선택한다.
LSBFIRST : 최하위 비트부터 전송
MSBFIRST : 최상위 비트부터 전송
```

- setClockDivider()

SPI 통신 속도를 설정하기 위한 분주기를 선택한다. 분주기는 일정하게 발생되는 시스템 클록의 속도를 느리게 변경해준다. 예를들어 8 MHz의 입력 클록을 2분주하면 4 MHz가 된다. 분주기는 하드웨어이며 2, 4, 8, 16, 32, 64, 128 중에 하나를 선택한다. 이것을 선택할 때는 SPI_CLOCK_DIV2에서 SPI_CLOCK_DIV128까지 상수로 정의된 값을 사용한다. 기본값은 SPI_CLOCK_DIV4로 설정되어 있기 때문에 오렌지 보드의 경우 16 MHz 클록 ÷ 4의 값인 4 MHz가 기본 통신 속도이다.

SPI 통신의 공통 설정이기 때문에 여러 개의 슬레이브 통신 설정이 각각 달라야 할 경우 SPI.beginTransaction() 함수를 사용한다. 아두이노 Due 보드는 SPI.setClockDivider (slaveSelectPin, divider) 형식으로 /SS 핀 번호를 설정할 수 있고 분주기가 1~255까지 있으며 그 중에서 하나를 선택한다.

Syntax

```
SPI.setClockDivider (divider)
divider : 매개 변수 값으로 2, 4, 8, 16, 32, 64, 128 분주기를 선택하며 다음 값
          중 하나를 선택한다.
SPI_CLOCK_DIV2
SPI_CLOCK_DIV4
SPI_CLOCK_DIV8
SPI_CLOCK_DIV16
SPI_CLOCK_DIV32
SPI_CLOCK_DIV64
SPI_CLOCK_DIV128
```

- setDataMode()

SPI 통신 데이터 전송 시 사용할 모드를 선택한다.

클록 신호가 HIGH에서 LOW 또는 LOW에서 HIGH로 바뀌는 시점을 각각 하강 에지(falling edge) 또는 상승 에지(rising edge)라고 하며 이것을 클록 위상(Clock Phase)이라 한다. 클록 위상은 데이터가 샘플링 되는 시점을 결정한다.

클록 극성(Clock Polarity)은 클록이 비활성 상태일 때 기본값을 결정하며 클록 위상과 클록 극성의 조합으로 네 가지 전송 모드를 설정할 수 있다. [표 9-1]은 네 가지 전송 모드에서 데이터 전송 시점을 정리한 것이다.

아두이노 Due 보드는 SPI.setDataMode (slaveSelectPin, mode) 형식으로 /SS 핀 번호를 설정할 수 있다.

표 9-1 SPI 통신 전송 모드

모드	클록 극성(CPOL)	데이터 전송 시점(CPAH)
SPI_MODE0	유휴 상태일 때 LOW	클록 시작 지점의 상승 에지에서 데이터 전송
SPI_MODE1		클록 종료 지점의 하강 에지에서 데이터 전송
SPI_MODE2	유휴 상태일 때 HIGH	클록 종료 지점의 하강 에지에서 데이터 전송
SPI_MODE3		클록 시작 지점의 상승 에지에서 데이터 전송

Syntax

```
SPI.setDataMode (mode)
mode : 네 개의 모드 중 하나를 선택하며 기본 모드는 SPI_MODE0 이다.
SPI_MODE0
SPI_MODE1
SPI_MODE2
SPI_MODE3
```

- transfer()

SPI 통신은 양방향 통신으로 송신과 수신이 동시에 진행된다. transfer() 함수가 사용되기 전 데이터를 전송할 슬레이브의 /SS 핀을 LOW로 출력하고 데이터 전송이 완료되면 HIGH로 변경한다.

Syntax

```
SPI.transfer (val)
val : 전송할 데이터(byte 자료형)
반환 값 : 수신된 데이터(byte 자료형)
```

9-1-3. 오렌지 보드 간 SPI 통신

SPI 통신을 이해하기 위해 두 대의 오렌지 보드를 [그림 9-5]처럼 연결한다. 두 대의 오렌지 보드 중 하나는 마스터로 나머지는 슬레이브로 설정한다. SPI 라이브러리는 마스터 모드만 지원되기 때문에 슬레이브 모드로 동작하도록 할 때는 직접 몇 가지 레지스터 비트를 설정해야 한다. SPI 통신 레지스터 중 사용자가 설정해야 하는 SPCR(SPI Control Register) 레지스터는 다음과 같으며 슬레이브 프로그램 코드에서 SPE, MSTR 비트를 설정한다.

비트	7	6	5	4	3	2	1	0	
	SPIE	SPE	DORD	MSTR	CPOL	CPHA	SPR1	SPR0	SPCR
읽기/쓰기	R/W	R/W	R/W	R/W	R/W	R/W	R/W	R/W	
초기값	0	0	0	0	0	0	0	0	

- Bit 6 - SPE : SPI 허용(SPI Enable)

SPI 직렬 통신을 사용하려면 이 비트에 1을 써서 활성화 시킨다.

- Bit 4 - MSTR : 마스터/슬레이브 선택(Master/Slave Select)

이 비트에 1을 쓰면 SPI는 마스터 모드로 0을 쓰면 슬레이브 모드로 동작한다. 초기값이 0으로 설정되어 있기 때문에 슬레이브 모드로 선택할 경우 설정하지 않아도 된다.

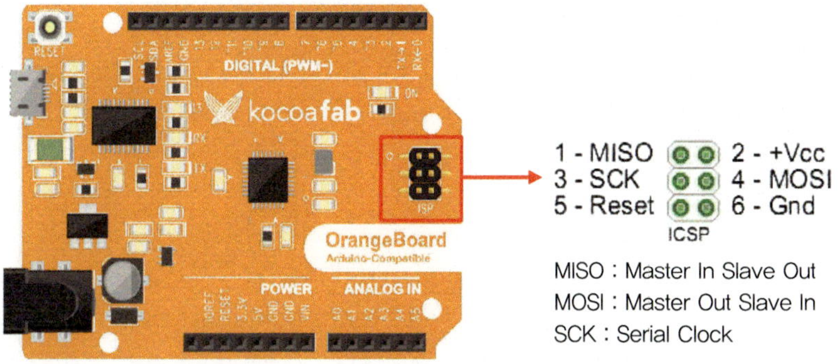

[그림 9-4] ICSP 핀 구조

오렌지 보드로 SPI 라이브러리 사용 시 /SS(10번 핀), MOSI(11번 핀 또는 ICSP-4번 핀), MISO(12번 핀 또는 ICSP-1번 핀), SCK(13번 핀 또는 ICSP-3번 핀)으로 기본 설정되어 있다. [그림 9-4]는 오렌지 보드의 ICSP 핀 구조를 보여준다.

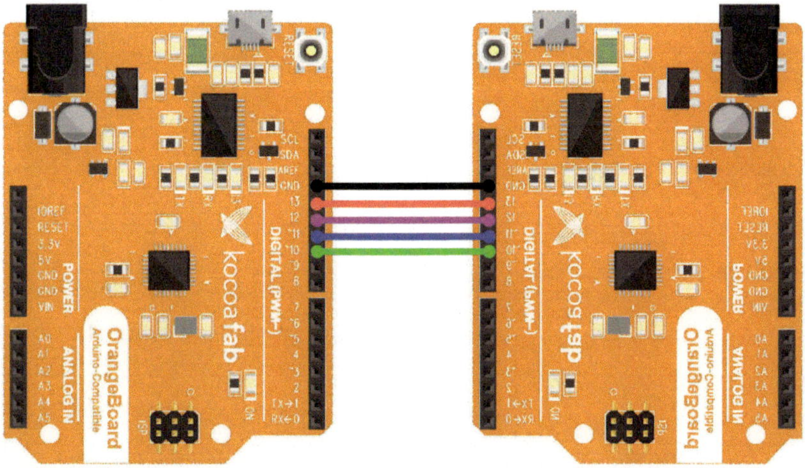

[그림 9-5] 오렌지 보드 두 대 연결

❶ 오렌지 보드 1 – 마스터

```
#include <SPI.h>

void setup()
{
   SPI.begin ();                              // SPI 통신 초기화

   digitalWrite (SS, HIGH);                   // 슬레이브 선택 안됨
   SPI.setClockDivider (SPI_CLOCK_DIV16);     // 16분주 설정
   Serial.begin (9600);                       // 시리얼 통신 설정
}

void loop()
{
   while (1)
   {
      digitalWrite (SS, LOW);                 // 슬레이브 선택
      char slaveData = SPI.transfer ('A');    // SPI 통신 시작 문자
      digitalWrite (SS, HIGH);                // 슬레이브 선택 해제

      Serial.println (slaveData);             // 수신 데이터 출력
      delay (2000);                           // 2초 지연
   }
}
```

❶ 오렌지 보드 2 – 슬레이브

```
#include <SPI.h>

byte asciiCnt = 65;                          // 65는 알파벳 대문자 'A'

void setup()
{
   pinMode (MISO, OUTPUT);                   // 슬레이브 라인 출력 설정
                                             // MOSI, SCK, SS 기본 입력
   SPI.setClockDivider (SPI_CLOCK_DIV16);    // 마스터 설정과 동일

   SPCR |= _BV (SPE);                        // SPI 직렬 통신 사용
```

```
    SPCR &= ~_BV (MSTR);                    // Slave 모드 선택. 제외 가능
    Serial.begin (9600);                    // 시리얼 통신 설정
}

void loop()
{
    while (1)
    {
        SPI.transfer (asciiCnt);            // ASCII 코드 전송
        Serial.write (asciiCnt);            // 시리얼 모니터 창에 출력
        Serial.println ();                  // 줄 바꿈

        asciiCnt++;                         // 65부터 1씩 더함
        delay (2000);                       // 2초 지연

        if(asciiCnt == 91)                  // 숫자 90까지가 'Z'이므로
        {                                   // 91이 되면
            asciiCnt = 65;                  // 다시 'A' 로 초기화
        }
    }
}
```

➡ 마스터와 슬레이브 역할을 하는 오렌지 보드에 각각 스케치를 업로드 한 뒤 시리얼 모니터 창을 실행하면 알파벳 대문자 A부터 Z까지 반복해서 송 · 수신 하는 것을 확인할 수 있다.

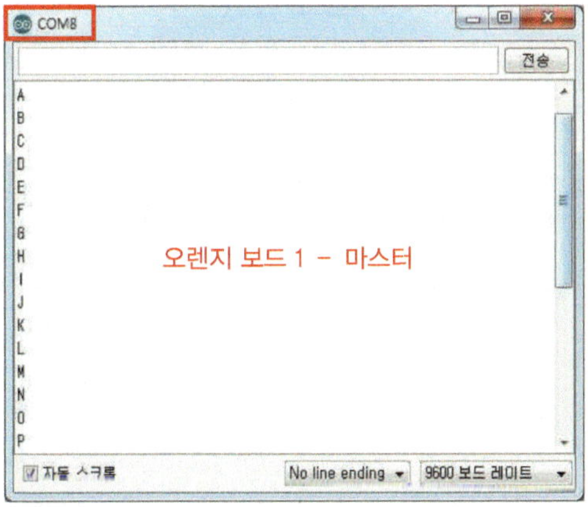

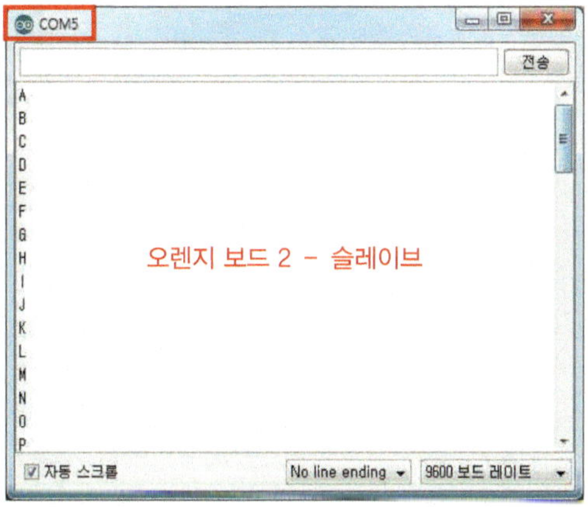

_BV(bit) 매크로 함수

특정 비트에 1을 쓰는 매크로 함수이다. ~_BV() 형태로 ~(NOT)을 앞에 붙이면 특정 비트에 0을 쓴다.

```
#define  _BV(bit)   (1 << (bit))
```

bit 값만큼 1을 왼쪽으로 이동하라는 것으로 예를들어 _BV(4)의 의미는 다음과 같다.

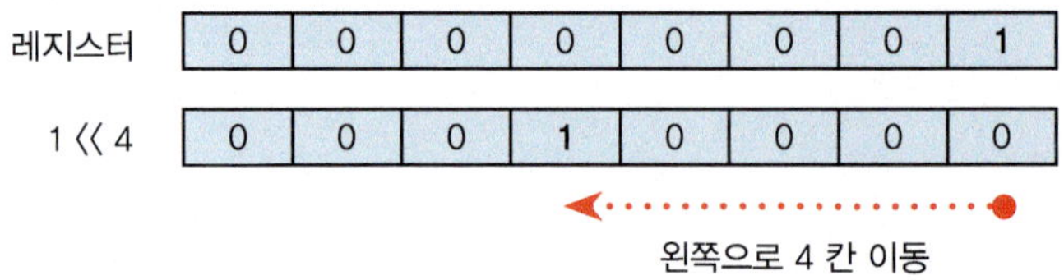

슬레이브 프로그램 코드에서 _BV(SPE)의 의미는 SPCR 레지스터에서 SPE 비트만큼 1을 왼쪽으로 이동하라는 것이고 SPE 비트는 SPCR 레지스터의 6 비트에 있으므로 _BV(6)이다. 즉 이것은 SPE 비트에 1을 쓰는 코드이다.

슬레이브 프로그램 코드에서 ~_BV(MSTR)는 ~_BV(4)로 MSTR 비트에 0을 쓴다.

비트	7	6	5	4	3	2	1	0	
	SPIE	SPE	DORD	MSTR	CPOL	CPHA	SPR1	SPR0	SPCR
읽기/쓰기	R/W	R/W	R/W	R/W	R/W	R/W	R/W	R/W	
초기값	0	0	0	0	0	0	0	0	

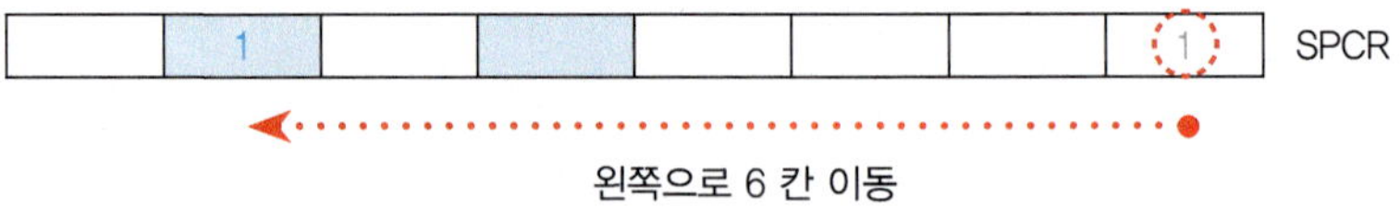

9-2. I^2C 통신

9-2-1. I^2C 통신 개요

I^2C는 1980년대 초에 필립스에서 개발한 근거리용 직렬 통신 방식이며 주로 저속의 주변 기기와 연결하는데 사용된다. I^2C를 마이크로칩사에서는 TWI(Two-Wire Interface)라고 부르고 있으며 동일한 것이다.

I^2C는 송 · 수신 타이밍 동기화 클록을 전송하는 SCL(Serial Clock)과 데이터 전송에 사용되는 SDA(Serial Data) 두 라인을 사용한다. 풀업 저항으로 연결된 이 두 라인을 사용하여 최대 128개의 주변 기기들을 연결할 수 있다. 버스에 연결되어 소프트웨어적으로 주소 지정이 가능한 각각의 장치들은 고유의 주소 값을 가지며 마스터와 슬레이브 관계를 가진다. 보통 마스터는 마이크로컨트롤러가 되며 슬레이브는 각종 센서, 메모리, 출력 장치 등이 된다. 마스터는 데이터 전송을 시작하고 종료하며 SCL 클록을 생성과 다수의 마스터가 버스에 연결되어 있어도 장치 간의 충돌을 감지할 수 있는 멀티마스터 조정 기능을 지원한다.

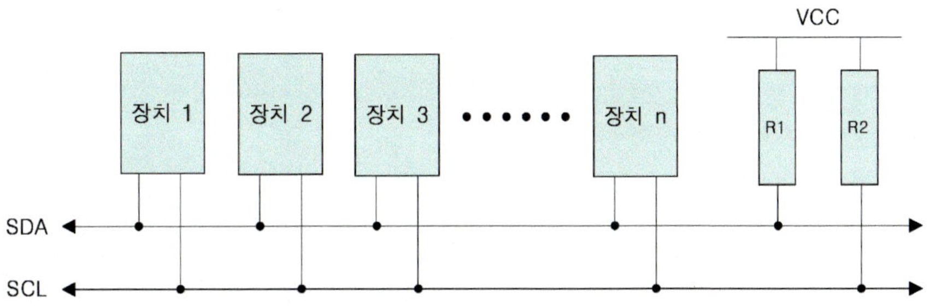

[그림 9-6] I^2C 버스 연결

[그림 9-6]처럼 여러 개의 장치 연결 시 SCL과 SDA의 내부 회로는 오픈 콜렉터(open collector) 또는 오픈 드레인(open drain) 방식으로 되어 있으며 이 두 개의 버스 선에는 반드시 수 kΩ 의 풀업 저항을 연결해야 한다.

9-2-2. I²C 동작 원리

두 개의 신호 선을 사용하는 통신 방식인 시리얼 통신과 I²C를 비교하면 시리얼 통신은 연결된 장치 간 통신 속도를 맞춰야 하지만 I²C 통신은 클록 신호를 이용해서 데이터의 전송 타이밍을 맞추기 때문에 장치 간 통신 속도를 맞추지 않아도 된다는 장점을 가지고 있다. 물론 시리얼 통신도 별도의 클록 라인을 추가해서 동기화 통신을 할 수 있으나 일반적으로 시리얼 통신은 비동기 방식을 사용한다.

I²C 통신은 장치에 따라 통신 절차가 달라질 수 있으나 일반적으로 다음과 같은 절차로 장치 간 통신을 한다.

① 마스터 장치에서 시작 비트를 전송한다.

② 마스터 장치에서 통신하고자 하는 슬레이브 장치의 7 비트 주소를 전송한다.

③ 마스터 장치에서 슬레이브 장치의 데이터를 읽기 위한 신호(1)인지 쓰기 위한 신호(0)인지를 결정하는 1 비트를 전송한다. 슬레이브 장치의 주소 7 비트와 읽기/쓰기 신호 1 비트로 8 비트가 전송된다.
슬레이브 장치의 주소 값과 읽기/쓰기 비트는 마스터 장치에서 생성하며 데이터를 쓸 때는 마스터 장치에서 해당 데이터를 생성하고 데이터를 읽을 때는 슬레이브 장치에서 해당 데이터를 생성한다.

④ 슬레이브 장치에서 응답 신호(ACK, LOW)를 만들어 수신을 확인한다.
응답 신호는 기본적으로 LOW 신호이지만 마스터 장치로부터 요청된 데이터의 전송을 슬레이브 장치에서 완료한 뒤에는 HIGH 신호가 되며 이를 NACK이라고 한다. 이 상황 이 외의 경우에 NACK 신호가 발생되었다면 부정 확인 응답으로 통신 에러 또는 데이터 에러이다.

⑤ 마스터 장치에서 STOP 비트를 전송하여 통신을 종료한다.

[그림 9-7]은 I²C의 전체 데이터 전송 타이밍을 보여 주는 그림이다. 이렇게 데이터 시트를 통해 I²C 레지스터 설정, 통신 절차 등을 확인 한 뒤에 다시 그것을 프로그램 코드로 옮기는 것은 쉬운 일이 아니다. 하지만 아두이노에서는 I²C 통신의 어려운 부분들을 Wire 라이브러리로 제공하고 있기 때문에 이 라이브러리를 잘 이해하면 어려운 부분들을 쉽게 활용할 수 있다.

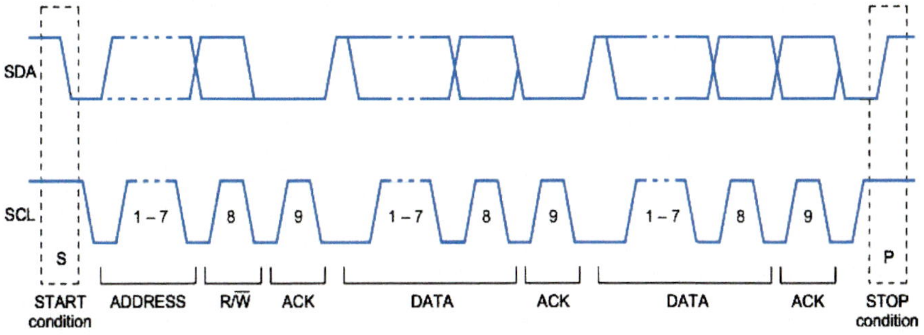

[그림 9-7] 전체 데이터 전송 타이밍

9-2-3. I²C 통신 라이브러리

I²C 관련 함수를 사용하기 위해서는 "Wire.h" 헤더 파일을 추가해야 한다. 오렌지 보드(아두이노 우노 R3)에는 SDA(A4) 핀과 SCL(A5) 핀이 I²C 통신 핀이며 보드 종류에 따라 핀의 위치와 개수가 다르기 때문에 Wire 라이브러리를 참고해야 한다.

Wire 라이브러리는 Stream 함수를 상속하기 때문에 다른 읽기 · 쓰기 라이브러리와 호환되며 send() 함수와 receive() 함수는 read() 함수와 write() 함수로 각각 대치된다.

I²C 주소는 7 비트와 8 비트 버전이 있으며 Wire 라이브러리는 장치를 특정하는 주소로 7 비트를 사용하며 만약 8 비트 주소를 사용해야 할 경우 하위 1 비트를 오른쪽 시프트 하여 0~127 사이의 주소 값을 생성한다.

- **begin()**

  I²C 통신을 초기화 하고 활성화 한다. I²C 통신을 시작하기 전 한 번 호출한다.

  슬레이브 모드의 경우 장치의 주소 값을 지정하며 주소 값을 지정하지 않으면 자동으로 마스터 모드로 설정된다.

Syntax

```
Wire.begin ()
Wire.begin (address)
address : 슬레이브 장치의 7 비트 주소 값
```

- requestFrom()

마스터에서 슬레이브로 데이터를 요청한다. 이후 available() 함수와 read() 함수를 이용하여 데이터를 읽는다.

매개 변수는 슬레이브 장치의 주소 값과 요청할 데이터의 바이트 수를 설정한다. 그리고 불리언(boolean) 형의 stop 매개 변수를 통해 정지 신호 생성 여부를 결정한다. 이 함수를 호출하면 슬레이브 장치에서 수신 된 데이터의 길이가 반환된다.

Syntax

```
Wire.requestFrom (address, quantity)
Wire.requestFrom (address, quantity, stop)
address : 슬레이브 장치의 7 비트 주소 값
quantity : 요청 할 데이터의 바이트 수
stop : 정지 신호 생성 여부 결정. 기본 값은 TRUE로 정지 신호를 생성하고 FALSE로 설
       정하면 정지 신호를 생성하지 않고 restart 메시지를 계속 보내 연결을 유지한다.
```

- beginTransmission()

마스터 장치가 지정된 주소 값을 가진 슬레이브 장치로 데이터 전송을 시작한다. 슬레이브 장치의 주소 값은 큐(queue)에 저장되어 전송을 준비한다. 실제 beginTransmission() 함수가 호출될 때 데이터가 전송되지 않고 endTransmission() 함수가 호출될 때 전송된다.

Syntax

```
Wire.beginTransmission (address)
address : 슬레이브 장치의 7 비트 주소 값
```

endTransmission()

beginTransmission() 함수로 시작된 데이터 전송을 종료하고 write() 함수에 의하여 큐에 저장된 데이터를 전송한다. endTransmission() 함수는 특정 I^2C 장치와 호환을 위해 불리언 형의 stop 매개 변수를 통해 정지 신호 생성 여부를 결정한다.

이 함수가 호출되면 전송 성공 여부를 byte 값으로 반환하며 다음과 같다.

- 0 : 성공
- 1 : 전송 버퍼가 수용할 수 없는 긴 데이터
- 2 : 주소 전송 시 NACK 수신(해당 주소가 없는 경우)
- 3 : 데이터 전송 시 NACK 수신(데이터가 정상적으로 전송되지 않은 경우)
- 4 : 기타 에러

Syntax

```
Wire.endTransmission ()
Wire.endTransmission (stop)
stop : 정지 신호 생성 여부 결정. 기본 값은 TRUE로 정지 신호를 생성하고 FALSE로 설정
       하면 정지 신호를 생성하지 않고 restart 메시지를 계속 보내 연결을 유지한다.
```

write()

beginTransmission() 함수와 endTransmission() 함수 사이에서 마스터의 요청으로 슬레이브가 데이터를 쓰거나 마스터에서 슬레이브로 데이터를 전송할 때 큐에 데이터를 입력한다. 이 함수를 호출하면 기록되는 바이트 수를 반환한다.

Syntax

```
Wire.write (value)
Wire.write (string)
Wire.write (data, length)
value : 전송할 1 바이트 데이터
string : 전송할 문자열 데이터
data : 전송할 byte 형의 배열. length에서 지정한 만큼 버퍼에 저장
length : 전송할 바이트 수 또는 data 배열의 길이 지정
```

- available()

read() 함수로 수신 가능한 데이터의 바이트 수를 반환한다. 이 함수는 마스터 장치의 경우 requestFrom() 함수를 호출한 뒤에 슬레이브 장치의 경우에는 onReceive() 함수 내부에서 호출해야 한다. available() 함수는 Stream 클래스를 상속한다.

Syntax

```
Wire.available ()
```

- read()

requestFrom() 함수를 호출한 뒤 슬레이브 장치가 마스터 장치로 전송하는 1 바이트의 데이터를 읽거나 마스터 장치가 슬레이브 장치로 전송하는 1 바이트를 읽는다. read() 함수는 Stream 클래스를 상속한다.

Syntax

```
Wire.read ()
```

- onReceive(handler)

슬레이브 모드에서 사용되며 마스터 장치가 보내는 데이터를 슬레이브 장치가 수신하는 경우 호출되는 이벤트 처리 함수를 등록한다. 이때 정의되어 있는 함수를 등록해야 하며 int 형의 매개 변수를 사용해야 한다.

Syntax

```
Wire.onReceive (handler)
handler : 슬레이브 장치가 데이터를 수신하면 호출될 int 형의 매개 변수를 가지는 함수로
          반환 값은 없다.
```

- onRequest(handler)

  슬레이브 모드에서 사용되며 마스터 장치가 슬레이브 장치로 데이터 전송을 요청하는 경우 호출되는 이벤트 처리 함수를 등록한다.

Syntax

```
Wire.onRequest (handler)
handler : 마스터 장치로부터 데이터 요청이 있을 때 호출될 함수로 매개 변수와 반환 값은
          없다.
```

9-2-4. 오렌지 보드 간 I^2C 통신

[그림 9-8]처럼 아날로그 A4번 핀과 A5번 핀을 서로 연결하고 **파일 → 예제 → Wire → master_reader** 스케치와 slave_sender 스케치를 각각 업로드 한다.

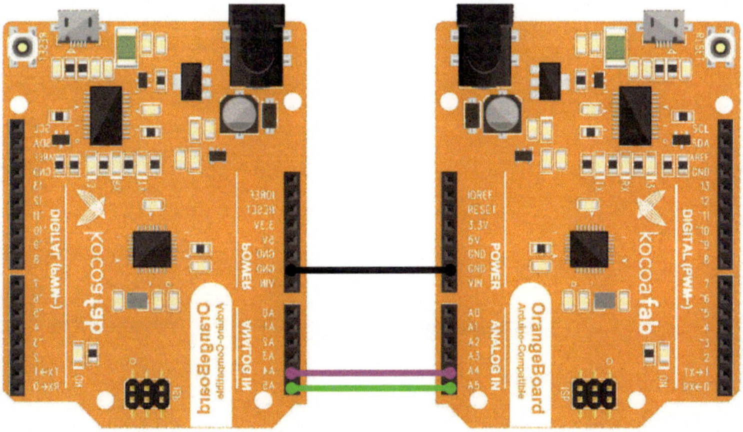

[그림 9-8] 오렌지 보드 두 대 연결

❶ 오렌지 보드 1 – 마스터(master_reader 스케치)

```
#include <Wire.h>

void setup()
{
   Wire.begin ();                        // I2C 통신을 위한 Wire 라이브러리 초기화
   Serial.begin (9600);                  // 시리얼 통신 초기화
}

void loop()
{
   Wire.requestFrom (2, 6);              // 슬레이브 2에 6 바이트의 데이터 요구

   while (Wire.available ())             // I2C 통신으로 데이터가 전송되면
   {
      char ch = Wire.read ();            // 전송된 데이터를 1 바이트씩 읽음
      Serial.print (ch);                 // 시리얼 모니터 창에 전송된 데이터 출력
   }

   delay (500);                          // 500 ms 지연
}
```

❷ 오렌지 보드 2 – 슬레이브(slave_sender 스케치)

```
#include <Wire.h>

void setup()
{
   Wire.begin (2);                       // I2C 통신을 시작하고 주소를 2로 지정
   Wire.onRequest (requestEvent);        // 데이터 요청 시 requestEvent 함수 실행
}

void loop()
{
   delay (100);                          // 100 ms 지연
}

void requestEvent()
{
   Wire.write ("hello ");                // 6 바이트 문자열 전송
}
```

➡ 마스터 장치 역할을 하는 오렌지 보드 1의 시리얼 모니터 창을 실행하면 슬레이브 장치에서 전송된 "hello " 문자열이 연속으로 출력되는 것을 확인할 수 있다.

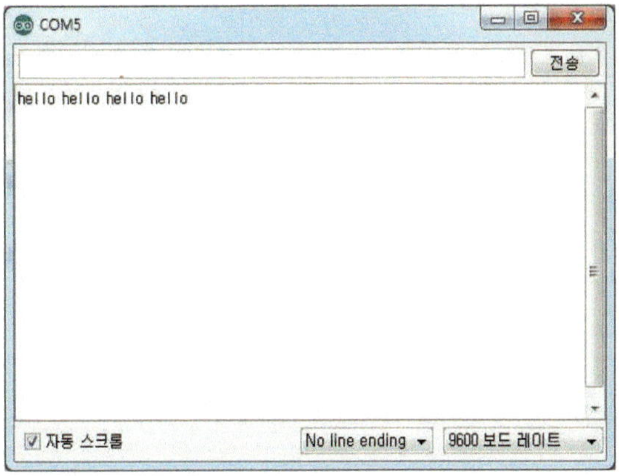

➡ 다른 Wire 예제도 실행해보고 Wire 라이브러리를 참고해서 프로그램 코드를 변경해 본다.

9장 | 응용 실습 |

1. SPI 통신을 지원하는 장치를 알아보고 문서로 작성하여 제출한다.
2. I^2C 통신을 지원하는 장치를 알아보고 문서로 작성하여 제출한다.
3. SPI 통신과 I^2C 통신을 모두 지원하는 장치를 알아보고 문서로 작성하여 제출한다.
4. SPI 통신을 사용하는 센서를 이용하여 센서 값을 출력하는 프로그램을 작성한다.
5. I^2C 통신을 사용하는 센서를 이용하여 센서 값을 출력하는 프로그램을 작성한다.
6. 세 대 이상의 오렌지 보드를 사용하여 일대다 SPI 통신 프로그램을 작성한다.
7. 세 대 이상의 오렌지 보드를 사용하여 일대다 I^2C 통신 프로그램을 작성한다.

10

인터럽트

학습목표

- 인터럽트의 개념과 동작 원리를 이해할 수 있다.
- 아두이노의 외부 인터럽트를 활용할 수 있다.
- 아두이노의 타이머 인터럽트를 활용할 수 있다.

인터럽트(Interrupt)는 마이크로컨트롤러의 내 · 외부로부터 오는 신호로서 기존에 실행하고 있던 작업을 멈추고 요청된 작업인 인터럽트 서비스 루틴(Interrupt Service Routine, ISR)을 모두 실행한 뒤에 다시 중지되었던 기존의 작업으로 돌아가는 것을 말한다.

인터럽트에는 폴링(polling) 방식과 인터럽트 방식이 있으며 폴링 방식은 마이크로컨트롤러에서 인터럽트 요청을 계속해서 점검하는 방식이고 인터럽트 방식은 어떤 요청이 발생하였을 때만 마이크로컨트롤러가 대응하는 것을 말한다. [그림 10-1]은 오렌지 보드에 장착된 ATmega328의 인터럽트 처리 과정을 보여주고 있다. 작업 중 인터럽트가 발생되면 인터럽트 벡터 테이블([표 10-1] 참고)의 메모리 시작 주소로 분기가 되고 벡터 테이블에서 해당 인터럽트 서비스 루틴의 메모리 시작 주소로 점프하도록 되어 있다. 인터럽트 서비스 루틴이 모두 수행된 이후에 인터럽트가 발생되기 전에 실행되던 부분으로 복귀되어 멈춰있던 작업을 계속 수행한다.

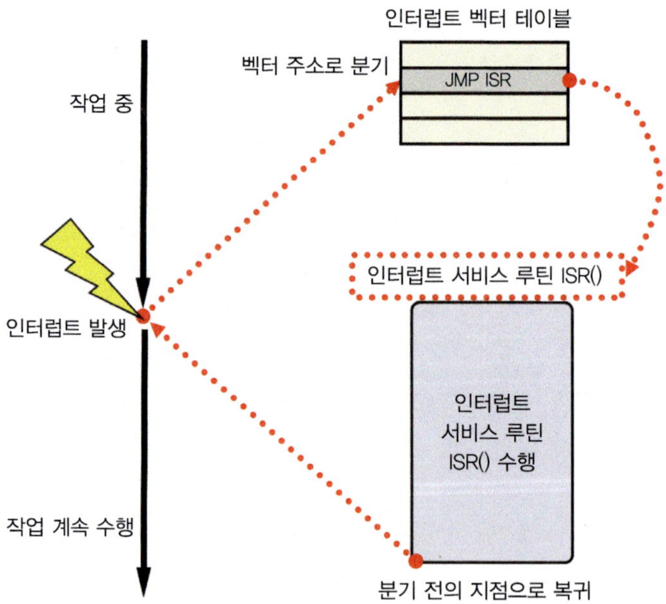

실생활	인터럽트
시험공부를 열심히 하고 있다.	메인 프로그램 실행 중
엄마가 심부름을 시킨다.	인터럽트 발생
책갈피를 꽂아둔다.	복귀 주소 저장
심부름을 다녀온다.	인터럽트 처리 (분기와 복귀)
책갈피가 꽂힌 부분을 편다.	복귀 주소 로드
다시 시험공부를 열심히 한다.	메인 프로그램 계속 실행

[그림 10-1] 인터럽트 서비스 루틴(ISR) 과정

인터럽트는 발생 원인에 따라 하드웨어 인터럽트와 소프트웨어 인터럽트로 구분할 수 있다. 하드웨어 인터럽트는 스위치, USART, 타이머/카운터 등과 같이 마이크로프로세서 외부의 특정 하드웨어가 발생시키는 인터럽트이며, 소프트웨어 인터럽트는 외부가 아닌 프로세서 내부에서 자신이 실행한 명령이나 프로세서의 명령 실행에 관련된 모듈이 변화할 때 발생하는 인터럽트이다.

오렌지 보드에 장착된 ATmega328과 같은 마이크로컨트롤러는 다양한 주변 장치들을 가지고 있기 때문에 하드웨어 인터럽트를 마이크로컨트롤러 내부에 포함된 주변 장치들에서 발생되는 내부 인터럽트와 마이크로컨트롤러의 외부 입·출력 핀에서 발생되는 외부 인터럽트로 구분할 수 있다. 예를 들면, ATmega328 내부의 타이머/카운터에서 특정 시간이 되었을 때 발생되는 인터럽트, USART 통신에서 데이터의 송·수신이 완료되었을 때 발생되는 인터럽트, ADC 변환이 완료되었을 때 발생되는 인터럽트 등이 내부 인터럽트라 할 수 있고, 오렌지 보드에 연결된 스위치 회로를 통해 인터럽트 요청이 발생되는 것을 외부 인터럽트라 할 수 있다.

[표 10-1]은 ATmega328의 데이터 시트에서 확인할 수 있는 전체 인터럽트에 대한 정보를 나타낸 것이며 인터럽트 서비스 루틴이 위치하는 메모리 주소인 인터럽트 벡터를 관리하는 각 인터럽트의 프로그램 주소를 확인할 수 있다. [표 10-1]을 통한 인터럽트 동작의 예를 들면, 벡터 번호 2번의 외부 인터럽트 요청 0(INT0)이 발생되면 먼저 프로그램 주소인 0×0002 번지로 이동하여 외부 인터럽트 요청 0(INT0)을 처

표 10-1 리셋과 인터럽트 벡터

벡터 번호	프로그램 주소	소스	인터럽트 정의
1	0x0000	RESET	External Pin, Power-on Reset, Brown-out Reset and Watchdog System Reset
2	0x0002	INT0	External Interrupt Request 0
3	0x0004	INT1	External Interrupt Request 1
4	0x0006	PCINT0	Pin Change Interrupt Request 0
5	0x0008	PCINT1	Pin Change Interrupt Request 1
6	0x000A	PCINT2	Pin Change Interrupt Request 2
7	0x000C	WDT	Watchdog Time-out Interrupt
8	0x000E	TIMER2 COMPA	Timer/Counter2 Compare Match A
9	0x0010	TIMER2 COMPB	Timer/Counter2 Compare Match B
10	0x0012	TIMER2 OVF	Timer/Counter2 Overflow
11	0x0014	TIMER1 CAPT	Timer/Counter1 Capture Event
12	0x0016	TIMER1 COMPA	Timer/Counter1 Compare Match A
13	0x0018	TIMER1 COMPB	Timer/Coutner1 Compare Match B
14	0x001A	TIMER1 OVF	Timer/Counter1 Overflow
15	0x001C	TIMER0 COMPA	Timer/Counter0 Compare Match A
16	0x001E	TIMER0 COMPB	Timer/Counter0 Compare Match B
17	0x0020	TIMER0 OVF	Timer/Counter0 Overflow
18	0x0022	SPI, STC	SPI Serial Transfer Complete
19	0x0024	USART, RX	USART Rx Complete
20	0x0026	USART, UDRE	USART, Data Register Empty
21	0x0028	USART, TX	USART, Tx Complete
22	0x002A	ADC	ADC Conversion Complete
23	0x002C	EE READY	EEPROM Ready
24	0x002E	ANALOG COMP	Analog Comparator
25	0x0030	TWI	2-wire Serial Interface
26	0x0032	SPM READY	Store Program Memory Ready

리할 ISR 주소를 찾은 뒤 해당 ISR 주소로 분기하여 인터럽트가 처리된다. 사실 마이크로컨트롤러가 특정 인터럽트를 처리하도록 하려면 전체 인터럽트 활성화 작업, 전체 인터럽트에서 사용할 개별 인터럽트 활성화 작업, 인터럽트 발생과 관련된 기타 내부 설정을 정확하게 만들어야 하지만, 아두이노를 사용해서 인터럽트 동작을 만들 경우에는 까다로운 설정 작업은 아두이노 개발 툴의 컴파일러가 대부분 자동으로 처리하도록 설정되어 있기 때문에 신경쓰지 않아도 된다.

10-1. 아두이노의 외부 인터럽트

아두이노 보드는 외부 인터럽트로 사용할 수 있는 입 · 출력 핀이 정해져 있으며 [표 10-2]와 같이 오렌지 보드(아두이노 우노 보드)는 디지털 2번, 3번 핀이 외부 인터럽트 핀이다.

표 10-2 아두이노 보드 종류에 따른 외부 인터럽트 핀

보드	외부 인터럽트로 사용 가능한 디지털 핀
Uno, Nano, Mini, 그 외 ATmega328 기반의 보드	2, 3
Mega, Mega2560, MegaADK	2, 3, 18, 19, 20, 21
Micro, Leonardo, 그 외 ATmega32u4 기반의 보드	0, 1, 2, 3, 7
Due	모든 디지털 핀
MKR1000 Rev.1	0, 1, 4, 5, 6, 7, 8, 9, A1, A2

[그림 10-2]를 통해 ATmega328의 핀 배치를 확인할 수 있다. 오렌지 보드의 2번, 3번 디지털 입 · 출력 핀은 ATmega328의 PD2번, PD3번 핀임을 알 수 있으며 이 핀들은 각각 외부 인터럽트 요청 0(INT0), 외부 인터럽트 요청 1(INT1) 기능을 함께 가지고 있다는 것을 알 수 있다. 오렌지 보드에서 이 두 개의 핀은 평소에는 디지털 입 · 출력 핀으로 사용되며 인터럽트와 관련된 내장 함수가 사용되면 2번, 3번 핀은 외부 인터럽트 핀으로 기능이 전환된다.

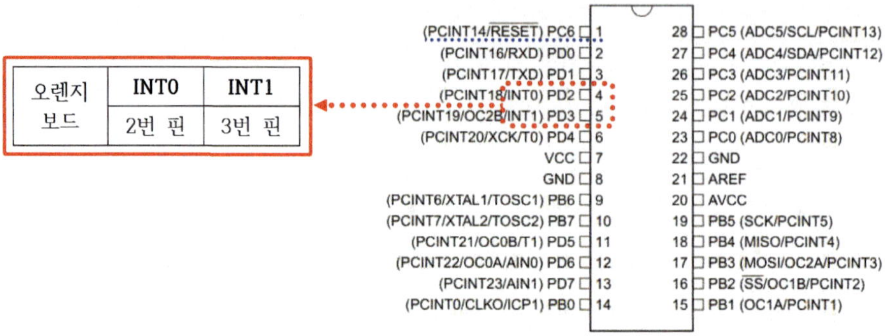

[그림 10-2] ATmega328의 핀 배치와 외부 인터럽트 핀

오렌지 보드의 외부 인터럽트 기능을 가진 2번, 3번 핀과 유사하게 오렌지 보드의 모든 핀의 상태 변화를 감지하여 인터럽트를 발생시키는 핀 변화 인터럽트(pin change interrupt)가 있다. [표 10-1]의 벡터 4번, 5번, 6번이 핀 상태가 변화할 때 인터럽트를 발생시키는 역할을 한다. PCINT0, PCINT1, PCINT2를 통해 오렌지 보드의 23개 핀에 핀 변화 인터럽트를 발생 시킬 수 있으며 핀 그룹을 의미하는 포트 B, C, D에 각각 입·출력 핀이 최대 8개까지 할당되어 있다. [표 10-3]은 오렌지 보드의 입·출력 핀에 할당되어 있는 핀 변화 인터럽트 정보를 요약한 것이다.

표 10-3 핀 변화 인터럽트

인터럽트	PCINT0	PCINT1	PCINT2
포트	B	C	D
핀 변화 인터럽트 번호	PCINT0~PCINT7	PCINT8~PCINT14	PCINT16~PCINT23
ATmega328 입·출력 핀	PB0~PB7	PC0~PC6	PD0~PD7
오렌지 보드 입·출력 핀	8, 9, 10, 11, 12, 13, *, *	14, 15, 16, 17, 18, 19, *	0, 1, 2, 3, 4, 5, 6, 7

각각의 핀 변화 인터럽트를 확인하기 위해 [그림 10-2]에서 왼쪽 상단의 PC6번 핀이 PCINT14 기능을 함께 가지고 있는 것을 먼저 찾아본다. 그리고 전체 핀을 하나씩 살펴보면 PCINT0~PCINT23이 어떤 핀인지 확인할 수 있을 것이다. 만약 오렌지 보

드에서 볼 수 있는 실제 핀들과 각각의 핀 변화 인터럽트를 확인하는 것이 어렵다면 [부록 3. 오렌지 보드 핀 배치도]를 보고 확인하도록 한다.

아두이노에서는 핀 변화 인터럽트를 지원하는 내장 함수가 없기 때문에 오렌지 보드에서 핀 변화 인터럽트를 사용하기 위해서는 ATmega328의 관련 레지스터 설정을 직접 코딩하거나 PinChangeInt와 같은 라이브러리를 활용해야 한다. 본 도서에서는 내장 함수가 지원되는 오렌지 보드의 2번, 3번 핀의 외부 인터럽트만 다루기 때문에 핀 변화 인터럽트 관련 라이브러리와 샘플 코드 등이 필요할 경우 깃허브나 아두이노 플레이그라운드(http://playground.arduino.cc)에서 관련된 정보를 확인하도록 한다.

10-1-1. 아두이노 인터럽트 라이브러리

오렌지 보드의 INT0, INT1 인터럽트를 활성화시키기 위해서는 attachInterrupt 함수를 사용하면 된다. attachInterrupt 함수를 통해 INT0과 INT1 중에 하나를 선택해서 외부 인터럽트 동작을 만들 수 있다. 아두이노의 외부 인터럽트와 관련된 함수는 아래와 같다.

- attachInterrup()

  인터럽트가 발생했을 때 실행되는 ISR을 지정하는 함수이다. 인터럽트 발생 시 호출되는 함수인 ISR 내에서는 delay() 함수와 millis()는 동작하지 않는다. 단, delayMicroseconds() 함수는 정상 동작한다. 그리고 ISR 내에서 시리얼 통신 데이터를 읽을 경우 값이 소실된다.

  일반적으로 ISR은 가능한 짧고 빠르게 실행될 수 있도록 작성하고, ISR 내에서 수정되는 전역 변수는 volatile로 선언되어야 한다. 스케치에 여러 개의 ISR이 작성되어 있더라도 동시에 수행되지 않으며 우선 순위에 따라 ISR은 하나씩 실행된다. 이때 우선 순위의 판단 기준은 [표 10-1]에서 벡터 번호가 낮은 인터럽트가 우선 순위가 높다.

Syntax

```
attachInterrupt (digitalPinToInterrupt(pin), ISR, mode)
attachInterrupt (interrupt, ISR, mode)
digitalPinToInterrupt(pin) : pin에 2번 핀 또는 3번 핀 번호 지정.
                             이 방식을 권장한다.
interrupt : 인터럽트 번호(0 또는 1)를 지정할 수 있지만, 이 방식은 권장하지 않는다.
ISR : 인터럽트 발생 시 호출되는 함수 이름. 매개 변수를 가지지 않고 반환 값은 없다.
mode : 인터럽트가 발생되는 시점. FALLING, RISING, CHANGE, LOW 중 선택한다.
```

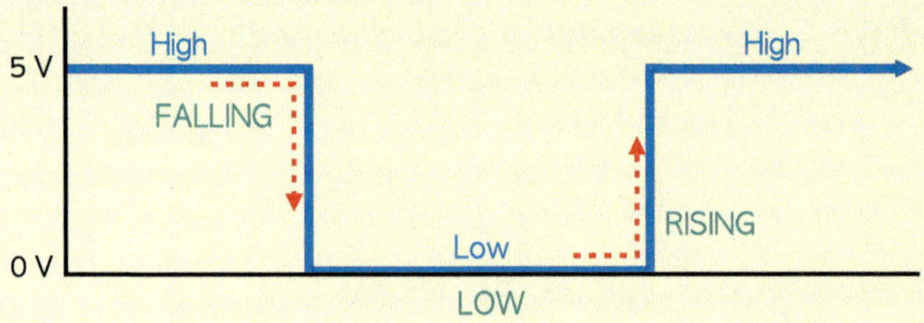

모드	인터럽트 발생 시점
LOW	입력 값이 Low일 때 인터럽트 발생
CHANGE	입력 값의 상태가 변할 때 인터럽트 발생(RISING/FALLING)
RISING	입력 값이 Low→High로 바뀌는 상승 에지에서 인터럽트 발생
FALLING	입력 값이 High→Low로 바뀌는 하강 에지에서 인터럽트 발생

- detachInterrupt()

지정된 인터럽트를 해제한다.

Syntax

```
detachInterrupt (interrupt)
detachInterrupt (digitalPinToInterrupt(pin))
interrupt : 인터럽트 번호(0 또는 1)를 지정한다.
digitalPinToInterrupt(pin) : pin에 2번 핀 또는 3번 핀 번호를 지정한다.
```

- interrupts()

전체 인터럽트를 활성화시키는 함수이다. 인터럽트 비활성화 함수인 noInterrupts()를 사용한 뒤에 다시 인터럽트를 활성화시킬 때 사용할 수 있다. 아두이노에서는 기본적으로 전체 인터럽트가 활성화되어 있다. 즉 아두이노에서 최초 인터럽트를 활성화시키기 위해서 interrupts() 함수를 실행하지 않아도 된다. 이처럼 아두이노에서 기본적으로 전체 인터럽트를 활성화해놓은 이유는 아두이노에서 사용하는 많은 함수들이 내부적으로 인터럽트가 사용되는 방식으로 구현되어 있기 때문이다.

아두이노에서는 setup() 함수가 호출되기 전에 init() 함수가 먼저 호출되는데 init() 함수에서 interrupts() 함수와 동일한 sei() 함수를 호출하여 전체 인터럽트를 활성화한다. 이 내용으로 작성되어 있는 프로그램 코드를 확인하려면 아두이노가 설치된 폴더에서 'hardware\arduino\avr\cores\arduino' 폴더의 wiring.c 파일에서 확인할 수 있다. init() 함수의 호출은 동일한 폴더의 main.cpp 파일에서 확인할 수 있다.

Syntax

```
interrupts ()
매개 변수와 반환 값 없다.
```

- noInterrupts()

전체 인터럽트를 비활성화시키는 함수이다. 이 함수를 사용한 뒤에는 반드시 interrupts() 함수를 사용해서 전체 인터럽트를 활성화시켜야 한다. 그렇지 않으면 내부적으로 인터럽트가 사용된 아두이노 함수들이 동작하지 않는다. noInterrupts() 함수는 cli() 함수와 동일하다.

Syntax

```
noInterrupts ()
매개 변수와 반환 값 없다.
```

10-1-2. 오렌지 보드에서 외부 인터럽트 요청 0 실습

LED를 13번 핀에 연결하고 INT0 인터럽트 동작 확인을 위해 디지털 2번 핀에 푸시 버튼을 연결한다. 이때 내부 풀업 저항을 사용하기 때문에 풀업 저항 연결은 제외한다. 푸시 버튼을 누르는 순간마다 High 신호에서 Low 신호로 바뀌는 하강 에지 즉, FALLING 모드로 외부 인터럽트가 동작하면서 LED가 켜졌다 꺼졌다를 반복한다.

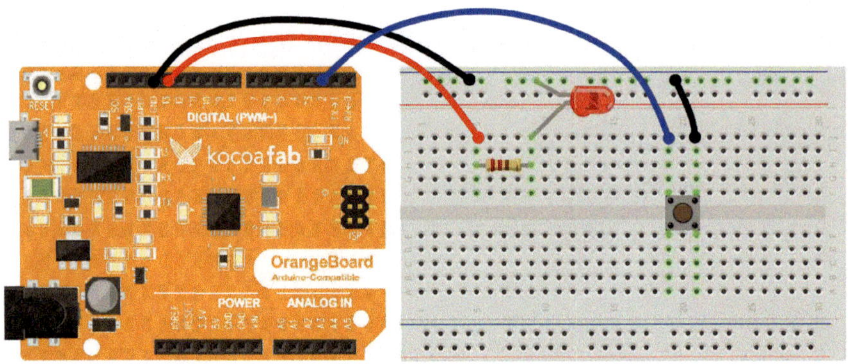

[그림 10-3] 외부 인터럽트 동작 확인을 위한 내부 풀업 저항 스위치 연결

```
const byte ledPin = 13;
const byte interruptPin = 2;
volatile byte buttonState = LOW;          // ISR에 사용된 전역 변수는 volatile로 선언

void setup()
{
   pinMode (ledPin, OUTPUT);              // 13번 핀을 출력으로 설정
   pinMode (interruptPin, INPUT_PULLUP);  // 2번 핀 내부 풀업 저항 사용
   attachInterrupt (digitalPinToInterrupt(interruptPin), blink, FALLING);
}

void loop()
{
```

```
    digitalWrite (ledPin, buttonState);  // 13번 핀에 state 변수의 상태 값 반영
}

void blink()
{
    buttonState = !buttonState;           // 인터럽트 발생 시 변수 값 반전
}
```

➡ 인터럽트 요청이 발생될 때만 blink() 인터럽트 서비스 루틴이 실행되고 buttonState 전역 변수의 상태가 HIGH 또는 LOW로 변경된다. ISR에서는 짧게 buttonState 전역 변수 값만 반전시킨 뒤 다시 loop() 함수 내의 중단되었던 작업 지점으로 복귀하는데 이때 13번 핀에 연결된 LED가 buttonState 상태 값에 따라 동작을 하게 되는 것이다.

➡ FALLING 모드 외에 RISING, CHANGE 모드로 변경해서 외부 인터럽트 동작을 확인해본다. 풀업 저항을 사용했을 때, RISING 모드는 푸시 버튼을 눌렀다 뗄 때 ISR이 실행된다.

10-2. 아두이노의 타이머 인터럽트

오렌지 보드는 기본적으로 16 MHz 클록으로 동작한다. 따라서 1/16 MHz로 한 클록이 동작하는 속도를 알 수 있다. 이렇게 주기가 일정한 펄스가 입력된다면 펄스의 개수를 세서 시간을 측정할 수 있으므로 타이머/카운터라 한다. ATmega328은 8비트 타이머/카운터 2개(Timer/Counter 0, 2)와 16비트 타이머/카운터 1개(Timer/Counter 1)를 가지고 있다.

오렌지 보드에서 8비트 타이머/카운터 0은 delay(), millis(), micros()와 같은 시간 관

련 함수에 사용되고 있고, 16비트 타이머/카운터 1은 서보 모터 라이브러리에 사용되고 있다. 그리고 8비트 타이머/카운터 2는 tone() 함수 등에 사용되고 있다. 이렇듯 아두이노 함수와 라이브러리에서 타이머/카운터가 사용되고 있기 때문에 사용자가 타이머/카운터 관련 내부 레지스터 설정을 변경하게 되면 관련되어 있는 함수에 영향을 줄 수 있다.

ATmega328의 8비트 타이머/카운터의 경우 0에서 255까지 셀 수 있는 TCNTn(n=0, 2) 라는 레지스터를 가지고 있고, 16비트 타이머/카운터는 0에서 65535까지 셀 수 있는 TCNT1(H/L) 레지스터를 가지고 있다. 8비트 타이머/카운터 2 기반의 MsTimer2 라이브러리는 TCNT2 타이머/카운터 레지스터를 사용하는 것이고, 16비트 타이머/카운터 1 기반의 TimerOne 라이브러리는 TCNT1H/TCNT1L 두 개의 타이머/카운터 레지스터를 사용한다. 이렇게 특정 레지스터 이름 뒤에 붙는 숫자는 채널을 구분할 때 필요하다.

오렌지 보드의 내부 클록은 16 MHz로 동작하기 때문에 만약 8비트 타이머/카운터 레지스터가 셀 수 있는 256번의 카운터 시간을 계산하면 256/16,000,000 = 0.016 ms로 8비트 타이머/카운터의 TCNTn 레지스터만으로는 긴 시간 간격을 가지는 타이머를 만들 수 없다. 따라서 타이머/카운터는 내부적으로 입력 클록의 속도를 조절할 수 있는 분주기(prescaler)를 가지고 있고, 하드웨어적으로 존재하는 몇 가지의 분주기 중 적합한 분주기를 선택해서 더 긴 시간을 측정하는 방법을 사용한다.

타이머/카운터를 이용해서 시간을 측정할 때 오버플로 인터럽트(overflow interrupt)와 비교일치 인터럽트(compare match interrupt)를 사용할 수 있다. 오버플로 인터럽트는 TCNTn 레지스터가 셀 수 있는 최댓값에 도달한 뒤 다시 0으로 초기화되면서 인터럽트를 발생시키며, 비교일치 인터럽트는 OCRnx(n=0, 1, 2/x=A, B) 레지스터에 측정된 시간의 카운터 값을 저장해놓으면 TCNTn 레지스터가 카운터를 하면서 OCRnx에 저장된 값과 비교일치될 때 TCNTn 레지스터가 0으로 초기화되면서 인터럽트를 발생시킨다.

ATmega328 타이머/카운터의 내부 레지스터 설정을 통해 OC2B(~3번 핀), OC0B(~5번 핀), OC0A(~6번 핀), OC1A(~9번 핀), OC1B(~10번 핀), OC2A(~11번 핀) 핀으로

PWM을 출력하기 때문에 타이머와 PWM은 밀접하게 연관되어 있다. [그림 10-4]는 ATmega328의 PWM 출력 핀을 정리한 것이다. 오렌지 보드에서 5번, 6번 핀의 PWM은 타이머/카운터 0에 의해 생성되고, 9번, 10번 핀의 PWM은 타이머/카운터 1에 의해 생성된다. 그리고 3번, 11번 핀의 PWM은 타이머/카운터 2에 의해 생성된다. 따라서 타이머/카운터 1을 사용하는 서보 모터 라이브러리를 스케치에 포함할 때 오렌지 보드의 9번, 10번 핀은 PWM 출력을 사용할 수 없다. 타이머/카운터 2를 사용하는 tone() 함수를 사용할 경우에도 역시 3번, 11번 핀의 PWM은 사용할 수 없게 된다. 오렌지 보드가 아닌 다른 아두이노 보드를 사용할 경우에도 이렇게 기능이 중복되어 사용될 수 없는 사항들이 있기 때문에 확인해야 한다.

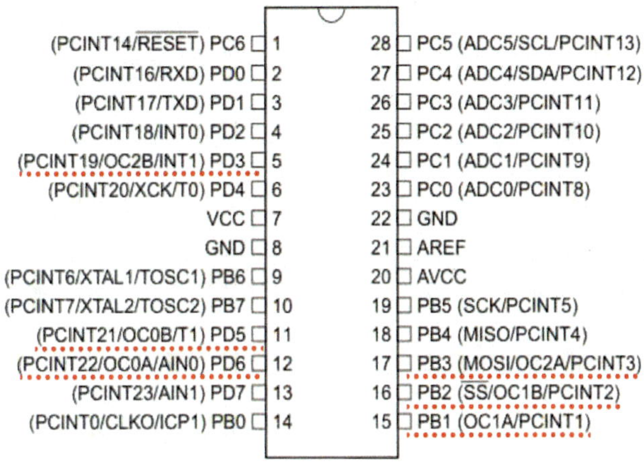

타이머/카운터	PWM 출력 핀		핀 번호
0	OC0A	PD6	6
	OC0B	PD5	5
1	OC1A	PB1	9
	OC1B	PB2	10
2	OC2A	PB3	11
	OC2B	PD3	3

[그림 10-4] 오렌지 보드의 타이머/카운터와 PWM 출력 핀

10-2-1. MsTimer2 라이브러리

ATmega328의 타이머/카운터를 이용하여 내부 인터럽트 동작을 만들 수 있지만 아두이노에서는 타이머를 위한 함수를 지원하지 않는다. 하지만 오픈소스로 공개되는 라이브러리들을 활용하면 아두이노에서 타이머 기능을 사용할 수 있다.

8비트 타이머/카운터 2 기반의 MsTimer2 라이브러리를 아두이노 IDE의 라이브러리 매니저에서 검색한 뒤 설치한다. 또는 깃허브나 아두이노 플레이그라운드에서 MsTimer2 라이브러리를 다운로드한 뒤 .ZIP 라이브러리 추가 메뉴를 통해서 설치할 수 있다.

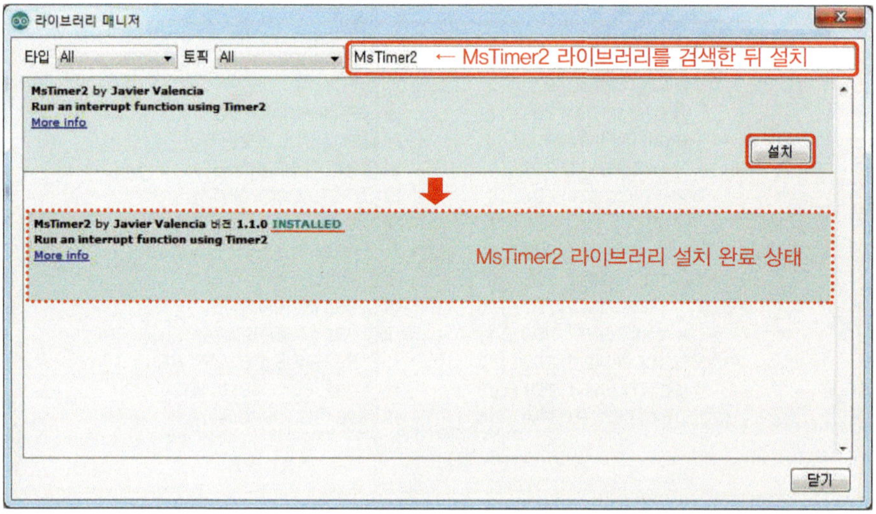

[그림 10-5] 라이브러리 매니저를 통한 MsTimer2 라이브러리 설치

아두이노의 라이브러리는 대부분 클래스 형태의 객체지향 스타일로 만들어져 배포되지만 MsTimer2 라이브러리는 MsTimer2 네임 스페이스에 타이머 관련 함수들을 정의하고 있기 때문에 'MsTimer2::**함수명**' 방식으로 사용해야 한다. 이때 사용되는 함수는 set, start, stop 세 가지로 간단하고 쉽게 1밀리초 단위의 타이머를 사용할 수 있다.

- MsTimer2::set(unsigned long ms, void (*f)())

  지정한 시간 간격으로 타이머를 설정한다. 지정한 시간 간격이 만료되면 인터럽트가 발생되고 ISR인 타이머/카운터 2의 오버플로 인터럽트 f가 호출된다.

Syntax

```
MsTimer2::set(unsigned long ms, void (*f)())
ms : 밀리초 단위로 타이머 인터럽트 주기를 정한다.
void (*f)() : 인터럽트 처리 함수에 대한 포인터로 설정된 밀리초 주기마다 호출되는 오버
              플로 인터럽트 함수명. ISR f는 매개 변수를 가질 수 없다.
```

- MsTimer2::start()

  타이머 인터럽트를 활성화시키며, 매개 변수는 없다.

Syntax

```
MsTimer2::start()
```

- MsTimer2::stop()

  타이머 인터럽트를 비활성화시키며, 매개 변수는 없다.

Syntax

```
MsTimer2::stop()
```

10-2-2. 오렌지 보드에서 8비트 타이머 인터럽트 실습

❶ 500 ms 주기로 LED 점멸

오렌지 보드의 13번 LED가 500 ms 주기로 깜박이는 예제로 별도로 회로 구성을 하지 않아도 된다.

```
#include <MsTimer2.h>

void flash()                                  // ISR
{
   static boolean output = HIGH;

   digitalWrite (13, output);
   output = !output;
}

void setup()
{
   pinMode (13, OUTPUT);                      // 13번 핀을 출력으로 설정

   MsTimer2::set (500, flash);                // 500 ms 주기로 flash ISR 호출
   MsTimer2::start ();                        // 타이머 인터럽트 활성화
}

void loop()
{

}
```

❷ 500 ms 주기로 LED와 시리얼 통신으로 숫자 카운터하기

500 ms 주기로 오렌지 보드의 13번 LED가 깜박일 때마다 시리얼 통신으로 숫자를 1씩 증가시키는 예제이다. 별도의 회로 구성을 하지 않아도 된다.

이런 방식으로 타이머 인터럽트를 활용하면 여러 입 · 출력 작업을 지연없이 실행시킬 수 있다.

```
#include <MsTimer2.h>

int count = 0;
const byte ledPin = 13;
volatile byte ledState = LOW;

void numCount()                    // ISR
{
   Serial.println (count++);       // ISR 호출 시 카운트 값 출력
   ledState = !ledState;           // ISR 호출 시 LED 상태 값 반전
}

void setup()
{
   pinMode (ledPin, OUTPUT);       // 13번 핀을 출력으로 설정
   Serial.begin (9600);            // 시리얼 통신 속도 초기화
   MsTimer2::set (500, numCount);  // 500 ms 주기로 numCount ISR 호출
   MsTimer2::start ();             // 타이머 인터럽트 활성화
}

void loop()
{
   digitalWrite (ledPin, ledState);
}
```

➡ 첫 번째 500 ms 주기에서 numCount ISR로 분기되는데 오렌지 보드에서 시리얼 통신으로 count 변수 값 0을 전송하고 이 값이 시리얼 모니터 창에 출력된다. 그리고 ledState 변수의 LOW 값이 HIGH로 변경되고 loop() 함수로 복귀하면서 13번 핀에 연결된 LED가 켜진다. 다음 500 ms 주기에는 ISR 내의 1 증가되어 있던 count 변수 값이 시리얼 모니터 창에 출력되고, HIGH 값에서 LOW로 반전된 ledState 값이 loop() 함수로 복귀하면서 LED를 다시 꺼지게 한다. 이렇게 시리얼 통신을 통한 숫자 카운터와 LED의 On/Off가 번갈아 가면서 동작한다.

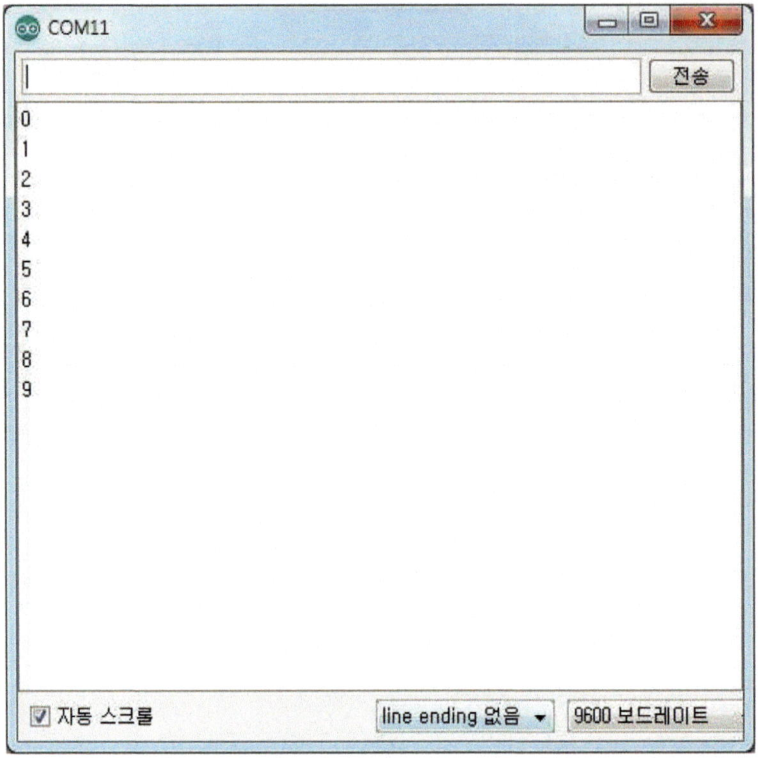

10-2-3. TimerOne 라이브러리

16비트 타이머/카운터 1 기반의 TimerOne 라이브러리를 아두이노 IDE의 라이브러리 매니저에서 검색한 뒤 설치한다. MsTimer2 라이브러리와 마찬가지로 깃허브나 아두이노 플레이그라운드에서 TimerOne 라이브러리를 다운로드한 뒤 .ZIP 라이브러리 추가 메뉴를 통해서 설치할 수 있다.

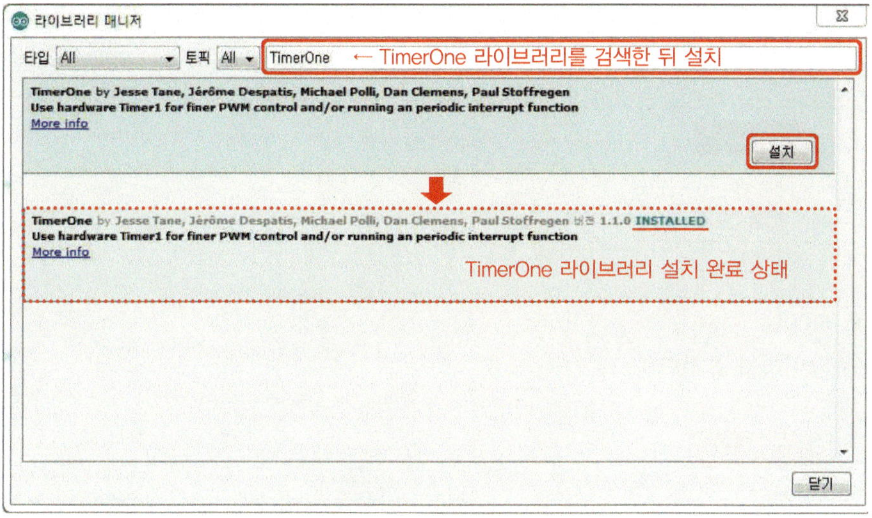

[그림 10-6] 라이브러리 매니저를 통한 TimerOne 라이브러리 설치

- initialize(unsigned long microseconds=1000000)

  타이머를 시작하는 함수로 가장 먼저 호출되도록 한다. 초기 값은 1초로 설정되어 있다.

Syntax

```
Timer1.initialize (microseconds);
microseconds : 마이크로초(μs) 단위로 타이머 인터럽트 주기를 정한다.
```

- setPeriod(unsigned long microseconds)

  라이브러리가 시작된 후 새로운 주기를 설정한다. 이 라이브러리가 지원하는 최소 주기 또는 최대 주파수는 1마이크로초 또는 1 MHz이다.

Syntax

```
Timer1.setPeriod (microseconds);
microseconds : 마이크로초(μs) 단위로 타이머 인터럽트 주기를 정한다.
```

- start()

  타이머를 시작하고 새 주기를 시작한다.

Syntax

```
Timer1.start ()
```

- stop()

  타이머를 중지한다.

Syntax

```
Timer1.stop ()
```

- restart()

  새로운 주기부터 타이머를 재시작한다.

Syntax

```
Timer1.restart ()
```

- resume()

  새로운 주기가 시작되지 않고, 멈췄던 타이머를 재시작한다.

Syntax

```
Timer1.resume ()
```

- setPwmDuty(char pin, unsigned int duty)

  핀을 재구성하지 않고, 새로운 PWM을 설정한다. duty는 10비트로 정해져 있다.

Syntax

```
Timer1.setPwmDuty (pin, duty)
pin : 타이머 1의 PWM 출력 핀 중 하나를 설정한다.
duty : 0~1023까지 값
```

- pwm(char pin, unsigned int duty, unsigned long microseconds)

  특정 핀에 PWM 파형을 발생시킨다. 타이머 1의 PWM 출력 핀은 오렌지 보드의 9번, 10번이므로 이 두 개의 핀 중에서 선택하며, 마지막 매개 변수에 의해 이 함수는 호출된다.

Syntax

```
Timer1.pwm (pin, duty, microseconds)
pin : 타이머 1의 PWM 출력 핀 중 하나를 설정한다.
duty : 0~1023까지 값
microseconds : 옵션이며, 마이크로초(μs) 단위로 타이머 인터럽트 주기를 정한다.
```

- disablePwm(char pin)

  지정된 핀을 다른 용도로 사용할 수 있도록 PWM 출력을 비활성화 한다.

Syntax

```
Timer1.disablePwm (pin)
```

- attachInterrupt(void (*isr)(), unsigned long microseconds)

  설정된 마이크로초 주기마다 인터럽트 isr이 호출된다.

Syntax

```
Timer1.attachInterrupt (void (*isr)(), microseconds)
```

- detachInterrupt()

  추가된 인터럽트를 사용하지 않는다.

Syntax

```
Timer1.restart ()
```

10-2-4. 오렌지 보드에서 16비트 타이머 인터럽트 실습

❶ 0.5초 주기로 LED 점멸

오렌지 보드의 13번 LED를 사용하기 때문에 별도의 회로 연결은 하지 않아도 된다. 예제를 실행하면 0.5초마다 LED가 깜박인다. 9번 핀에 50% 듀티비로 PWM이 출력되므로 LED를 추가로 연결해서 동작을 확인하고, 듀티비를 변경해본다.

```
#include <TimerOne.h>

void setup()
{
   pinMode (13, OUTPUT);                      // 13번 핀을 출력으로 설정
   Timer1.initialize (500000);                // 타이머 1을 1/2초 주기로 설정
   Timer1.pwm (9, 512);                       // 9번 핀의 PWM을 50% duty 설정
   Timer1.attachInterrupt (callback);         // 1/2초 주기로 callback ISR 호출
}

void callback()                               // ISR
{
   digitalWrite (13, digitalRead (13) ^ 1);   // 13번 핀 값을 반전시킨 뒤 출력
}

void loop()
{

}
```

② 0.5초 주기로 LED가 켜지고, 시리얼 통신으로 LED가 켜진 횟수 카운터하기

오렌지 보드의 13번 LED를 사용하기 때문에 마찬가지로 별도의 회로 연결은 하지 않아도 된다. 0.5초 주기로 LED가 깜박이는데 ISR 내에서 LED가 켜졌을 때만 깜박인 횟수를 1씩 더하도록 하고 있다. LED가 켜진 횟수는 시리얼 모니터 창에서 확인할 수 있다.

```
#include <TimerOne.h>

const int led = LED_BUILTIN;                 // 보드의 13번 LED 지정
int ledState = LOW;
volatile unsigned long blinkCount = 0;  // ISR에서 호출되는 전역 변수

void setup()
{
   pinMode (led, OUTPUT);                    // 13번 핀을 출력으로 설정
   Timer1.initialize (500000);               // 타이머 1을 1/2초 주기로 설정
   Timer1.attachInterrupt (blinkLED);   // 0.5초마다 blinkLED 호출
   Serial.begin (9600);                      // 시리얼 통신 속도 초기화
}

void blinkLED()                              // ISR
{
   if (ledState == LOW)                      // ledState 변수 값이 LOW일 때,
   {
      ledState = HIGH;                       // HIGH로 ledState 변수 값 변경
      blinkCount = blinkCount + 1;           // LED가 켜질 때만 카운터 값 1 증가
   }
   else
   {
      ledState = LOW;                        // HIGH일 때, LOW로 변수 값 변경
   }
   digitalWrite (led, ledState);             // ledState 변수 값 13번 핀에 반영
}

void loop()
{
   unsigned long blinkCopy;
```

```
    noInterrupts ();                        // 전체 인터럽트 비허용. cli()와 동일
    blinkCopy = blinkCount;                 // ISR 호출 시 반영된 카운터 값 대입
    interrupts ();                          // 전체 인터럽트 허용. sei()와 동일

    Serial.print ("blinkCount = ");
    Serial.println (blinkCopy);             // 시리얼 모니터 창에 카운터 값 출력
    delay (100);                            // 100 ms 지연
}
```

- LED_BUILTIN은 HIGH, LOW 등과 같은 상수로 대부분의 아두이노 보드에 기본적으로 연결되어 있는 LED의 핀 번호를 의미한다. 대부분의 보드들은 디지털 13번 핀에 LED가 연결되어 있다. 이 온보드(on board) LED는 저항을 통해 연결되어 있다.
- 0.5초마다 ISR이 수행되면서 오렌지 보드의 13번 LED는 0.5초 주기로 깜박인다.

  loop() 함수 내의 루틴들이 기본 작업이 되는데 0.5초 주기로 타이머 인터럽트가 호출될 때 증가된 "LED 켜짐" 카운터 값을 가지는 blinkCopy 변수 값을 100 ms마다 시리얼 모니터 창으로 출력하도록 되어 있다. 따라서 blinkCopy 카운터 값은 ISR에서 LED가 켜졌다 꺼지는 1초(1000 ms) 주기로 변경되므로 시리얼 모니터 창에 출력되는 카운터 값은 10번 동일한 값이 찍히게 된다.

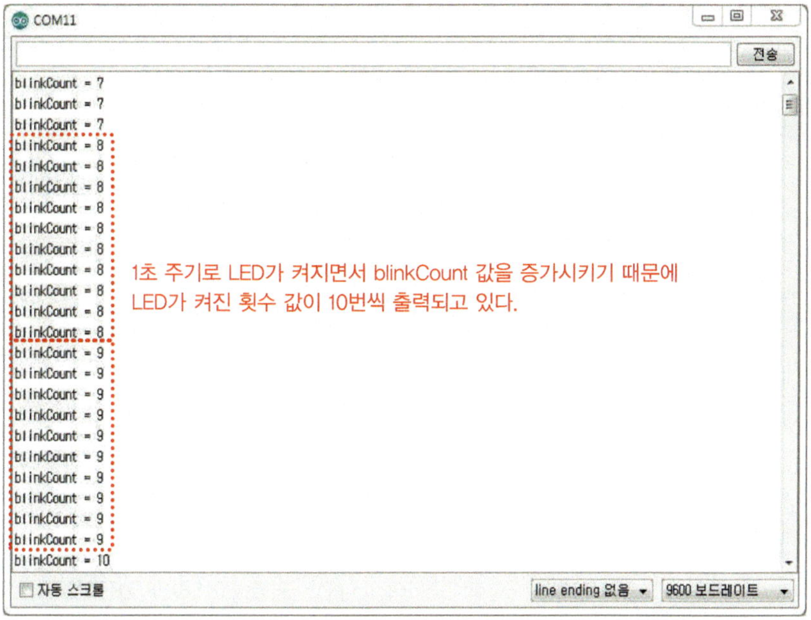
COM11
전송
blinkCount = 7
blinkCount = 7
blinkCount = 7
blinkCount = 8
blinkCount = 8
blinkCount = 8
blinkCount = 8
blinkCount = 8
blinkCount = 8
blinkCount = 8
blinkCount = 8
blinkCount = 8
blinkCount = 8
blinkCount = 9
blinkCount = 9
blinkCount = 9
blinkCount = 9
blinkCount = 9
blinkCount = 9
blinkCount = 9
blinkCount = 9
blinkCount = 9
blinkCount = 9
blinkCount = 10
1초 주기로 LED가 켜지면서 blinkCount 값을 증가시키기 때문에
LED가 켜진 횟수 값이 10번씩 출력되고 있다.
자동 스크롤
line ending 없음
9600 보드레이트

10장 | 응용 실습 |

1. 푸시 버튼을 이용한 외부 인터럽트 실습 시 스위치 바운스 문제를 해결해줘야 한다. 스위치 디바운싱이 적용된 외부 인터럽트 프로그램을 작성한다.
2. 핀 변화 인터럽트에 의한 LED 동작 프로그램을 작성한다.
3. 스케치에 INT0과 INT1을 동시에 작성한 뒤 INT1을 먼저 실행한 상태에서 INT0을 실행해본다. 이때 각각의 ISR 함수는 충분한 시간동안 동작하도록 해야 한다. 어떻게 동작하는지 확인한 뒤 관련된 내용으로 문서를 작성하여 제출한다.
4. 오렌지 보드는 타이머/카운터 0, 1, 2를 활용할 수 있다. 이와 관련된 라이브러리의 종류를 조사하고 각각의 라이브러리 예제를 구현해본 뒤 그 내용을 문서로 작성하여 제출한다.
5. 오렌지 보드의 디지털 입 · 출력 핀에 8개의 LED를 연결하고 타이머/카운터 1의 오버플로 인터럽트를 사용하여 0.5초 간격으로 LED가 한쪽 방향으로 이동하면서 켜지도록 프로그램을 작성한다.
6. 오렌지 보드의 디지털 입 · 출력 핀에 8개의 LED를 연결하고 타이머/카운터 1의 비교일치 인터럽트를 사용하여 1초 간격으로 LED가 한쪽 방향으로 채워지면서 켜지도록 프로그램을 작성한다.

11 인터넷 연결

학습목표

- 사물인터넷과 이더넷을 설명할 수 있다.
- 네트워크 관련 용어를 설명할 수 있다.
- 아두이노를 클라이언트와 서버로 동작시킬 수 있다.

11-1. 사물인터넷(IoT)과 이더넷(Ethernet)

사물인터넷이라는 용어는 1999년 Procter & Gamble(P&G)에서 브랜드 매니저를 하던 케빈 애쉬턴(Kevin Ashton)에 의해 처음으로 사용되었다. 그가 말했던 사물인터넷은 처음에는 마크 와이저(Mark Weiser) 박사가 말했던 유비쿼터스 컴퓨팅(Ubiquitous Computing)처럼 사람이 있는 곳곳에 존재하는 수많은 센서들을 통해 인터넷이 물리적인 세상과 연결될 수 있도록 해주는 시스템을 의미했다. 사물인터넷은 사물지능통신(Machine to Machine)이나 무선 센서 네트워크처럼 기존에 사물들로 연결된 네트워크가 확장된 개념이라 할 수 있다.

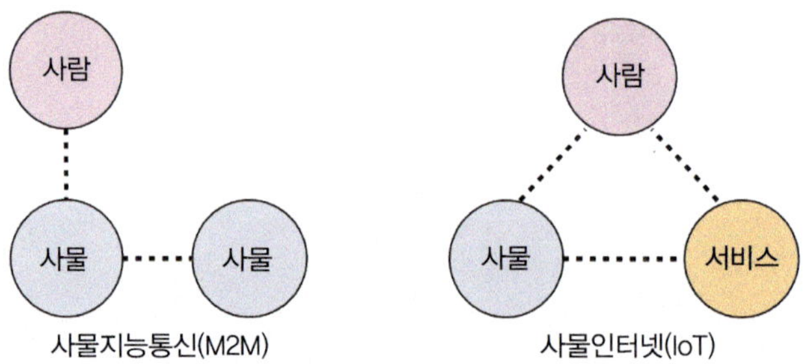

[그림 11-1] 사물지능통신과 사물인터넷의 개념적 차이

사물인터넷은 사람, 사물, 서비스의 세 가지 구성 요소에서 사람의 관여 없이 인터넷을 통한 센싱, 네트워킹, 정보처리 등을 사물과 서비스 간의 지능적인 관계를 형성하여 때와 장소를 가리지 않고 사람에게 의미 있는 서비스를 제공하는 것을 의미하기도 한다.

이더넷은 오늘날 가장 대표적인 버스 구조 방식의 근거리 통신망(LAN)이다. 미국의 제록스, 디지털이퀴프먼트와 인텔이 공동으로 개발하여 1980년에 상품화하고 특허를 받았다. IEEE 802.3 표준으로 정의되어 있으며 데이터 전송은 CSMA/CD(Carrier Sense Multiple Access with Collision Detection) 방식을 사용한다. CSMA/CD 방식의 기본 원리는 데이터를 전송하려고 하는 호스트가 먼저 통신망에 전기적인 신호를 사용하여 다른 호스트가 데이터를 보내고 있는지 확인하는데 데이터를 보내고 있는 호스트가 없이 비어 있을 때 데이터를 전송하고 다른 호스트가 데이터를 전송하고 있다면 그 전송이 끝날 때까지 기다린다. 만약 두 대의 호스트가 통신망에 데이터 전송이 없음을 확인하고 동시에 데이터를 전송한다면 충돌(collision)이 발생하게 된다. 이런 경우에는 두 대의 호스트는 서로 다른 시간(backoff time)을 기다린 다음에 재전송을 시도하게 된다.

사물인터넷과 오렌지 보드 간의 통신과 인터넷을 다루기 위해서 모든 것을 설명하기에는 너무 복잡하고 방대하기 때문에 꼭 필요한 내용만 언급한다.

11-2. 네트워크 관련 용어

11-2-1. IP 주소

IP(Internet Protocol) 주소는 인터넷에 연결되는 각 장치를 식별하는 고유한 번호를 의미하며 세상의 모든 장치는 서로 다른 IP 주소를 가지게 된다. 우편물이 정확하게 배달되기 위해서는 집 주소가 정확해야 하듯이 장치 간 데이터가 송 · 수신되기 위해서 집 주소처럼 고유한 IP 주소가 필요한 것이다.

현재 사용 중인 IPv4 주소 체계는 32비트로 A, B, C, D, E의 다섯 가지 클래스로 구분되어 있다. 이를 통해 약 43억 개의 장치에 IP 주소를 할당할 수 있으나 인터넷의 급격한 보급과 IT 산업의 발전 등으로 IP 주소가 부족한 상황이다. 이런 문제를 해결하기 위해 새롭게 제안된 주소 체계가 IPv6이며 거의 무한대의 IP 주소를 할당할 수 있다.

회사나 가정에서는 유무선 공유기(또는 허브나 라우터)를 사용하여 사설망을 구성하여 네트워크를 하는 것이 일반적이며 사설망의 모든 컴퓨터는 유무선 공유기에 할당된 하나의 공인 IP 주소를 통해 인터넷에 접속한다.

11-2-2. NAT

NAT(Network Address Translation)는 한정되어 있는 인터넷 공인 IP 주소의 한계를 극복하기 위해 유무선 공유기를 사용하여 사설 IP 주소를 각 컴퓨터에 할당하여 별도의 네트워크를 구축할 수 있다. 이렇게 별도로 생성된 사설망에서 외부 인터넷에 접속하려면 유무선 공유기의 네트워크 주소 변환(NAT) 기능이 필요하다. 유무선 공유기의 네트워크 주소 변환 기능을 사용하면 인터넷에 속한 장치가 공유기로 통신을 요청하고 사설 IP 주소를 할당받은 별도의 네트워크에 속한 장치와 통신할 수 있다.

NAT는 인터넷의 공인 IP 주소를 절약하고 인터넷에 연결된 사설망을 해킹 등의 외부 침입으로부터 보호하는 목적을 가지고 있다.

11-2-3. MAC 주소

MAC 주소는 이더넷의 물리적인 주소를 말한다. 네트워크 통신 장치의 ROM에 기록된 고유한 정보로 MAC 주소의 크기는 48 비트로 구성되어 있다. 앞쪽의 24 비트는 국제전기전자기술자협회(IEEE)가 공동으로 공중통신망 판매업자들에게 할당한 제조업체의 식별 코드이고 뒤쪽의 24 비트는 이들 네트워크 통신 장치 제조업체가 이더넷 카드의 세부 정보를 담는다.

전 세계적으로 모든 네트워크 통신 장치마다 고유한 값을 가지고 있기 때문에 네트워크에서 물리적인 시스템을 식별할 때 매우 유용하다.

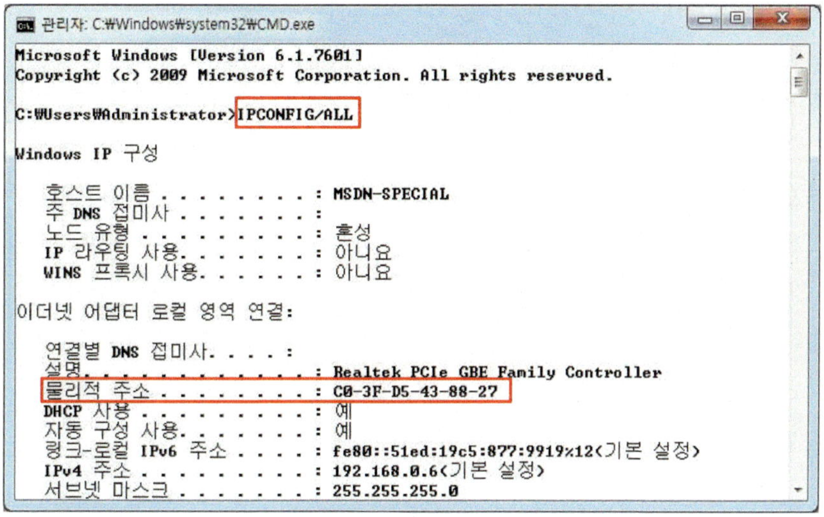

[그림 11-2] ipconfig /all 명령을 통해 컴퓨터 이더넷 장치의 MAC 주소 확인

11-2-4. TCP와 UDP

인터넷에서 데이터 전송을 할 때 주로 전송 계층의 TCP(Transmission Control Protocol)와 UDP(User Datagram Protocol) 그리고 네트워크 계층의 IP가 사용된다. 통신 시스템에서 데이터들이 교환될 때 사용되는 규칙을 프로토콜이라 하며 TCP/IP, UDP 모두 국제표준기구 ISO(International Standard Organization)의 OSI 7계층 네트워크 표준 모델에 정의되어 있다.

TCP와 UDP 프로토콜은 데이터가 전달되는 과정이 다르다. TCP는 송 · 수신 측의 연결이 확인된 이후에 데이터 전송이 이루어지는데 반해 UDP는 송 · 수신 측의 연결을 거치지 않고 일방적으로 데이터를 전송한다. 신뢰성이 요구되는 경우 TCP를 사용하고 신뢰성을 보장하지는 않지만 간단한 데이터를 빠른 속도로 전송하고자 할 경우 UDP를 사용한다.

11-2-5. DHCP

인터넷 통신을 위해 필요한 정보는 IP 주소, 서브넷마스크, 기본 게이트웨이, DNS 정보가 있으며 DHCP(Dynamic Host Configuration Protocol)는 이런 정보들을 자동으로 할당하고 관리하기 위한 프로토콜이다. 컴퓨터가 네트워크에 연결되면 DHCP 서버에 사용 가능한 IP 주소 할당을 요청한다. 이것을 수신한 DHCP 서버는 해당 컴퓨터에 사용 가능한 IP 주소 등의 네트워크 정보를 전달한다. 이렇게 받은 IP 주소는 네트워크에 접속할 때마다 매번 변경될 수 있기 때문에 유동 IP 주소라고 하며 고정 IP 주소는 사용자가 네트워크 정보를 수동으로 직접 입력해서 주소를 설정하는 방식을 말한다.

11-2-6. HTTP

인터넷에서 마우스의 클릭만으로 원하는 정보로 쉽게 이동할 수 있도록 해주는 방식을 하이퍼텍스트(hypertext)라고 하는데 HTTP(Hyper Text Transfer Protocol)는 이 하이퍼텍스트 정보를 교환하기 위한 통신 규약이다.

HTTP는 클라이언트와 서버 사이에 이루어지는 요청(request)과 응답(response) 프로토콜이다. 예를 들면 클라이언트인 웹 브라우저가 HTTP를 통하여 서버로부터 웹 페이지나 필요한 정보를 요청하면 서버는 이 요청에 응답하여 필요한 정보를 해당 사용자에게 전달하게 된다. 이 정보가 웹 브라우저 같은 프로그램이나 기타 출력을 통해 사용자에게 나타나는 것이다.

도메인 주소를 입력할 때 "http://www..."와 같이 시작하는 것은 www로 시작되는 도메인 주소에서 HTTP 통신 규약으로 하이퍼텍스트 문서 교환을 처리한다는 의미이다. HTTP는 80번 포트를 사용하도록 정의되어 있다.

11-2-7. HTML

HTML(Hypertext Markup Language)은 WWW(World Wide Web)에서 웹 페이지를 만들 때 사용하는 언어이다. 인터넷을 통해 접근하는 대부분의 웹 페이지는 HTML로 작성되며 웹 브라우저에서 해석되어 실행되기 때문에 별도의 프로그램이나 컴파일러 등이 필요하지 않다. 최신 멀티미디어 콘텐츠를 웹 브라우저에서 쉽고 편하게 볼 수 있는 기능이 강화된 HTML5 표준안이 2014년 10월에 확정되었다.

11-3. 아두이노 이더넷 실드(Arduino Ethernet Shield)

아두이노 이더넷 실드는 오렌지 보드를 쉽게 인터넷에 연결하도록 도와준다. 보통 하드웨어 장치를 인터넷에 연결하기 위해서는 이더넷 포트, 이더넷 통신 IC, TCP/IP, UDP 같은 프로토콜을 처리하는 소프트웨어가 필요한 복잡하고 어려운 작업이다. 하지만 아두이노 IDE의 라이브러리와 아두이노 이더넷 실드를 활용하면 좀 더 쉽게 하드웨어 장치를 인터넷에 연결할 수 있다.

[그림 11-3] 아두이노 이더넷 실드

아두이노 이더넷 실드는 Wiznet W5100 ethernet IC를 사용하고 있으며 동시에 4개 소켓 연결을 지원한다. 오렌지 보드와 이더넷 실드는 SPI(Serial Peripheral Interface) 통신으로 데이터를 주고받는데 이더넷 실드에 포함된 SD 메모리 카드 역시 동일한 SPI 버스를 통하도록 설계되어 있기 때문에 동시에 사용할 수 없다.

아두이노 이더넷 실드를 [그림 11-4]처럼 오렌지 보드 위에 적층해서 사용하며, 인터넷 연결 시 네트워크 케이블을 이더넷 실드의 RJ-45 커넥터를 통해 연결한다.

[그림 11-4] 오렌지 보드에 아두이노 이더넷 실드 적층과 RJ-45 커넥터 케이블 연결

11-4. 인터넷 연결하기-클라이언트

아두이노 IDE 라이브러리를 사용해서 인터넷 페이지를 요청하는 실습을 해보자.

실습을 진행하는 근처에 유무선 공유기가 있어 랜 케이블을 추가로 연결할 수 있는 상황이면 사용자의 컴퓨터와 아두이노 이더넷 실드를 동시에 인터넷에 연결해놓고 실습할 수 있다. 하지만, 우선 유무선 공유기 또는 허브가 없어서 사용자 컴퓨터에 한 개의 랜 케이블만 연결되어 있는 열악한 환경을 가정하여 실습을 진행하도록 한다.

사용자 컴퓨터의 인터넷 IP 주소를 먼저 확인한다. 인터넷 IP 주소를 확인하는 방법은 [그림 11-5]와 같이 **시작** → **실행** → cmd 입력한 뒤 확인 → ipconfig 입력 후 엔터키를 누르면 사용하고 있는 컴퓨터의 IP 주소를 확인할 수 있다. [그림 11-5]에서 확인되는 192.168.0.x 주소 범위는 유 · 무선 공유기를 통해 할당받은 사설 IP 주소이다. 이렇게 확인된 IP 주소를 예제 코드에 그대로 입력하거나 참조할 것이기 때문에 메모장에 기록해둔다. 주의할 점은 컴퓨터와 아두이노 이더넷 실드에 랜 케이블을 모두 연결할 수 있는 상황일 때는 [그림 11-5]에서 확인된 IP 주소는 컴퓨터에서 할당받은 IP 주소이기 때문에 이더넷 실드에서 사용할 IP 주소는 이것과 중복되지 않도록 설정해야 한다는 것이다. 만약 학교나 회사처럼 많은 컴퓨터가 사용되는 네트워크 환경에서는 사설 IP 주소가 많이 할당되어 있기 때문에 중복되지 않는 IP 주소를 확인하는 것이 더 번거로울 수 있다.

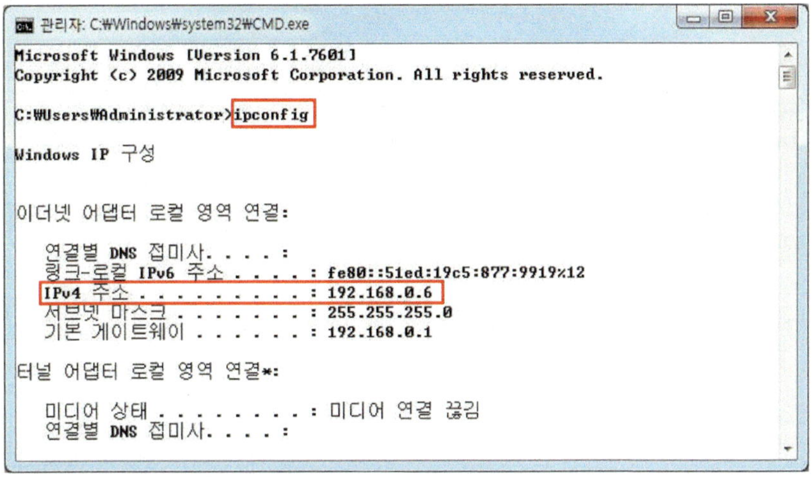

[그림 11-5] 사용자 컴퓨터 IP 주소 확인

아두이노 IDE에서 **파일** → **예제** → Ethernet → WebClient 예제를 불러 온다.

여섯 번째 줄의 IPAddress ip (192, 168, 0, 177); 부분을 유무선 공유기에서 할당한 사설 IP 주소로 변경해준다. 국제 기준에 따르면 사설 IP 주소는 10.x.x.x, 172.16.x.x~

172.31.x.x, 192.168.x.x로 세 개의 범위에만 할당된다. x는 세 자리 숫자를 의미하고 각 마디(옥텟)의 숫자는 0~255 범위를 사용한다. 보통 가정이나 소규모의 회사에서 많이 사용하는 유무선 공유기는 192.168.x.x 형태로 뒷부분의 두 마디의 숫자를 다르게 사용한다.

유 · 무선 공유기를 통해 192.168.0.x 형태의 주소가 할당되었고 실습에 사용된 컴퓨터는 192.168.0.6 주소를 할당 받았다. 그리고 실습 환경이 한 개의 랜 케이블만 연결되어 있다고 가정했기 때문에 192.168.0.6을 그대로 사용하거나 192.168.0.6 외에 중첩되지 않는 IP 주소를 입력할 수 있다. IP 주소는 네 마디의 구분을 점('.')으로 하지만 프로그램 코드에서는 각 마디의 숫자를 쉼표(',')로 구분하고 있으니 주의한다.

아두이노 이더넷 실드의 RJ-45 커넥터 단자에 인터넷 연결 케이블을 꽂는다. WebClient 스케치를 업로드한 뒤 아두이노 IDE의 시리얼 모니터 창으로 인터넷 연결 상태를 확인할 수 있다.

```
#include <SPI.h>
#include <Ethernet.h>

byte mac[] = { 0xDE, 0xAD, 0xBE, 0xEF, 0xFE, 0xED };

char server[] = "www.google.com";
// IPAddress server (74,125,232,128);

IPAddress ip (192, 168, 0, 6);

EthernetClient client;

void setup()
{
   Serial.begin (9600);
   while (!Serial);

   if (Ethernet.begin (mac) == 0)
   {
      Serial.println ("Failed to configure Ethernet using DHCP");
```

```
        Ethernet.begin (mac, ip);
    }
    delay (1000);
    Serial.println ("connecting...");

    if (client.connect (server, 80))
    {
        Serial.println ("connected");
        client.println ("GET /search?q=arduino HTTP/1.1");
        client.println ("Host: www.google.com");
        client.println ("Connection: close");
        client.println ();
    }
    else
    {
        Serial.println ("connection failed");
    }
}

void loop()
{
    if (client.available ())
    {
        char c = client.read ();
        Serial.print (c);
    }

    if (!client.connected ())
    {
        Serial.println ();
        Serial.println ("disconnecting.");
        client.stop ();

        while (true);
    }
}
```

➡ 스케치 업로드 시 오류가 발생될 경우 적층되어 있는 아두이노 이더넷 실드를 분리한 뒤 오렌지 보드만 연결된 상태에서 다시 업로드 한다.

코드 해석

```
byte mac[] = { 0xDE, 0xAD, 0xBE, 0xEF, 0xFE, 0xED };
```

실습에 사용된 아두이노 이더넷 실드의 물리적인 주소를 확인한 뒤에 MAC 주소 값을 변경해야 한다. WebClient 예제의 경우 MAC 주소를 변경하지 않아도 실습이 가능하지만 네트워크에 이더넷 실드가 두 개 이상이거나 서버로 사용할 때는 MAC 주소를 변경해야 한다.

MAC 주소는 전 세계적으로 모든 네트워크 통신 장치마다 고유한 값을 가지고 있으므로 동일 네트워크 내에서 여러 대의 이더넷 실드를 사용할 때는 MAC 주소가 중복되지 않도록 주의한다.

참고로 최근에 판매되는 정품 아두이노 이더넷 실드에는 MAC 주소가 적혀있는 스티커가 뒷면에 부착되어 있다.

```
char server[] = "www.google.com";
```

아두이노 이더넷 실드에서 접속할 웹 서버의 도메인 주소(domain address)를 지정한다. WebClient 예제가 구글에서 "arduino" 키워드 검색을 요청하는 작업이므로 그대로 두는데 원한다면 다른 도메인 주소로 변경해도 상관이 없다.

웹 서버 도메인 주소를 사용하지 않고 IP 주소를 사용해도 된다.

구글 메인 페이지의 IP 주소가 74.125.232.128 이기 때문에 주석을 해제하고 IPAddress server (74,125,232,128);로 변경할 수 있다.

```
IPAddress ip (192, 168, 0, 6);
```

DHCP에서 유동 IP 주소를 할당받지 않을 경우 고정 IP 주소를 설정한다. WebClient

예제의 기본 코드는 IPAddress ip (192, 168, 0, 177);로 되어 있으나 실습 환경의 네트워크 IP 주소 체계를 사전에 확인한 뒤 이더넷 실드에 적합한 IP 주소로 변경한다.

```
EthernetClient client;
```

IP 주소와 연결할 서버의 포트와 이더넷 클라이언트 라이브러리를 초기화 한다. HTTP는 기본적으로 80번 포트를 통해 웹 서버에 접속한다.

```
if (Ethernet.begin (mac) == 0)
{
   Serial.println ("Failed to configure Ethernet using DHCP");
   Ethernet.begin (mac, ip);
}
delay (1000);
Serial.println ("connecting...");
```

DHCP 서버를 이용해서 이더넷 초기화를 시도하고 실패하면 0을 반환한다. 0이 반환되면 아두이노 IDE의 시리얼 모니터 창에 "DHCP를 이용하여 이더넷을 구성하는데 실패했다."는 문자열을 출력하고 앞서 설정한 MAC 주소와 고정 IP 주소로 연결을 시도한다.

delay 함수를 이용해서 아두이노 이더넷 실드가 초기화 될 때까지 1000 ms 즉 1 초 동안 기다린다. 간혹 대기 시간이 너무 짧아 초기화가 되지 않을 경우에는 delay 시간을 늘려준다. 초기화 중에는 아두이노 IDE의 시리얼 모니터 창을 통해 "연결 중..." 문자열을 출력한다.

```
if (client.connect (server, 80))
{
   Serial.println ("connected");
   client.println ("GET /search?q=arduino HTTP/1.1");
```

```
    client.println ("Host: www.google.com");
    client.println ("Connection: close");
    client.println ();
  }
```

만약 연결되었다면 아두이노 IDE의 시리얼 모니터 창을 통해 "연결되었다"는 메시지를 출력한다. client.println 함수를 통해서 해당 서버에 HTTP 요청을 한다. HTTP는 클라이언트인 웹브라우저를 통해서 요청을 하게 되고 해당 서버에서는 요청에 응답하여 필요한 정보를 사용자에게 전달한다. 구글 서버에 "arduino" 키워드 검색을 요청한 것이다. 서버로부터 응답을 받은 뒤에는 접속을 끊는다.

GET 명령으로 공개되어 있는 Open API를 활용해서 다양하게 HTTP 요청을 시도할 수 있다. API(Application Programming Interface)란 프로그램이나 어플리케이션이 정보 처리를 위해 운영 체제에 호출하는 함수나 서브루틴의 집합을 말한다.

```
if (client.available ())
{
   char c = client.read ();
   Serial.print (c);
}
```

클라이언트 요청을 통해서 서버로부터 응답받은 데이터들이 있다면 이를 읽어서 아두이노 IDE의 시리얼 모니터 창에 출력한다.

```
if (!client.connected ())
{
   Serial.println ();
   Serial.println ("disconnecting.");
   client.stop ();

   while (true);
}
```

만약 서버가 연결을 끊으면 "연결을 끊는다."는 메시지를 출력한 뒤 클라이언트도 요청을 중단한다. while(1) 무한 반복문을 통해 이후에 아무런 처리를 하지 않는다.

실행 결과 확인

시리얼 모니터 창에 구글 서버를 통해 수신된 내용이 출력이 된다.

"connected" 메시지가 출력되면 구글 서버에 연결이 된 것이고 client.println()로 요청된 내용이 [그림 11-6]처럼 출력된다.

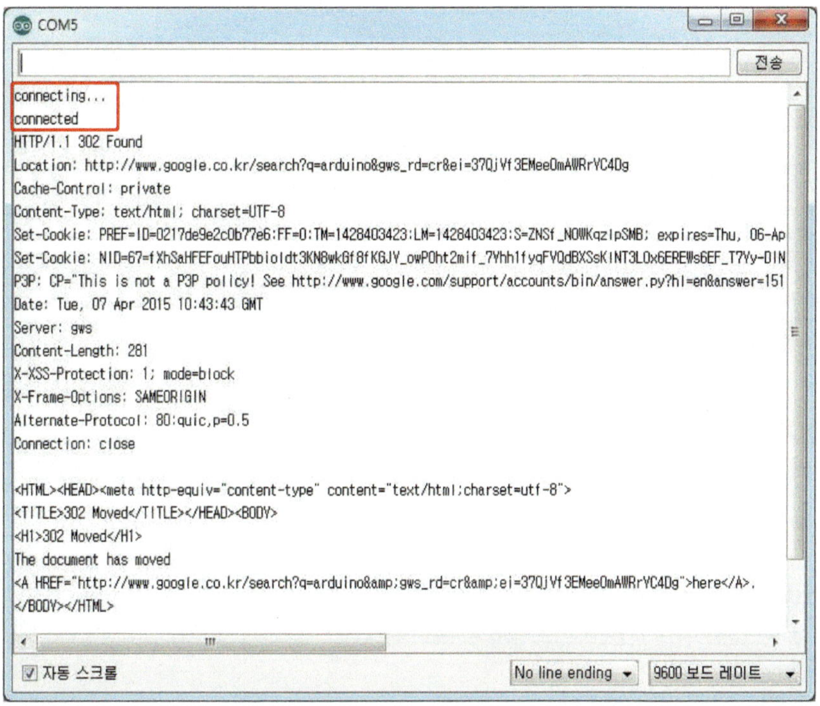

[그림 11-6] 아두이노 IDE의 시리얼 모니터 창으로 구글 서버에 요청된 내용 확인

웹 브라우저를 이용해서 구글 서버에서 응답된 내용을 확인해 볼 수 있다. 시리얼 모니터 창에 출력 된 내용 중에서 [그림 11-7]처럼 <HTML>로 시작하는 부분에서 </HTML>까지 선택한 뒤에 복사한다. 메모장 같은 프로그램을 실행한 뒤에 복사한 내용을 붙여넣기 한다. 파일이 저장되는 위치는 본인이 알 수 있는 위치로 하고 파일의 확장자는 "ethernet.html"으로 한 뒤에 저장한다.

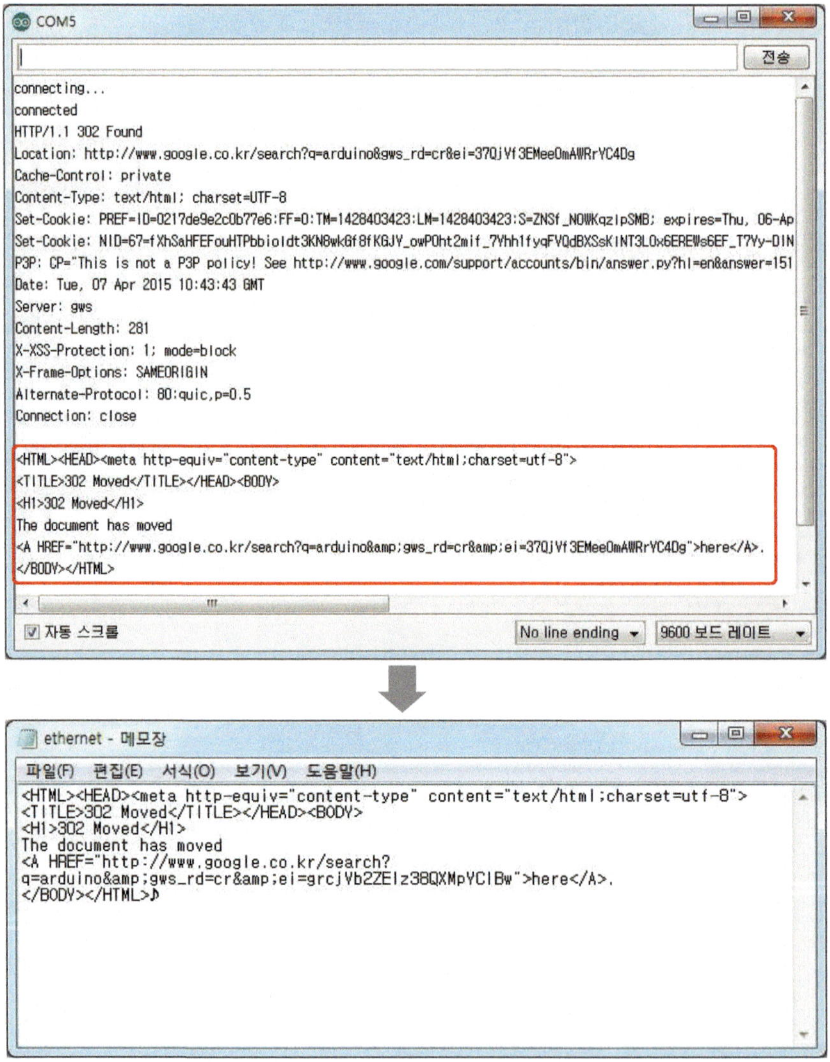

[그림 11-7] 메모장에 HTML 복사한 뒤 저장

HTML 파일 내용을 볼 수 있는 웹 브라우저를 실행한다. [그림 11-8]처럼 파일-열기로 접근하여 저장해 둔 “ethernet.html” 파일을 불러온다.

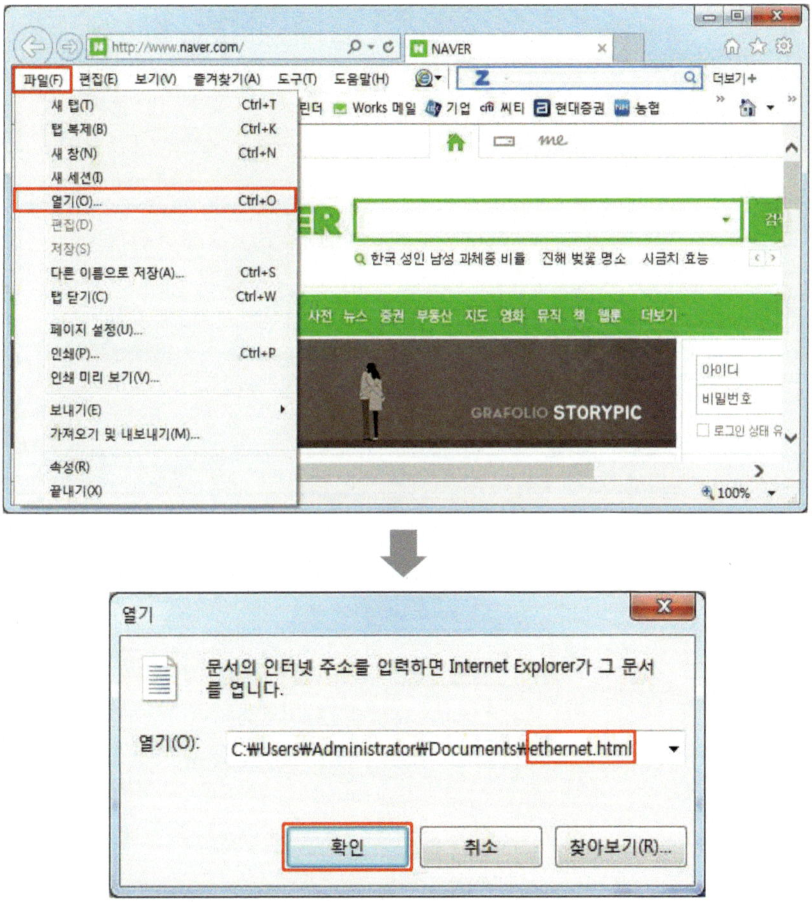

[그림 11-8] Internet Explorer에서 저장한 HTML 파일 열기

ethernet.html 페이지가 열리면 다른 링크로 접근하도록 하는데 here를 클릭하면 [그림 11-9]처럼 구글에서 “arduino” 키워드로 검색한 결과 페이지를 보여준다.

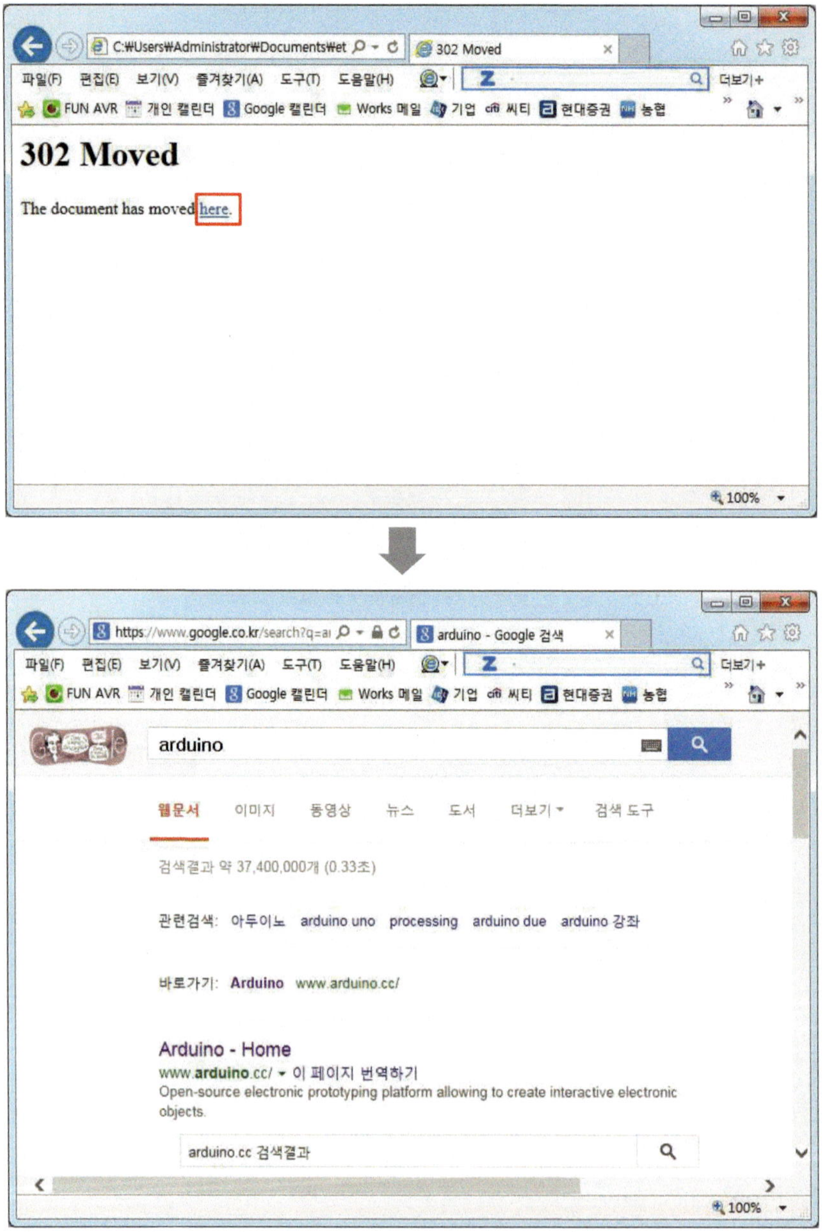

[그림 11-9] 웹 브라우저 실행 결과

11-5. 인터넷 연결하기-서버

LED를 제어하는 간단한 HTML 페이지를 생성한 뒤에 웹 브라우저에서 LED를 On/Off 할 때마다 오렌지 보드에 연결된 LED가 그에 따라 동작하도록 해보자. 이것은 아두이노 이더넷 실드를 웹 서버로 사용하여 웹 클라이언트 즉, 웹 브라우저의 요청에 대한 응답을 처리하도록 하는 실습이다.

앞의 웹 클라이언트 실습에서는 열악한 네트워크 환경을 가정하여 인터넷 연결 회선이 하나일 때를 가정하였지만, 아두이노 이더넷 실드 서버 실습에서는 컴퓨터와 아두이노 이더넷 실드 모두 인터넷에 연결되어야 한다. 그리고 유무선 공유기를 통해 인터넷 연결 시 유무선 공유기의 보안 설정을 해제하도록 한다.

[그림 11-4]와 같이 오렌지 보드와 아두이노 이더넷 실드를 적층한 상태에서 아래 [그림 11-10]처럼 LED를 연결한 뒤에 프로그램 코드를 업로드 한다. 보드 두 개를 적층한 상태에서 업로드 오류가 발생되면 이더넷 실드를 분리한 뒤에 업로드 한다.

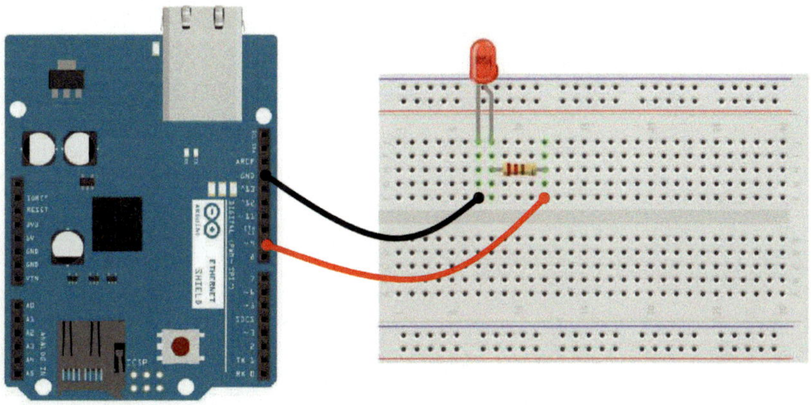

[그림 11-10] 아두이노 이더넷 실드에 LED 연결

```
#include <SPI.h>
#include <Ethernet.h>

// 서버 실습 시 이더넷 실드의 MAC 주소로 변경
byte mac[] = { 0xDE, 0xAD, 0xBE, 0xEF, 0xFE, 0xED };

IPAddress ip (192, 168, 0, 2);                          // 이더넷 실드의 사설 IP 주소
EthernetServer server (80);                             // HTTP 기본 포트 80 초기화

int led = 9;                                            // 9번 핀에 LED 연결
String get_method_string = String (20);                 // String 클래스 초기화

void setup()
{
  pinMode (led, OUTPUT);                                // 9번 핀 출력 설정
  digitalWrite (led, LOW);                              // LED Off

  Serial.begin (9600);
  Ethernet.begin (mac, ip);
  server.begin ();

  Serial.print ("server is at ");
  Serial.println (Ethernet.localIP ());                 // 이더넷 실드 IP 출력
}

void loop()
{
  EthernetClient client = server.available ();

  if (client)
  {
    Serial.println ("new client");
    boolean currentLineIsBlank = true;

    while (client.connected ())
    {
      if (client.available ())
      {
```

```
char c = client.read();

if (get_method_string.length () < 30)
{
   get_method_string.concat (c);
}

Serial.write (c);

if ( c == '₩n' && currentLineIsBlank )
{
   client.println ("HTTP/1.1 200 OK");
   client.println ("Content-Type: text/html");
   client.println ("Connection: close");
   client.println ("Refresh: 5");
   client.println ();
   client.println ("<!DOCTYPE HTML>");
   client.println ("<html>");
   client.println ("<head><title>Arduino LED Control</title></head>");
   client.println ("<body>");

   client.println ("<br>Arduino LED On/Off Control<br><br><br>");
   client.println ("<form method=₩"get₩" name=₩"led₩">");
   client.println ("<input type=₩"submit₩" name=₩"button1₩" value=₩"LED ON₩">");
   client.println ("<input type=₩"submit₩" name=₩ "button2₩" value=₩"LED OFF₩">");
   client.println ("</form>");

   client.println ("</body>");
   client.println ("</html>");

   if (get_method_string.indexOf ("button1=LED+ON") != -1)
   {
      digitalWrite (led, HIGH);
      Serial.print ("control : ");
      Serial.println ("LED ON");
   }
   else
   {
```

```
                digitalWrite (led, LOW);
                Serial.print ("control : ");
                Serial.println ("LED OFF");
            }

            Serial.println ("get_method_string = " + get_method_string);
            get_method_string = " ";

            break;
        }

        if (c == '₩n')
        {
            currentLineIsBlank = true;
        }
        else if (c != '₩r')
        {
            currentLineIsBlank = false;
        }
    }
  }

  delay (1);
  client.stop ();
  Serial.println ("client disconnected");
 }
}
```

❶ 웹 브라우저를 띄운 뒤 상단의 주소 입력 창에 이더넷 실드의 IP 주소를 입력하여 접근하면 LED On/Off 테스를 하기 위해 짧게 작성된 페이지가 뜬다. 이것은 client.println ("<html>") 코드부터 client.println ("</html>") 코드까지 실행된 결과이다.

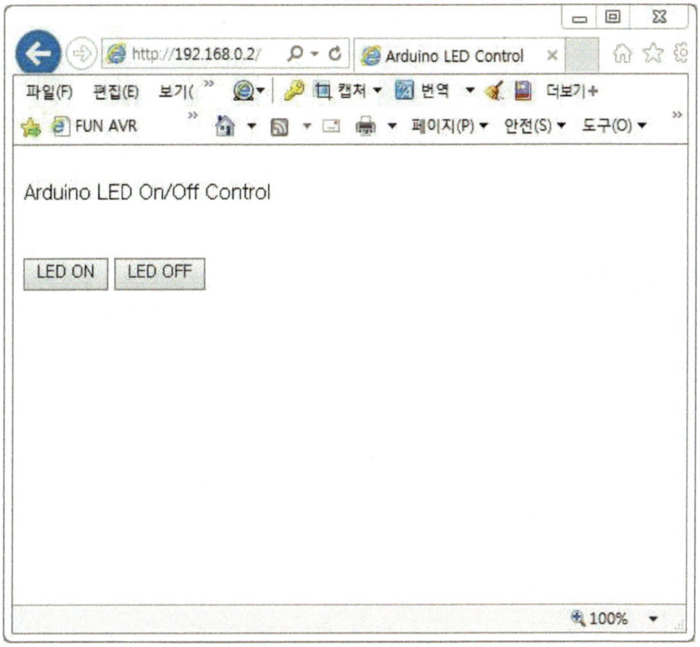

❷ 아두이노 IDE의 시리얼 모니터 창을 띄우면 LED Off 상태에 대한 정보를 먼저 출력한다. 웹 브라우저에서 LED ON 버튼을 누르면 시리얼 모니터 창에 LED On 상태에 대한 정보를 출력하고 9번 핀에 연결된 LED가 켜진다.

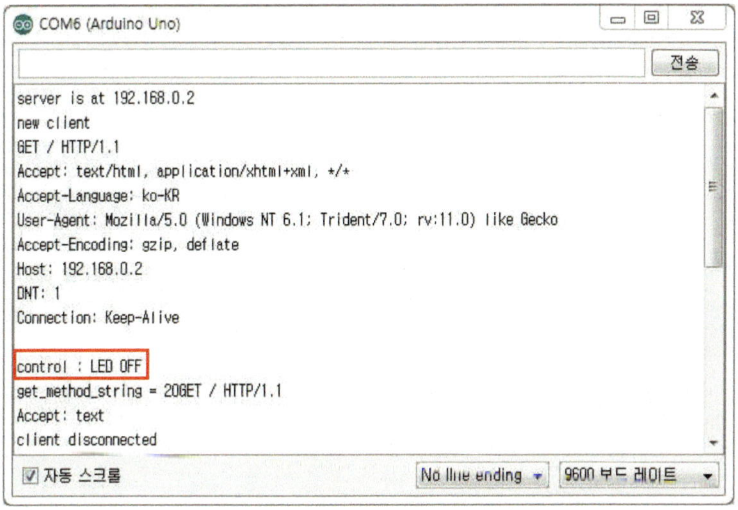

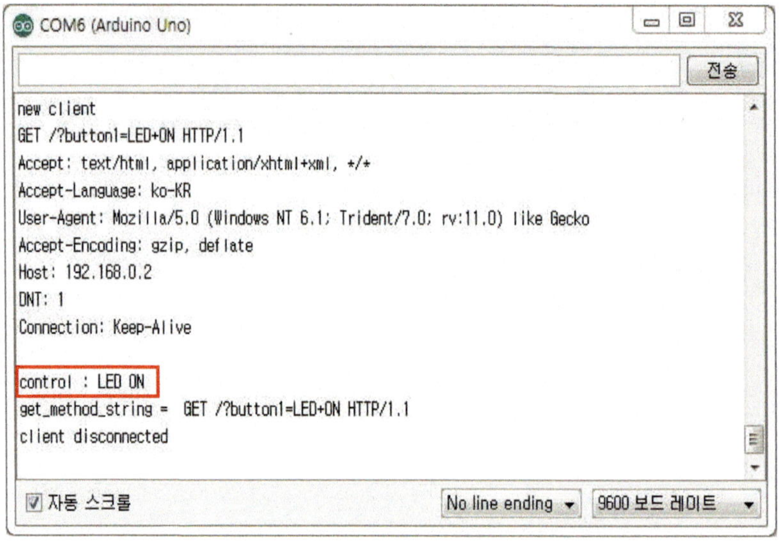
COM6 (Arduino Uno)
전송
new client
GET /?button1=LED+ON HTTP/1.1
Accept: text/html, application/xhtml+xml, */*
Accept-Language: ko-KR
User-Agent: Mozilla/5.0 (Windows NT 6.1; Trident/7.0; rv:11.0) like Gecko
Accept-Encoding: gzip, deflate
Host: 192.168.0.2
DNT: 1
Connection: Keep-Alive
control : LED ON
get_method_string = GET /?button1=LED+ON HTTP/1.1
client disconnected
자동 스크롤
No line ending
9600 보드 레이트

11장 | 응용 실습 |

1. 사물인터넷이 무엇인지 알아 보고 산업 분야의 활용 사례를 문서로 작성하여 제출한다.
2. 진동 센서, 소음 센서, 아두이노 이더넷 실드를 사용하여 특정 진동과 소음 데이터를 웹 서버에 저장하고 그것을 관리하는 프로그램을 작성한다.
3. 아두이노 이더넷 실드를 사용하여 네트워크 통신 프로그램을 작성한다.
4. 온도 센서 또는 온 · 습도 센서를 사용하여 측정 데이터를 인터넷으로 전송하는 프로그램을 작성한다.
5. 적외선 근접 센서와 아두이노 이더넷 실드를 사용하여 접근이 감지되면 메일을 즉시 보내 침입을 알리는 프로그램을 작성한다.
6. 릴레이, 아두이노 이더넷 실드를 사용하여 가전 제품의 전원을 웹브라우저에서 제어하는 프로그램을 작성한다. 단, 릴레이로 220 V 가전 제품 등을 제어할 때는 안전 사고에 유의하도록 한다.
7. 라즈베리파이(Raspberry Pi)가 무엇인지 알아보고 아두이노와 어떤 프로젝트를 만들 수 있는지 문서로 작성하여 제출한다.
8. 아두이노 이더넷 실드를 사용하여 인터넷에서 날씨 정보를 읽어오는 프로그램을 작성한다.

12

나의 첫 번째 아두이노 프로젝트

학습목표

- 블루투스로 움직이는 무선 탱크를 만들 수 있다.
- LED 전자 주사위를 만들 수 있다.
- 온도와 습도가 표시되는 디지털시계를 만들 수 있다.

12-1. 블루투스로 움직이는 무선 탱크 만들기

아두이노는 쉽게 접근할 수 있는 장점을 가지고 있지만 그렇다고 해서 아무런 노력 없이 프로젝트를 뚝딱 만들어낼 수 있는 것은 아니다. 본 도서에서 빠진 부분들까지 포함하여 인터넷에 방대하게 공개되어 있는 관련 정보들을 스스로 찾아보고 직접 구현하며 손으로 익히는 과정들이 필요하다.

비교적 쉽게 구현이 가능한 아두이노 블루투스 탱크를 만들어보자. 블루투스는 8장에서 언급이 되었다. 이는 스마트폰, 태블릿 PC, 노트북 등의 휴대기기를 서로 연결하여 정보를 교환하는 근거리 무선 기술 표준을 말하며 주로 단거리에서 저전력 무선 통신이 필요할 때 사용된다.

블루투스, 모터, 아두이노 등을 활용하여 무선으로 조종되는 탱크 모형을 최종 완성시켜보고 다른 기능들을 스스로 추가해보자.

준비물

- 오렌지 보드 또는 기타 아두이노 보드
- 1/35 스케일 2채널 RC 탱크 모형, M1A1 에이브람스[2003 이라크전]
- 아두이노 L293 모터 실드(Motor Shield)
- HC-06 블루투스 모듈 (수신용)
- 스마트폰 어플 BlueStick control (송신용)
- 리튬이온 배터리(핸드폰 배터리) 2개 또는 AAA 건전지 5개
- 점퍼 케이블

12-1-1. 1/35 스케일 2채널 RC 탱크 모형

비교적 쉽게 구할 수 있고 저렴한 가격의 1/35 스케일의 M1A1 에이브람스[2003 이라크전] 탱크 모형을 선택한다. 이 모델보다 작은 탱크 모형의 경우 아두이노 보드

외에 다른 부품들을 넣을 공간이 부족하다. 모터가 내장 되지 않은 동일 모델을 잘못 구입하면 모터와 기어박스를 사용자가 직접 설치해야 하기 때문에 반드시 두 개의 모터가 내장된 제품을 구입하도록 한다.

[그림 12-1] 1/35 스케일 2채널 RC 탱크 모형, M1A1 에이브람스[2003 이라크전]

모형을 완성하는데 시간이 많이 소요되기 때문에 우선 탱크의 아래쪽 기어박스가 있는 부분만 조립한다. 무선으로 탱크 모형이 동작하는 것을 확인 한 뒤에 전체 모형을 완성해도 되기 때문에 급하게 탱크의 전체 모형을 완성하려고 하지 않아도 된다. 그리고 박스에 함께 포함되어 있는 유선 리모트 컨트롤은 사용하지 않는다.

12-1-2. 아두이노 L293 모터 실드

아두이노 L293 모터 실드는 L293 모터 드라이버 IC를 내장한 보드로 두 개의 모터를 최대 1 A 전류로 동작시킬 수 있다. [그림 12-2]는 DFRobot 사의 L293 모터 실드로 모터 동작 상태 LED와 모터 배선 위치가 다른 것을 제외하고는 오리지널 아두이노 L293 모터 실드 보드와 동일하다.

모터 실드의 +극에는 빨간색 케이블을 연결하고 –극에 검정색 케이블을 연결하는 기본적인 사항만 주의하면 큰 어려움이 없다.

[그림 12-2] 아두이노 L293 모터 실드

L293 모터 실드는 오렌지 보드와 핀이 1:1로 맞고 오렌지 보드와 적층 결합하여 사용한다. 물론 두 개의 보드를 분리한 상태에서 케이블로 사용되는 핀만 연결하여 사용해도 상관이 없지만 탱크 모형의 좁은 공간을 효율적으로 활용하기 위해서 두 개의 보드를 [그림 12-3]처럼 적층한 뒤에 오렌지 보드를 통해 전류를 공급

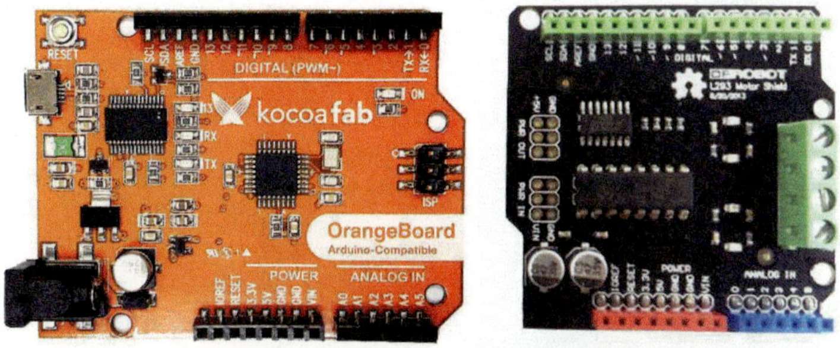

(a) 오렌지 보드와 L293 모터 실드 보드의 핀 구조

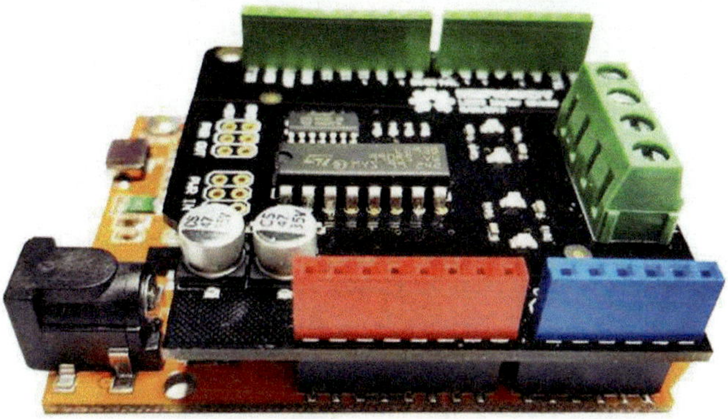

(b) 오렌지 보드와 L293 모터 실드 보드 적층 결합

[그림 12-3] 오렌지 보드와 L293 모터 실드 보드 결합

받을 수 있도록 한다.

프로젝트의 최종 단계에서 두 개의 모터를 통해서 동작되는 캐터필러(caterpillar)를 원활하게 동작시키기 위해서는 7 V~12 V의 높은 전압을 오렌지 보드에 공급해야 한다.

오렌지 보드의 USB에 연결한 상태에서는 프로그램 코드를 업로드 하거나 아두이노 IDE에서 시리얼 모니터 창으로 모터 동작을 확인하는 단계까지이고 이후는 충분한 전압 공급이 가능한 배터리를 사용해서 무선으로 탱크 모형이 동작하도록 완성시켜야 한다.

모터 실드의 정상적인 동작을 확인하기 위해서 L293 모터 실드와 두 개의 모터를 아래 [그림 12-4]처럼 연결한다.

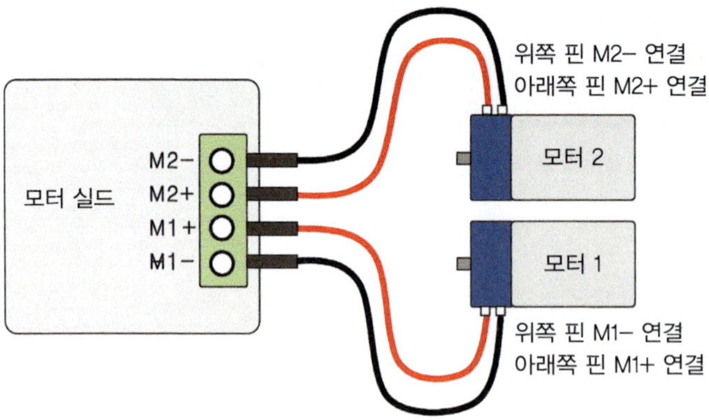

[그림 12-4] L293 모터 실드 보드와 모터 연결

스케치 파일을 생성한 뒤 아래의 샘플 코드를 컴파일 하고 오렌지 보드로 업로드 한다. 프로그램 코드 업로드 시 블루투스 모듈 등을 연결한 상태로 업로드하면 오류가 발생될 수 있으니 주의한다.

[그림 12-4]처럼 연결되어 있는 상태에서 USB 케이블 연결을 한 뒤 모터가 방향에 맞게 제대로 동작을 하는지 확인한다. 아직 두 개의 모터를 힘 있게 회전시키는데 필

요한 충분한 전류 공급 문제를 해결하지 않았기 때문에 탱크 모형의 바퀴에 캐터필러를 장착하지 않고 테스트한다. 캐터필러를 장착하면 모터를 회전시키는 힘인 토크(torque)가 더 필요하다.

```
// 이 모터 실드는 모터 제어에 핀 6, 5, 7, 4를 사용한다.
// M1+, M1-, M2+, M2-에 모터를 연결한다.
// Arduino 또는 Roboduino에 코드를 업로드 하면 된다.
// 시리얼 모니터를 통해 'a', 's', 'w', 'd', 'x' 문자를 입력하여 모터를 제어한다.
// www.dfrobot.com
// Last modified on 24/12/2009

int EN1 = 6;
int EN2 = 5;     // Roboduino Motor shield uses Pin 9
int IN1 = 7;
int IN2 = 4;     // Latest version uses pin 4 instead of pin 8

void Motor1 (int pwm, boolean reverse)
{
   analogWrite (EN2, pwm);                // pwm : 0(정지) ~ 255(최대 속도)

   if (reverse)
   {
      digitalWrite (IN2, HIGH);
   }
   else
   {
      digitalWrite (IN2, LOW);
   }
}

void Motor2 (int pwm, boolean reverse)
{
   analogWrite (EN1, pwm);

   if (reverse)
   {
      digitalWrite (IN1, HIGH);
   }
```

```
    else
    {
        digitalWrite (IN1, LOW);
    }
}

void setup()
{
    int i;
    // for (i = 6; i <= 9; i++)          // Roboduino Motor Shield 일 때,
    //         pinMode (i, OUTPUT);      // set pin 6,7,8,9 to output mode

    for (i = 4; i <= 7; i++)             // Arduino Motor Shield 일 때,
    {
            pinMode (i, OUTPUT);         // 4, 5, 6, 7 핀 출력 모드 설정
    }                                    // 5, 6 핀은 출력 모드 설정 제외 가능
    Serial.begin (9600);                 // 시리얼 통신 속도 9600 bps
}

void loop()
{
    int x, delay_en;
    char val;

    while (1)
    {
        val = Serial.read ();

        if (val != -1)
        {
            switch (val)
            {
                case 'w':                // 앞으로 이동
                    Motor1 (100, true);
                    Motor2 (100, true);
                    break;
                case 'x':                // 뒤로 이동
                    Motor1 (100, false);
                    Motor2 (100, false);
```

```
                break;
            case 'a':                          // 왼쪽으로 이동
                Motor1 (100, false);
                Motor2 (100, true);
                break;
            case 'd':                          // 오른쪽으로 이동
                Motor1 (100, true);
                Motor2 (100, false);
                break;
            case 's':                          // 정지
                Motor1 (0, false);
                Motor2 (0, false);
                break;
        }
    }
  }
}
```

➡ Motor (150, true)처럼 pwm 값을 변경하여 모터의 회전 속도를 변경할 수 있다.

➡ www.dfrobot.com에서 제공되는 예제 코드에서 L293 모터 실드 핀 구조에 맞춰 프로그램 코드를 일부 수정하였다.

➡ 모터 실드의 동작을 시리얼 통신으로 테스트하기 위한 샘플 코드이기 때문에 이후 스마트폰용 어플에서 전송된 무선 신호를 수신할 수 있도록 프로그램 코드를 추가 · 수정해야 한다. 특히 switch 변수 값은 스마트폰용 블루투스 어플에서 전달되는 코드 값을 확인한 뒤에 수정한다.

➡ 본 프로젝트에서는 L293 모터 실드를 사용했지만 DC모터의 정 · 역회전을 쉽게 제어할 수 있는 L298N, L9110S, TB6612FNG 등과 같이 저렴하고 크기가 작은 모터 드라이버도 있으니 쉽게 구할 수 있는 다른 모터 드라이버로 변경하는 것도 괜찮다.

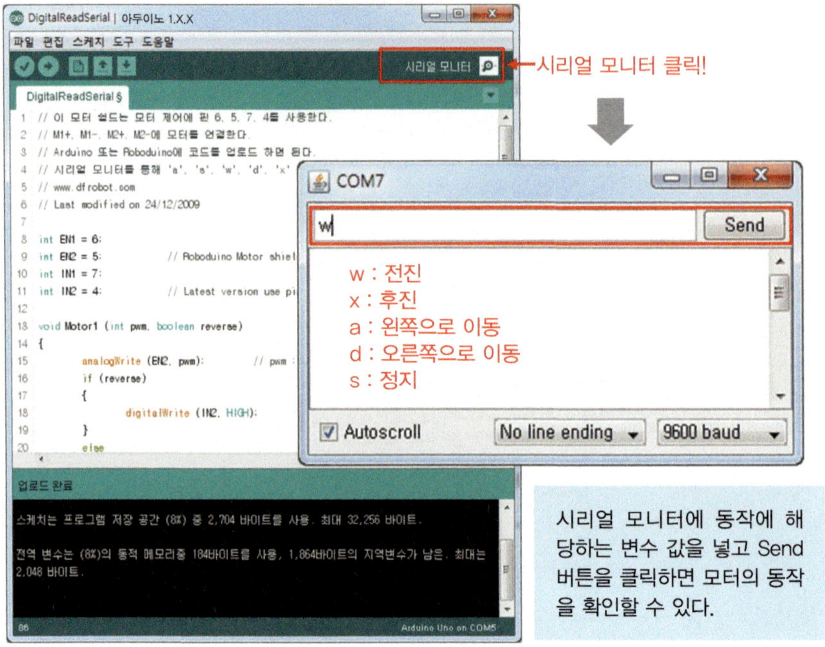

[그림 12-5] 시리얼 모니터 창으로 모터 실드 동작 확인

12-1-3. HC-06 블루투스 모듈

이제 무선 통신으로 탱크 모형이 동작하도록 블루투스를 연결해보자.

스마트폰의 블루투스 어플에서 전송된 무선 데이터를 오렌지 보드에서 수신하도록 해야 하는데 이를 위해서 HC-06 블루투스 모듈을 활용한다.

[그림 12-6] 오렌지 보드와 블루투스 모듈 연결

HC-06의 TX, RX 핀을 각각 오렌지 보드의 2번, 3번 핀에 연결하고 VCC는 3.3 V 핀 또는 5V에 GND는 GND 핀에 연결한다. 오렌지 보드와 HC-06 블루투스 모듈의 연결은 기본적으로 [그림 12-6]과 같이 연결되어야 한다.

다음 프로그램을 작성하여 오렌지 보드로 업로드 한다. 블루투스 무선 통신으로 탱크 모형이 동작을 하도록 코드의 일부를 추가하거나 수정하였다. 어떤 부분이 추가되고 수정되었는지 확인해보자.

```
#include <SoftwareSerial.h>

SoftwareSerial BTSerial (2, 3);   // HC-06 TX, RX 접속

int EN1 = 6;
int EN2 = 5;                      // Roboduino Motor shield uses Pin 9
int IN1 = 7;
int IN2 = 4;                      // Latest version uses pin 4 instead of pin 8

void Motor1 (int pwm, boolean reverse)
{
   analogWrite (EN2, pwm);        // pwm : 0(정지) ~ 255(최대 속도)

   if (reverse)
   {
      digitalWrite (IN2, HIGH);
   }
   else
   {
      digitalWrite (IN2, LOW);
   }
}

void Motor2 (int pwm, boolean reverse)
{
   analogWrite (EN1, pwm);
```

```
    if (reverse)
    {
        digitalWrite (IN1, HIGH);
    }
    else
    {
        digitalWrite (IN1, LOW);
    }
}

void setup()
{
    int i;

    BTSerial.begin (9600);          // 블루투스 통신 속도 9600 bps
    Serial.begin (9600);            // 시리얼 통신 속도 9600 bps

    // for (i = 6; i <= 9; i++)     // Roboduino Motor Shield 일 때,
    //         pinMode (i, OUTPUT); // set pin 6,7,8,9 to output mode

    for (i = 4; i <= 7; i++)        // Arduino Motor Shield 일 때,
            pinMode (i, OUTPUT);  // 4, 5, 6, 7 핀 출력 모드 설정
}

void loop()
{
    if (BTSerial.available ())
    {
        char toSend = (char)BTSerial.read ();
        Serial.println (toSend);

        switch (toSend)
        {
            case '0x38':            // 앞으로 이동
                Motor1 (150, true);
                Motor2 (150, true);
                break;
            case '0x32':            // 뒤로 이동
                Motor1 (150, false);
                Motor2 (150, false);
```

```
            break;
        case '0x34':                    // 왼쪽으로 이동
            Motor1 (150, false);
            Motor2 (150, true);
            break;
        case '0x36':                    // 오른쪽으로 이동
            Motor1 (150, true);
            Motor2 (150, false);
            break;
        case '0x30':                    // 정지(사용 안함)
            Motor1 (0, false);
            Motor2 (0, false);
            break;
      }
   }
}
```

➡ 전, 후, 좌, 우 동작 방향이 맞지 않을 경우 모터에 연결된 배선을 바꾸거나 프로그램 코드를 수정해서 보정할 수 있다.

➡ 스마트폰 BlueStick control 어플의 전송 헥사(hex) 코드는 아래와 같다. 이 프로젝트에서는 탱크 모형의 전, 후, 좌, 우 동작만 사용하지만 필요할 경우 추가로 다양한 동작을 지정할 수 있다. 안드로이드 프로그래밍이 가능한 사용자의 경우 자신만의 무선 조종 어플을 만들어 보는 것도 좋다.

```
0x30 = Stop
0x38 = Up
0x32 = Down
0x34 = Left
0x36 = Right
0x41 = Auto Grab
0x42 = Auto Release
0x43 = Grab
0x44 = Release
0x45 = Rotate Left
0x46 = Rotate Right
```

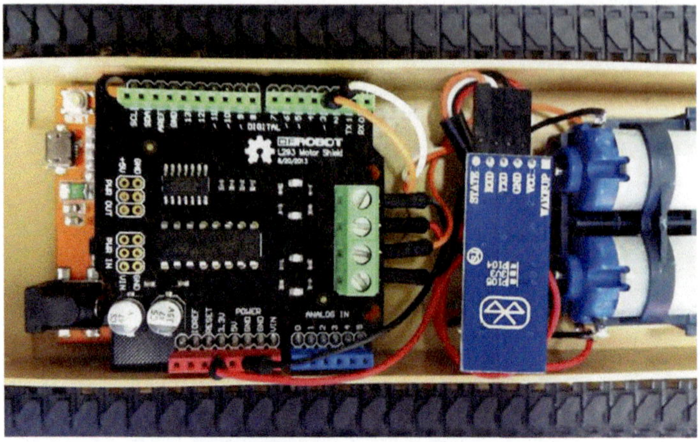

(a) 블루투스 모듈 연결 상태

(b) 블루투스 모듈과 오렌지 보드 연결

(c) 탱크 모형에 모두 배치한 모습

[그림 12-7] HC-06 블루투스 모듈 연결 방법과 탱크 모형에 최종 배치된 상태

블루투스로 무선 데이터를 송 · 수신하기 위해서 두 개의 무선 장치를 먼저 페어링 한다. HC-06의 경우 전원이 공급되면 페어링을 자동으로 시도하며 이때 빨간색의 LED가 깜박인다. LED가 점멸되고 있는 상태에서는 아직 장치 간 연결이 되지 않은 것이다. 이것은 '저를 다른 장치와 연결해주세요.' 라는 요청 신호로 생각하면 된다.

블루투스 장치 간 연결을 위해서 패스워드가 필요하며 HC-06의 초기 핀 코드는 '1234'로 설정되어 있다.

12-1-4. 스마트폰 어플 'BlueStick control'

스마트폰에서 사용할 수 있는 블루투스 제어 어플은 매우 다양하다. 탱크 모형을 전, 후, 좌, 우 방향으로만 움직일 것이기 때문에 심플한 인터페이스를 가진 'BlueStick control' 어플을 설치하도록 한다. 이 어플은 버튼 모드와 틸트 모드를 선택하여 동작을 제어할 수 있다.

[그림 12-8] BlueStick control 어플의 인터페이스와 사용 모습

먼저 BlueStick control 어플을 실행하기 전에 스마트폰의 블루투스 기능을 사용하도록 설정해야 한다. HC-06 블루투스 모듈이 3.3 V 전원에 연결되어 있는 상태에서 블루투스 장치를 검색하면 [그림 12-9]처럼 HC-06이 자동으로 검색되며 초기 핀 코드인 '1234'를 입력하여 스마트폰에 HC-06을 등록한다.

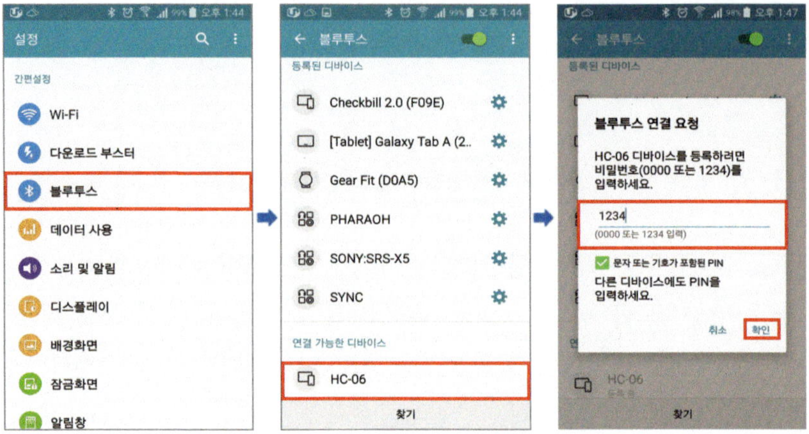

[그림 12-9] 스마트폰에서 HC-06 블루투스 모듈 등록

HC-06을 블루투스 장치로 등록한 뒤에 BlueStick control 어플을 실행한다.

버튼 모드를 선택한 뒤 [그림 12-10]처럼 오른쪽 맨 아래쪽에 'PAIR' 버튼을 선택하면 스마트폰에 미리 등록해둔 HC-06 장치 목록이 보인다.

HC-06을 선택하고 잠시 기다리면 자동으로 스마트폰의 블루투스 기능을 사용하는 BlueStick control 어플과 아두이노 보드에 연결된 HC-06 블루투스를 페어링 한다. 메시지로 연결 상태를 알려 주지만 HC-06의 LED 깜박임이 멈추면 장치 간 연결이 된 것이다. 만약 한 번에 연결이 되지 않으면 'PAIR' 과정을 반복하면 된다.

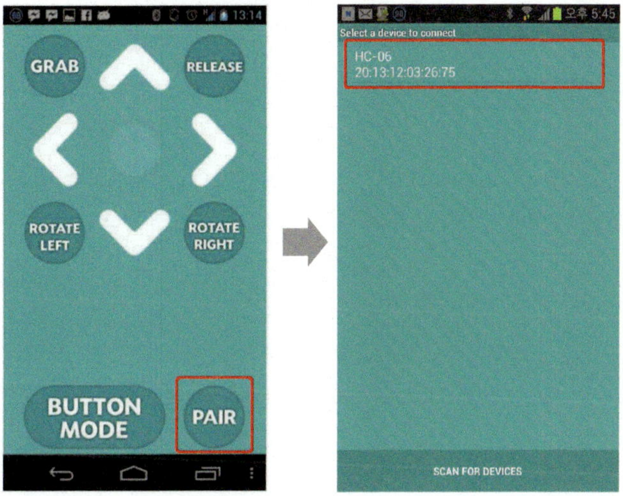

[그림 12-10] 스마트폰에서 블루투스 장치 연결

이 과정까지 마쳤다면 이제 스마트폰에서 오렌지 보드에 연결된 블루투스 모듈로 무선 통신 데이터를 전송할 수 있게 되며, 스마트폰 어플에서 전송되는 명령 데이터를 아두이노 보드가 수신하여 최종적으로 명령에 따라 탱크 모형이 움직이게 된다.

12-1-5. 전원 공급

블루투스로 장치 간 연결이 되었다면 무선 통신으로 탱크 모형의 동작을 확인할 수 있어야 한다. BlueStick control 스마트폰 어플에서 방향을 지시하는 대로 탱크 모형이 잘 동작하는가? 아마 모터가 반응을 하지 않거나 동작해야 할 모터에서 잡음만 날 것이다. 이것은 모터에 충분한 전압을 공급하지 않아서 발생되는 문제이다.

탱크 모형에 연결된 전압 공급 상태를 보면 대부분 프로그램 코드를 업로드 해야 했기 때문에 오렌지 보드에 USB를 연결한 상태에서 동작을 시켰을 텐데 USB로 공급되는 전압으로는 두 개의 모터를 원활하게 동작시키기 힘들다. 모터를 원활하게 동작시키기 위해서는 최소 7 V 전압을 오렌지 보드로 공급해줘야 한다. 필요한 전압이

7 V라면 1.5 V 건전지를 5 개 ~ 6 개를 직렬로 연결하여 오렌지 보드에 연결하면 되는데 탱크 모형의 내부 공간이 협소하기 때문에 이것은 적합하지 않다.

이런 문제를 해결하기 위해서 사용하지 않는 핸드폰 또는 스마트폰의 3.7 V 리튬 이온 배터리나 리튬 이온 폴리머 배터리를 이용하도록 한다. 만약 여분으로 가지고 있는 것이 없다면 구입을 하거나 주변 사람들에게 요청하여 두 개를 준비하고 가능하다면 리튬 이온 배터리보다 좀 더 안전한 리튬 이온 폴리머 배터리를 준비하도록 한다.

두 개의 리튬 이온 폴리머 배터리를 아래 [그림 12-11]처럼 직렬로 연결하여 오렌지 보드에 공급하면 L293 모터 실드, 두 개의 모터, HC-06 블루투스 모듈 모두 원활하게 동작시킬 수 있다.

12-1-6. 추가 작업

비교적 쉽게 따라할 수 있고 흥미를 가질만한 블루투스 무선 조종 탱크를 완성했다. 쉽게 구입할 수 있는 장난감 등에 비해서 시간과 비용 그리고 노력이 더해져야 하지만 스스로 동작하는 것을 만들었다는데 의미를 두자. 이 프로젝트에서 몇 가지 더 흥미로운 작업을 진행해 볼 수 있다.

다음 기능을 추가해 본다.

① 탱크 모형이 자동으로 주행하도록 하고 장애물을 회피하도록 추가한다.
② 스텝 모터나 서보 모터를 추가하여 탱크 모형의 포탑 부분을 제어할 수 있도록 한다.
③ 탱크 모형의 동작 제어를 와이파이 또는 지그비 방식으로 변경한다.

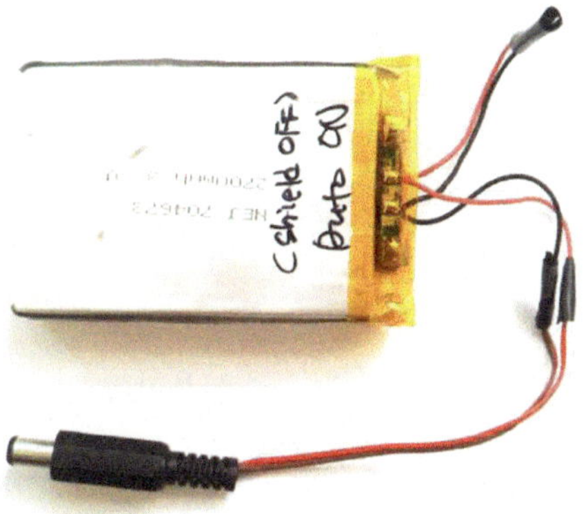

(a) 리튬 이온 폴리머 배터리 직렬 연결

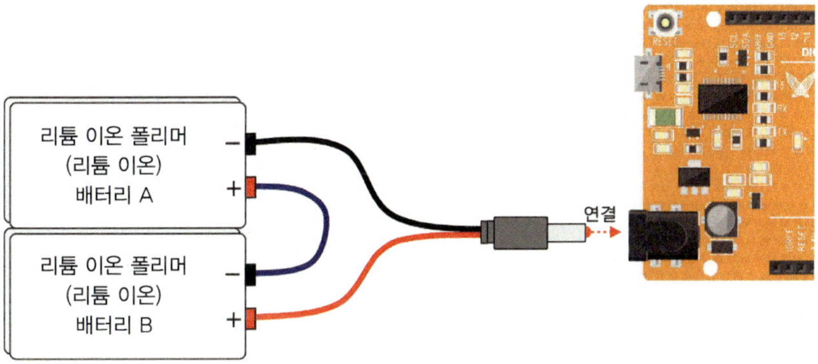

(b) 리튬 이온 폴리머 배터리와 오렌지 보드 연결

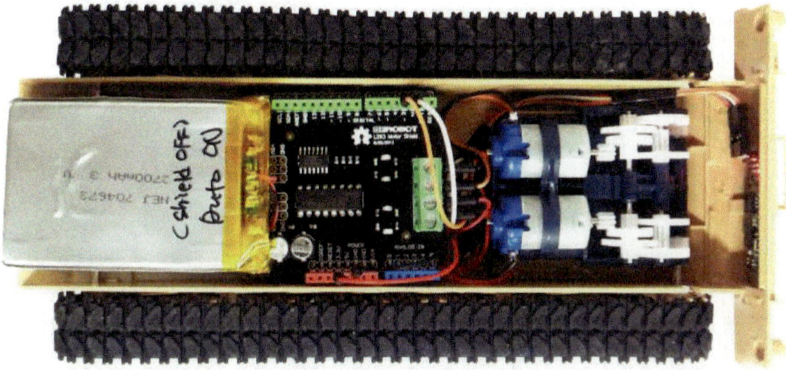

(c) 탱크 모형 내부의 배치 모습

[그림 12-11] 리튬 이온 폴리머 배터리 연결과 최종 완성 모습

12-2. LED 전자 주사위 만들기

여섯 개의 LED와 버튼으로 전자 주사위를 만들어보자.

푸시 버튼을 누를 때마다 주사위처럼 LED가 켜지도록 할려면 임의의 수를 생성할 수 있어야 하기 때문에 난수를 만드는 함수를 사용한다.

LED를 단순히 6개만 연결하면 실제 주사위처럼 표현하기 어렵기 때문에 가운데 1개의 LED를 더 추가하여 [그림 12-12]와 같이 실제 주사위처럼 표시될 수 있도록 LED를 배치한다.

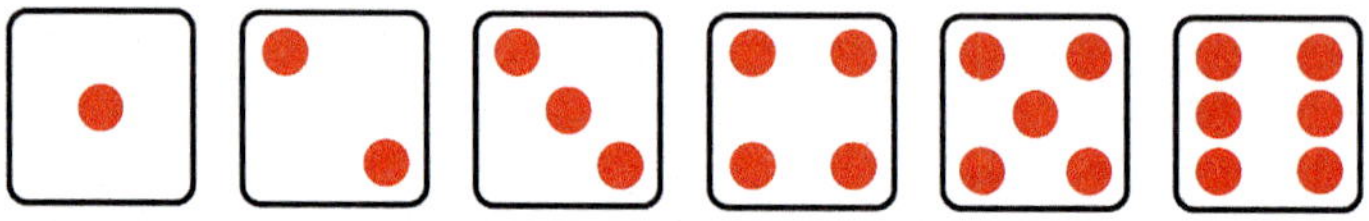

[그림 12-12] 주사위 숫자 배치

준비물

- 오렌지 보드 또는 기타 아두이노 보드
- LED 7개
- 270 Ω 저항 8개
- 푸시 버튼 1개
- 브레드 보드와 점퍼 케이블

[그림 12-13]은 LED와 푸시 버튼 연결 회로도이다. 오렌지 보드의 2번 핀에 풀다운 스위치 회로를 만들고 3번부터 9번 핀까지 270 Ω 저항과 LED를 연결한다.

LED와 푸시 버튼이 포함된 회로를 구성하기 위해서 여러 개의 점퍼 케이블과 저항을 연결해야 하기 때문에 배선이 잘못되지 않도록 한 부분씩 연결하도록 한다. 그리고 [그림 12-14]처럼 사용되는 점퍼 케이블을 줄이기 위해서 LED의 짧은 쪽 다리(GND)와 저항의 브레드보드의 가로 줄에 모두 연결한다.

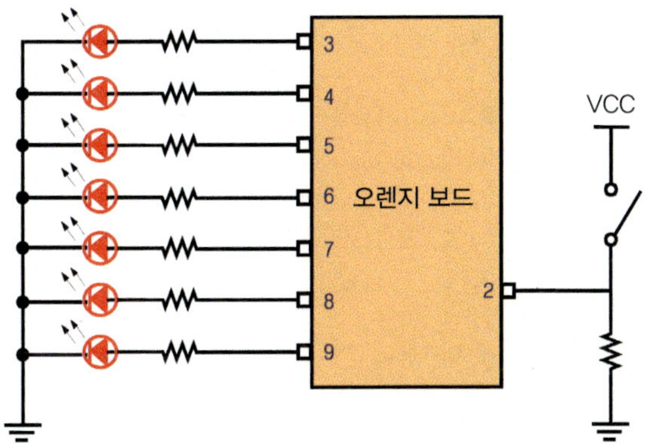

[그림 12-13] 회로도

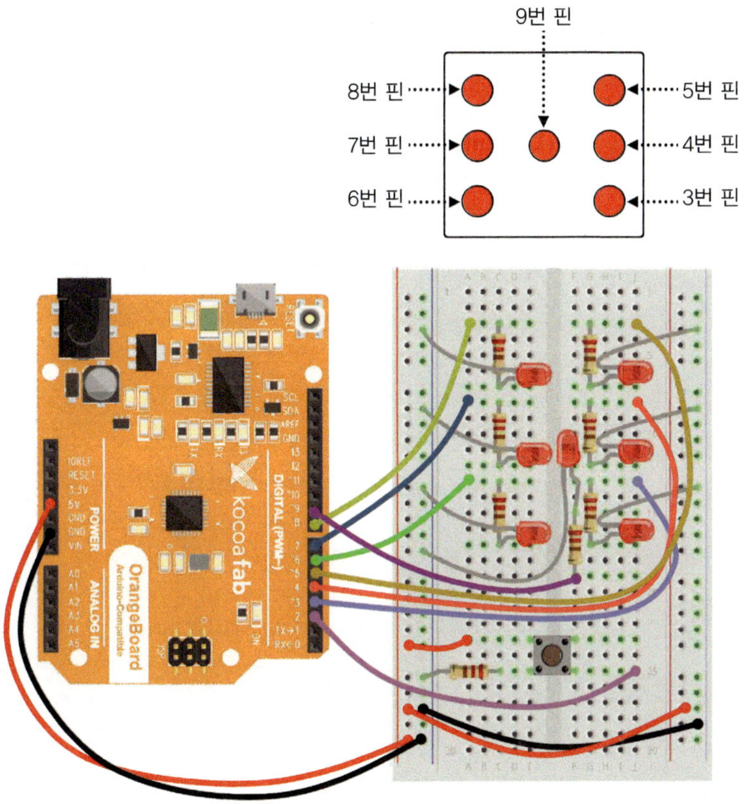

[그림 12-14] LED와 푸시 버튼 연결

```
int ledPin[7] = { 3, 4, 5, 6, 7, 8, 9 };     // LED 연결 핀 번호 초기화
int diceData[7][7] = {
    { 0, 0, 0, 0, 0, 0, 1 },                 // 1
    { 0, 0, 1, 1, 0, 0, 0 },                 // 2
    { 0, 0, 1, 1, 0, 0, 1 },                 // 3
    { 1, 0, 1, 1, 0, 1, 0 },                 // 4
    { 1, 0, 1, 1, 0, 1, 1 },                 // 5
    { 1, 1, 1, 1, 1, 1, 0 },                 // 6
    { 0, 0, 0, 0, 0, 0, 0 }                  // LED Off
  };
int pushPin = 2;                             // 푸시 버튼 2번 핀에 연결
int ledOff = 6;                              // LED Off. 배열 행 초기화

void setup()
{
  for (int i = 0; i < 7; i++)
  {
    pinMode (ledPin[ i ], OUTPUT);           // 3~9번 핀 출력 설정
    digitalWrite (ledPin[ i ], LOW);         // 3~9번 핀 LED Off
  }

  pinMode (pushPin, INPUT);                  // 푸시 버튼 2번 핀 입력 설정
  randomSeed (analogRead (0));               // 난수 입력 초기화
}

void loop()
{
  int randLed = 0;
  int rollcnt = random (10, 20);             // 10~19 사이 랜덤 수 저장

  if (digitalRead (pushPin))                 // 푸시 버튼이 눌려지면
  {
    for (int i = 0; i < rollcnt; i++)        // rollcnt 값 만큼 반복
    {
      randLed = random (0, 6);               // 0~5 사이 랜덤 수 저장
      diceLed (randLed);                     // 주사위 숫자 호출
      delay (30 + i * 20);                   // 점점 느려짐
    }
```

```
        for (int j = 0; j < 3; j++)              // 세 번 반복
        {
            diceLed (ledOff);                     // 주사위 LED Off
            delay (500);                          // 500 ms 지연
            diceLed (randLed);                    // randLed 값 LED On
            delay (500);                          // 500 ms 지연
        }
    }
    delay (100);
}

void diceLed (int ledOn)                          // 주사위 값 LED On
{
    for (int i = 0; i < 7; i++)
    {
        digitalWrite ( ledPin[ i ], diceData[ ledOn ][ i ] );
    }
}
```

➡ 실제 주사위를 굴리면 처음에는 빨리 구르다가 점점 느려지면서 결국 한 숫자에서 멈추는데 이 프로젝트도 푸시 버튼을 누를 때마다 실제 굴려진 주사위처럼 무작위로 값이 바뀌면서 주사위 숫자가 결정된다. 마지막에 결정된 주사위 숫자는 세 번 깜박인 뒤에 멈춘다.

코드 해석

```
int ledPin[7] = { 3, 4, 5, 6, 7, 8, 9 };
```

실제 주사위처럼 표시되도록 LED를 7개 사용했고 오렌지 보드에 연결될 3번~9번 핀 번호를 배열로 초기화한다. 이렇게 한 번에 많은 핀을 초기화하거나 출력 등의 명령을 써야할 때는 배열로 초기화한 뒤에 for 반복문이나 while 반복문으로 쉽게 설정할 수 있다.

ledPin 배열의 인덱스는 0부터 6까지 다음과 같이 초기화 된다.

ledPin[7] =	ledPin[0]	ledPin[1]	ledPin[2]	ledPin[3]	ledPin[4]	ledPin[5]	ledPin[6]
	3	4	5	6	7	8	9

```
int diceData[7][7] = {
    { 0, 0, 0, 0, 0, 0, 1 },
    { 0, 0, 1, 1, 0, 0, 0 },
    { 0, 0, 1, 1, 0, 0, 1 },
    { 1, 0, 1, 1, 0, 1, 0 },
    { 1, 0, 1, 1, 0, 1, 1 },
    { 1, 1, 1, 1, 1, 1, 0 },
    { 0, 0, 0, 0, 0, 0, 0 }
};
```

전자 주사위 1에서 6까지의 숫자 값과 아무 것도 표시하지 않는 값까지 7개의 값을 2차원 배열로 초기화 한다. 2차원 배열의 초기화에 대해서 잘 이해되지 않으면 C 언어의 배열 문법을 검색해보거나 관련 도서를 참고해서 2차원 배열의 초기화와 배열의 인덱스에 대해서 찾아보기 바란다.

diceData 배열은 7개 LED의 On/Off 값을 가지고 있다. diceData 배열의 행은 주사위 1부터 6까지 LED On/Off 값과 전체 LED를 모두 Off 할 수 있는 값을 가진다.

diceData 배열의 초기화 의미는 다음과 같다.

```
int diceData[7][7] = {
  { 0, 0, 0, 0, 0, 0, 1 },
  { 0, 0, 1, 1, 0, 0, 0 },
  { 0, 0, 1, 1, 0, 0, 1 },
  { 1, 0, 1, 1, 0, 1, 0 },
  { 1, 0, 1, 1, 0, 1, 1 },
  { 1, 1, 1, 1, 1, 1, 0 },
  { 0, 0, 0, 0, 0, 0, 0 }
};
```

[0][0]	[0][1]	[0][2]	[0][3]	[0][4]	[0][5]	[0][6]
0	0	0	0	0	0	1
[1][0]	[1][1]	[1][2]	[1][3]	[1][4]	[1][5]	[1][6]
0	0	1	1	0	0	0
[2][0]	[2][1]	[2][2]	[2][3]	[2][4]	[2][5]	[2][6]
0	0	1	1	0	0	1
[3][0]	[3][1]	[3][2]	[3][3]	[3][4]	[3][5]	[3][6]
1	0	1	1	0	1	0
[4][0]	[4][1]	[4][2]	[4][3]	[4][4]	[4][5]	[4][6]
1	0	1	1	0	1	1
[5][0]	[5][1]	[5][2]	[5][3]	[5][4]	[5][5]	[5][6]
1	1	1	1	1	1	0
[6][0]	[6][1]	[6][2]	[6][3]	[6][4]	[6][5]	[6][6]
0	0	0	0	0	0	0

예를 들어, diceData 배열의 다섯 번째 행은 주사위 숫자 6의 LED On/Off 데이터를 가지고 있다. 다음은 그것에 대한 개념을 보여준다.

diceData[ ] [ ] 5행 →	[5][0]	[5][1]	[5][2]	[5][3]	[5][4]	[5][5]	[5][6]
	1	1	1	1	1	1	0
오렌지 보드 연결 →	3번 핀	4번 핀	5번 핀	6번 핀	7번 핀	8번 핀	9번 핀

```
randomSeed (analogRead (0));
```

randomSeed()은 random() 함수와 함께 사용하며 지정된 매개 변수를 기반으로 임의의 위치에서 난수 생성기를 시작하는 함수이다.

random() 함수는 난수를 발생시키지만 엄밀하게 말하면 난수라고 할 수 없는 항상 동일한 순서의 숫자 값을 반복해서 가져온다. 그래서 매번 다른 순서의 난수가 생성되어야 한다면 randomSeed() 함수를 사용해서 난수 발생기를 초기화해야 한다.

난수 발생기를 초기화 할 때는 사용하지 않는 핀의 아날로그 값을 읽도록 하는데 연결되지 않은 핀의 아날로그 값을 읽으면 매번 그 값이 달라지기 때문에 난수 발생 초기화 시 이 방법을 사용하면 된다. 만약 randomSeed() 함수의 매개 변수 값이 같으면 초기화 할 때마다 매번 동일한 순서로 난수가 생성된다. randomSeed() 함수는 지정된 매개 변수를 기반으로 임의의 위치에서 난수 생성기를 시작한다.

```
randLed = random (0, 6);
diceLed (randLed);
```

random()은 난수를 발생시키는 함수이다. 함수의 원형은 다음과 같다.

```
random (max)
random (min, max)
```

random() 함수를 단일 매개 변수(최대 값)와 함께 호출하면 매개 변수 값이 난수의 최대 값으로 설정되고 이때의 리턴 값의 범위는 0부터 최대 값 –1까지의 값이다. 예를 들어 random (10)의 리턴 값은 0 에서 9 사이의 값이다.

random() 함수를 두 개의 매개 변수(최소 값, 최대 값)와 함께 호출하면 난수의 최소 값과 최대 값이 설정되고 이때의 리턴 값은 최소 값부터 최대 값 –1까지의 값이다. 예를 들어 random (1, 8)의 리턴 값은 1 에서 7 사이의 값이다. 이것과 동일한 리턴 값을 얻을 때 (randomSeed(seed) % 8) +1 처럼 사용할 수 있다.

random (0, 6)의 리턴 값은 0에서 5 사이의 값이고 이렇게 리턴 된 값은 주사위의 1부터 6까지 숫자 값을 가진 diceData 배열의 행 인덱스 0부터 5까지를 무작위(random)로 선택하기 위한 것이다. 무작위로 선택 된 값을 randLed 변수에 저장하고 그 값을 diceLed() 함수를 호출하면서 값으로 전달한다.

```
void diceLed (int ledOn)
{
   for (int i = 0; i < 7; i++)
   {
      digitalWrite ( ledPin[ i ], diceData[ ledOn ][ i ] );
   }
}
```

무작위로 선택 된 값 중 하나를 ledOn 매개 변수가 복사한다. 만약 random() 함수에서 생성 된 무작위 수가 5라고 가정하면 diceData[ledOn][i] 코드는 diceData[5][i]와 같은 것이다. 즉 diceData 2차원 배열의 다섯 번째 행 값을 결정하고 열 인덱스 0 부터 6 까지 반복하며 LED 값을 전달한다. 이때 출력이 1인 핀의 LED는 켜지고 0인 핀의 LED는 꺼져 최종적으로 주사위 숫자 6을 표시한다.

digitalWrite (ledPin[i], diceData[ledOn][i]);

i = 0 일 때 → digitalWrite (ledPin[0], diceData[5][0]); → 3번 핀 LED On

i = 1 일 때 → digitalWrite (ledPin[1], diceData[5][1]); → 4번 핀 LED On

i = 2 일 때 → digitalWrite (ledPin[2], diceData[5][2]); → 5번 핀 LED On

i = 3 일 때 → digitalWrite (ledPin[3], diceData[5][3]); → 6번 핀 LED On

i = 4 일 때 → digitalWrite (ledPin[4], diceData[5][4]); → 7번 핀 LED On

i = 5 일 때 → digitalWrite (ledPin[5], diceData[5][5]); → 8번 핀 LED On

i = 6 일 때 → digitalWrite (ledPin[6], diceData[5][6]); → 9번 핀 LED Off

	[5][0]	[5][1]	[5][2]	[5][3]	[5][4]	[5][5]	[5][6]
diceData[ ] [ ] 5행 →	1	1	1	1	1	1	0
오렌지 보드 연결 →	3번 핀	4번 핀	5번 핀	6번 핀	7번 핀	8번 핀	9번 핀

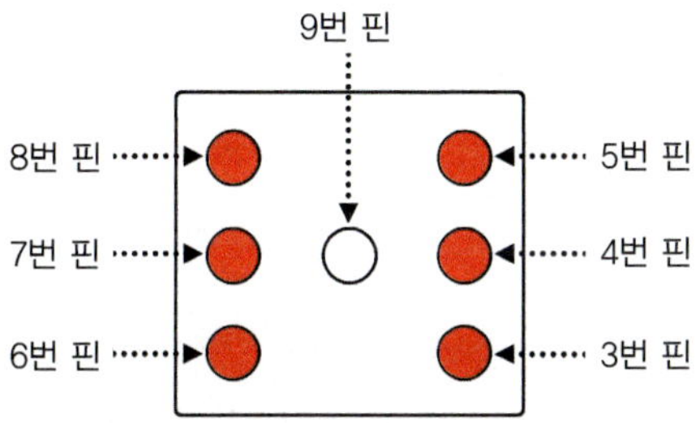


```
delay (30 + i * 20);
```

우선 프로그램 코드에서 i 변수 값이 전달되는 과정을 전체적으로 보자. int rollcnt = random (10, 20); 코드를 통해 먼저 10에서 19까지의 랜덤 수를 rollcnt 변수에 저장한다. 이것은 주사위 숫자가 무작위로 표시되는 횟수를 정하기 위한 것이다. 만약 rollcnt 변수에 저장된 값이 11이라면 for (int i = 0; i < rollcnt; i++) 코드는 for (int i = 0; i < 11; i++) 코드로 i 변수가 0부터 10까지 1씩 증가되면서 프로그램 코드를 반복 실행한다. 다시말해 주사위 숫자가 열한 번 무작위로 표시된다.

delay (30 + i * 20); 문장은 i 변수 값이 1씩 증가할 때마다 주사위 숫자가 표시되는 시간이 길어지게 하는 코드이다. 이것은 실제로 주사위가 구르다가 멈추는 것처럼 동작시키기 위한 부분이다.

다음 기능을 추가해 본다.

① 두 개의 주사위 값을 얻을 수 있도록 주사위 한 개를 더 추가한다.
② 버튼을 한 개 더 추가하여 이 버튼을 누르면 LED가 모두 꺼지도록 한다.
③ 주사위 숫자를 데이터로 저장되도록 하고 일정 횟수를 반복한 주사위 값의 통계를 출력하도록 한다.

12-3. 온도와 습도가 표시되는 디지털시계 만들기

온도와 습도까지 표시되는 디지털시계를 만들어보자.

LCD의 첫 번째 줄에는 현재 날짜와 시간을 표시하고 두 번째 줄에는 온도와 습도를 표시한다.

Time 라이브러리를 추가하면 쉽게 날짜와 시간을 출력할 수 있다. 주의할 점은 오래된 Time 라이브러리는 아두이노 IDE의 버전이 1.6.1 이상일 경우 동작하지 않기 때문에 최신 버전의 아두이노 IDE를 사용할 경우 업데이트된 새로운 버전의

Time 라이브러리를 사용해야 한다. Time 라이브러리에 대한 상세한 정보는 http://playground.arduino.cc/code/time 에서 확인한다.

배선이 복잡하기 때문에 [그림 12-15] 회로도를 참고하여 [그림 12-16]처럼 연결한다. 필요할 경우 LCD의 두 번째 줄에 표시되는 온도와 습도 데이터는 5장의 온도 · 습도 센서 부분을 참고하도록 한다.

준비물

- 오렌지 보드 또는 기타 아두이노 보드
- 16×2 Character LCD 1개
- 온도 · 습도 센서 1개
- 5 KΩ 저항 1개
- 포텐셔미터 1개
- 브레드 보드와 점퍼 케이블

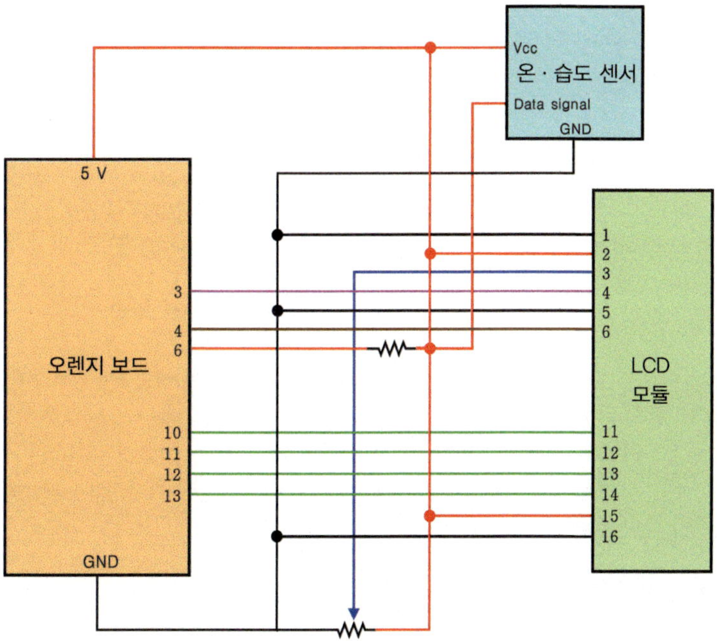

[그림 12-15] 회로도

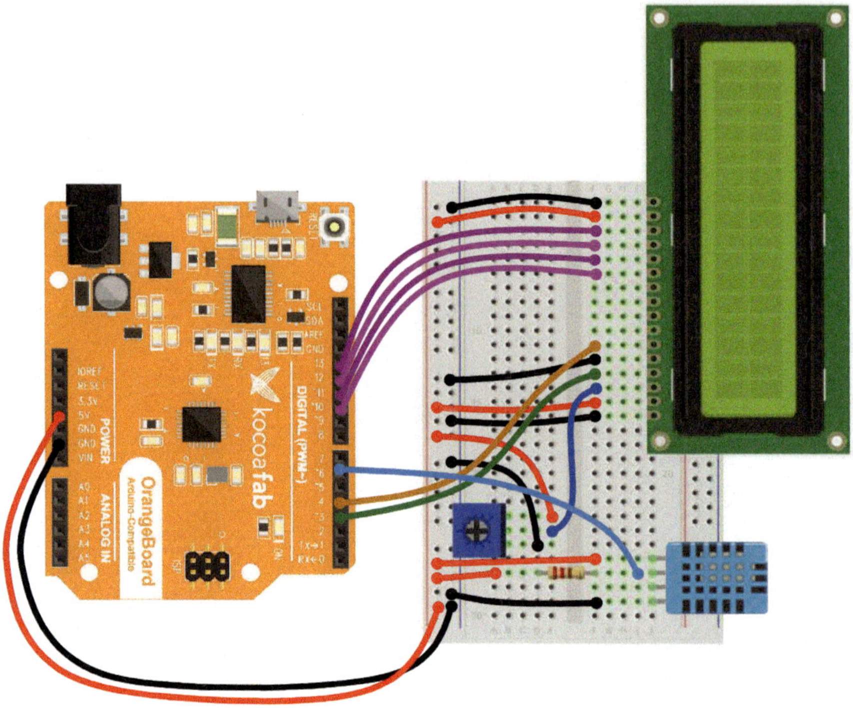

[그림 12-16] 온도 · 습도 센서와 LCD 연결

```
#include <LiquidCrystal.h>                  // LCD 라이브러리 추가
#include <DHT.h>                            // DHT11 센서 라이브러리 추가
#include <Adafruit_Sensor.h>                // Adafruit_Sensor 라이브러리 추가
#include <Time.h>                           // Time 라이브러리를 추가하면 TimeLib 포함
#include <TimeLib.h>                        // TimeLib 헤더파일 추가

#define  DHTPIN  6                          // DHT11 2번 핀을 보드 6번 핀에 연결
DHT dht (DHTPIN, DHT11);                    // DHT11 센서 초기화

LiquidCrystal lcd (3, 4, 10, 11, 12, 13);   // LCD 핀과 라이브러리 초기화

void setup()
{
   Serial.begin (9600);
   Serial.println ("input the time");
   Serial.println ("(YYMMDDhhmm)");
```

```
    Serial.println ();

    lcd.begin (16, 2);                        // 16×2 문자형 LCD 사용
    lcd.clear ();

    dht.begin ();
}

void loop()
{
    int input_min;                            // 분
    int input_hour;                           // 시
    int input_day;                            // 일
    int input_month;                          // 월
    int input_year;                           // 년

    char temp;
    String timeline = "";

    /* 현재 시간 출력부 */

    while (Serial.available ())
    {
        temp = Serial.read ();
        timeline.concat (temp);
        lcd.clear ();
    }

    if (timeline != "")
    {
        char tempData[2];
        timeline.substring(0, 2).toCharArray(tempData, 3);
        input_year = atoi (tempData);

        timeline.substring(2, 4).toCharArray(tempData, 3);
        input_month = atoi (tempData);

        timeline.substring(4, 6).toCharArray(tempData, 3);
        input_day = atoi (tempData);
```

```
    timeline.substring(6, 8).toCharArray(tempData, 3);
    input_hour = atoi (tempData);

    timeline.substring(8, 10).toCharArray(tempData, 3);
    input_min = atoi (tempData);

    setTime (input_hour, input_min, 0, input_day, input_month, input_year);
    Serial.println ("input data = " + timeline + "...... time setting : "
                    + input_year+ "." + input_month + "." + input_day
                    + " " +input_hour + ":" + input_min);
  }
  else
  {

  }

  digitalClockDisplay ();

  /* 온도 습도 출력부 */

  float humiValue = dht.readHumidity ();
  float tempValue = dht.readTemperature ();

  if (isnan (humiValue) || isnan (tempValue))
  {
    Serial.println ("Failed to read from DHT sensor!");
  }
  else
  {
    char arr_tem[10];
    dtostrf (tempValue, 2, 0, arr_tem);

    String output_tem = "T : ";
    output_tem += (String)arr_tem;
    output_tem += (char)223;
    output_tem += "C ";

    lcd.setCursor (0, 1);
```

```
            lcd.print (output_tem);

            char arr_humi[10];
            dtostrf (humiValue, 2, 0, arr_humi);

            String output_humi = "H : ";
            output_humi += (String)arr_humi;
            output_humi += "%";

            lcd.print (output_humi);
        }
        delay (1000);

        if (minute () == 0 && second () == 0)
        {
            lcd.clear ();
        }
        else
        {

        }
}

void digitalClockDisplay ()
{
    lcd.setCursor (0, 0);
    lcd.print (year());
    lcd.print (".");
    lcd.print (month());
    lcd.print (".");
    lcd.print (day());
    lcd.print (" ");
    lcd.print (hour());
    lcd.print (":");
    lcd.print (minute());
    /*
    lcd.print (":");
    lcd.print (second());
    */
}
```

➡ 푸시 버튼으로 날짜와 시간을 설정하도록 하면 배선이 복잡해지기 때문에 배선을 좀 더 간단하게 하기 위해서 시리얼 모니터 창을 통해 날짜와 시간을 설정하도록 했다.

➡ Time 라이브러리를 사용하면 표준 시간을 Unix 시간(POSIX 시간)을 사용하며 최초 1970년 1월 1일 0시 0분을 LCD에 출력한다.

현재의 날짜와 시간으로 설정할 때는 "YYMMDDhhmm" 형식(Y : 연도, M : 월, D : 일, h : 시, m : 분)으로 입력한 뒤 전송하면 LCD에 현재의 날짜와 시간이 표시된다.

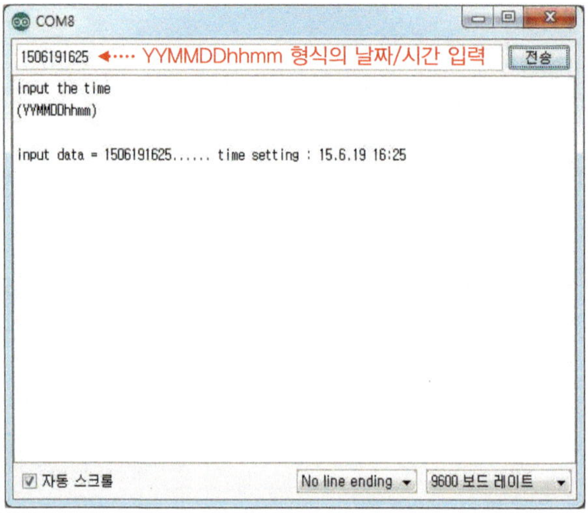

코드 해석

```
String timeline = "";    // timeline 객체을 생성하고 빈문자열로 초기화 한다.
```

1 바이트의 문자가 여러 개 연결되어 있는 문장을 문자열이라 하며 아두이노에서 문자열을 String 클래스나 배열을 이용하여 다룰 수 있다. String 클래스는 대문자로 쓰고 배열은 소문자 string으로 쓴다.

String 클래스의 다양한 활용 방법을 아두이노 IDE의 “Strings” 예제들을 통해서 확인하도록 한다.

```
timeline.concat (temp);
```

concat()은 하나의 새로운 문자열로 두 문자열을 결합(연결)하는 함수로 String.concat(string) 형태로 사용한다. 매개 변수 string에는 String 문자열에 추가할 문자 배열이나 다른 String 객체를 쓴다. 즉 매개 변수 temp에 저장된 문자열을 timeline 객체에 결합한다.

```
timeline.substring(0, 2).toCharArray(tempData, 3);
```

substring()은 String 객체에서 특정 위치의 문자열을 복사해서 가져오는 함수로 String.substring(from) 또는 String.substring(from, to) 형태로 사용한다. 매개 변수 form에는 복사를 시작할 문자의 인덱스 값을 쓰고 매개 변수 to에는 복사를 끝낼 문자의 인덱스 값을 쓰며 이때 to 값의 앞 문자까지 복사된다.

toCharArray()는 제공된 버퍼에 지정한 길이만큼 문자열을 복사하는 함수로 String.toCharArray(buf, len) 형태로 사용한다. 매개 변수 buf에는 복사한 문자열을 저장할 char 형의 배열 또는 char* 형의 포인터 변수를 쓰고 매개 변수 len에는 복사할 문자 배열의 길이를 쓰며 널(NULL, ‘₩0’) 문자까지 포함해야 한다.

이 코드가 실행이 되면 timeline 문자열에서 제일 앞쪽 두 글자를 복사해서 tempData 배열에 저장된다. 즉 시리얼 모니터 창에 YYMMDDhhmm 형식의 날짜와 시간을 “1506191625” 문자열로 입력했을 때 tempData 배열에는 “15”가 저장된다.

```
input_year = atoi (tempData);
```

atoi()는 문자열을 정수 형(int)으로 변환하는 C 라이브러리 함수로 원형은 int atoi(const char *str)이다.

tempData 배열에 저장된 문자를 정수 형으로 변환한 뒤 input_year 변수에 저장한다. 이 변수 값은 연도 데이터로 사용된다.

이후 월, 일, 시, 분 데이터를 동일한 방식으로 처리하고 있다.

```
if (isnan (humiValue) || isnan (tempValue))
```

isnan()은 Is Not-A-Number의 의미로 매개 변수 값이 숫자인지 아닌지를 체크하는 함수이며 반환 값은 boolean 형이다.

isnan() 함수로 습도 데이터를 저장하는 humiValue 변수와 온도 데이터를 저장하는 tempValue 변수 값이 문자(문자열)이면 true(1)를 반환하고 숫자이면 false(0)를 반환한다. 즉 온도와 습도 데이터 중 하나라도 문자(문자열)가 포함되면 에러 메시지를 출력한다.

```
dtostrf (tempValue, 2, 0, arr_tem);
```

예제에서 온도와 습도 데이터를 LCD로 출력할 때 lcd.print() 함수를 사용하는데 이 함수는 실수 형의 데이터를 출력하지 못한다. 그래서 온 · 습도 센서로부터 실수 형의 온도와 습도 데이터를 가져와서 다시 문자열로 변경하여 LCD 라이브러리 함수를 사용할 수 있도록 해야 한다.

dtostrf()은 실수 형의 데이터를 문자열로 변환하는 함수로 원형은 char *dtostrf (double __val, signed char __width, unsigned char __prec, char *__s)이다.

네 개의 매개 변수에 각각 double 데이터, 데이터 길이, 소수점 자리 수(정밀도), 변경된 값이 저장될 char 배열을 쓴다. 즉 이 코드는 tempValue에 저장된 온도 데이터를 소수점 없이 두 자리를 arr_tem 배열에 저장한다.

```
String output_tem = "T : ";
output_tem += (String)arr_tem;
output_tem += (char)223;
output_tem += "C ";
```

output_tem String 객체를 생성하고 "T : " 문자열로 초기화한다. 두 번째 줄은 output_tem = output_tem + (String)arr_tem 으로 arr_tem에 저장된 온도 데이터를 String 객체로 변환한 뒤 output_tem의 문자열과 결합한다. 세번째 줄의 (char)223은 '℃'에서 '°' 문자를 의미한다.

이 코드들로 output_tem 객체에 온도 데이터와 필요한 문자를 순서대로 연결한다. 이와 같은 방식으로 습도 데이터도 동일하게 처리한다.

```
if (minute () == 0 && second () == 0)
{
   lcd.clear ();
}
```

LCD에 출력되는 데이터의 분과 초가 모두 0이 될 때 LCD 화면을 지워준다. 이 코드가 빠지면 23시 59분 59초에서 0시 0분 0초가 될 때 즉, 시가 바뀌는 시점에서 두 자리의 시, 분, 초가 한자리로 바뀌면서 남은 일부 데이터가 LCD에 잔상으로 출력된다.

다음 기능을 추가해 본다.

① 날짜와 시간을 수정할 수 있는 버튼을 추가한다.
② 알람 기능을 추가한다.
③ RTC(Real Time Clock) 모듈을 활용하여 실생활에 활용 가능한 디지털시계를 만든다.

부록

부록 1. ATmega328 데이터시트

부록 2. 오렌지 보드 회로도

부록 3. 오렌지 보드 핀 배치도

부록 4. HSG & JK Electronics 실습 보드

부록 1. ATmega328 데이터시트

8-bit AVR® Microcontroller with 4/8/16/32K Bytes In-System Programmable Flash

ATmega48PA
ATmega88PA
ATmega168PA
ATmega328P

Summary

Features

- High Performance, Low Power AVR® 8-Bit Microcontroller
- Advanced RISC Architecture
  - 131 Powerful Instructions – Most Single Clock Cycle Execution
  - 32 x 8 General Purpose Working Registers
  - Fully Static Operation
  - Up to 20 MIPS Throughput at 20 MHz
  - On-chip 2-cycle Multiplier
- High Endurance Non-volatile Memory Segments
  - 4/8/16/32K Bytes of In-System Self-Programmable Flash progam memory (ATmega48PA/88PA/168PA/328P)
  - 256/512/512/1K Bytes EEPROM (ATmega48PA/88PA/168PA/328P)
  - 512/1K/1K/2K Bytes Internal SRAM (ATmega48PA/88PA/168PA/328P)
  - Write/Erase Cycles: 10,000 Flash/100,000 EEPROM
  - Data retention: 20 years at 85°C/100 years at 25°C[(1)]
  - Optional Boot Code Section with Independent Lock Bits
    In-System Programming by On-chip Boot Program
    True Read-While-Write Operation
  - Programming Lock for Software Security
- Peripheral Features
  - Two 8-bit Timer/Counters with Separate Prescaler and Compare Mode
  - One 16-bit Timer/Counter with Separate Prescaler, Compare Mode, and Capture Mode
  - Real Time Counter with Separate Oscillator
  - Six PWM Channels
  - 8-channel 10-bit ADC in TQFP and QFN/MLF package
    Temperature Measurement
  - 6-channel 10-bit ADC in PDIP Package
    Temperature Measurement
  - Programmable Serial USART
  - Master/Slave SPI Serial Interface
  - Byte-oriented 2-wire Serial Interface (Philips I²C compatible)
  - Programmable Watchdog Timer with Separate On-chip Oscillator
  - On-chip Analog Comparator
  - Interrupt and Wake-up on Pin Change
- Special Microcontroller Features
  - Power-on Reset and Programmable Brown-out Detection
  - Internal Calibrated Oscillator
  - External and Internal Interrupt Sources
  - Six Sleep Modes: Idle, ADC Noise Reduction, Power-save, Power-down, Standby, and Extended Standby
- I/O and Packages
  - 23 Programmable I/O Lines
  - 28-pin PDIP, 32-lead TQFP, 28-pad QFN/MLF and 32-pad QFN/MLF
- Operating Voltage:
  - 1.8 - 5.5V for ATmega48PA/88PA/168PA/328P
- Temperature Range:
  - -40°C to 85°C
- Speed Grade:
  - 0 - 20 MHz @ 1.8 - 5.5V
- Low Power Consumption at 1 MHz, 1.8V, 25°C for ATmega48PA/88PA/168PA/328P:
  - Active Mode: 0.2 mA
  - Power-down Mode: 0.1 μA
  - Power-save Mode: 0.75 μA (Including 32 kHz RTC)

1. Pin Configurations

Figure 1-1. Pinout ATmega48PA/88PA/168PA/328P

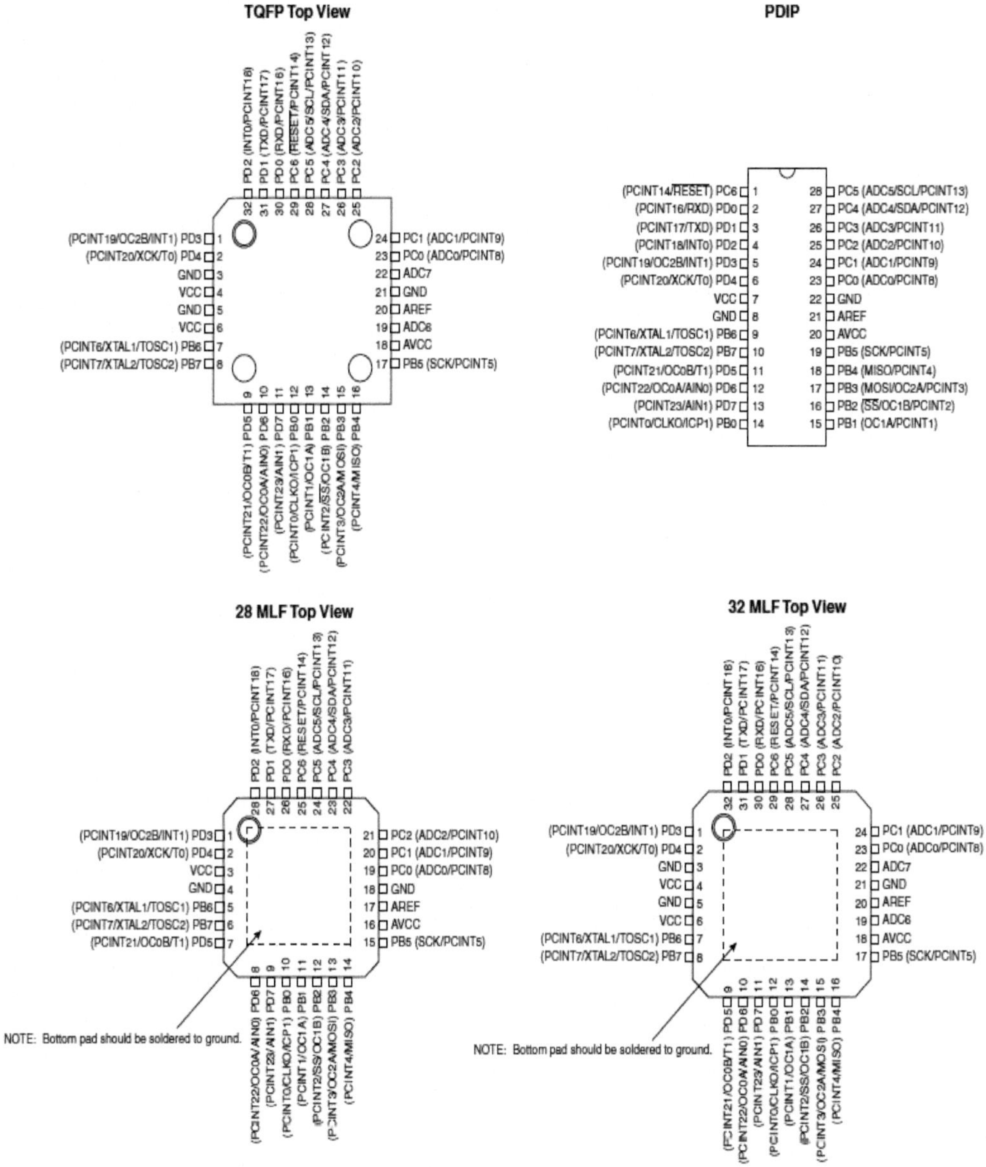

부록 2. 오렌지 보드 회로도

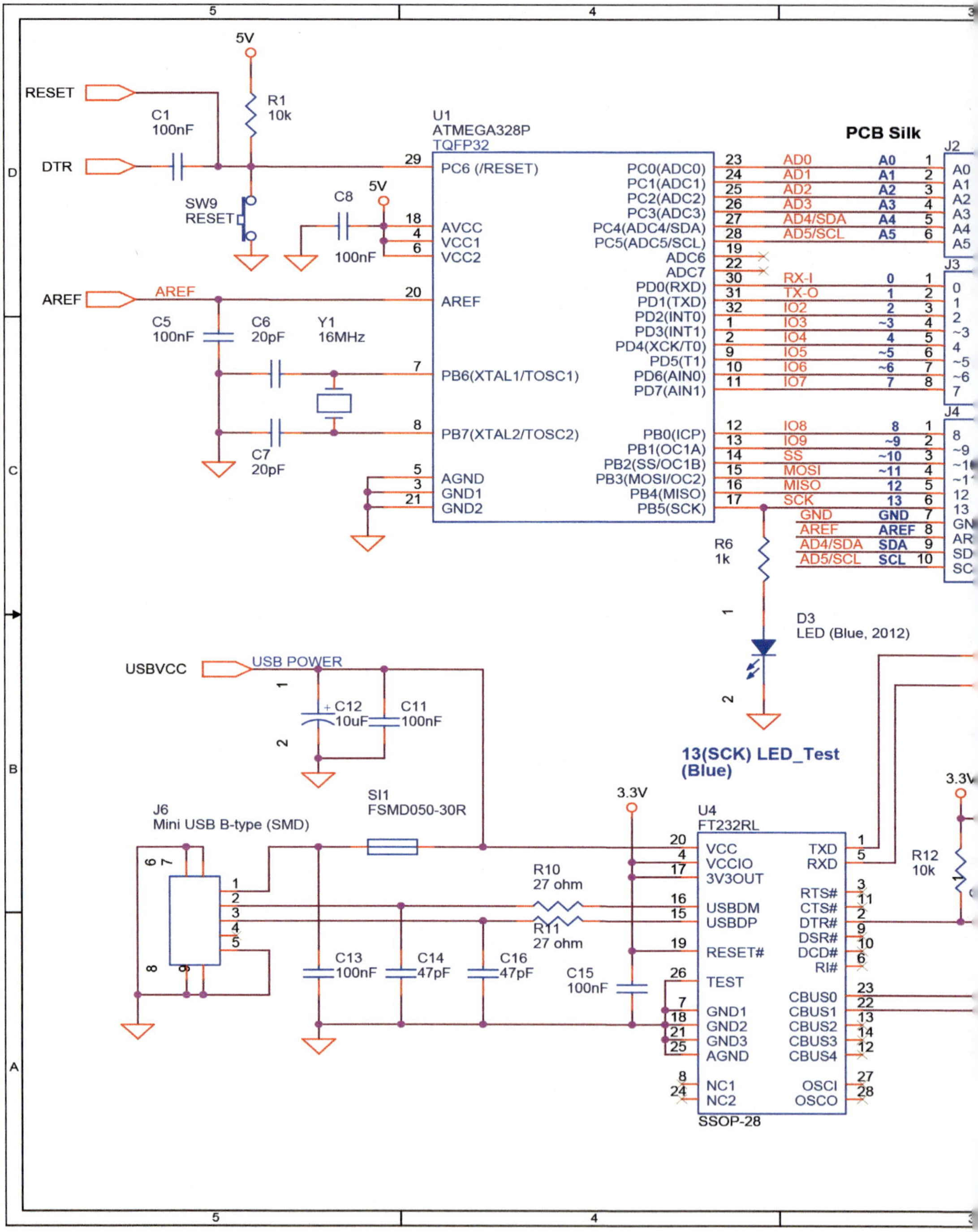

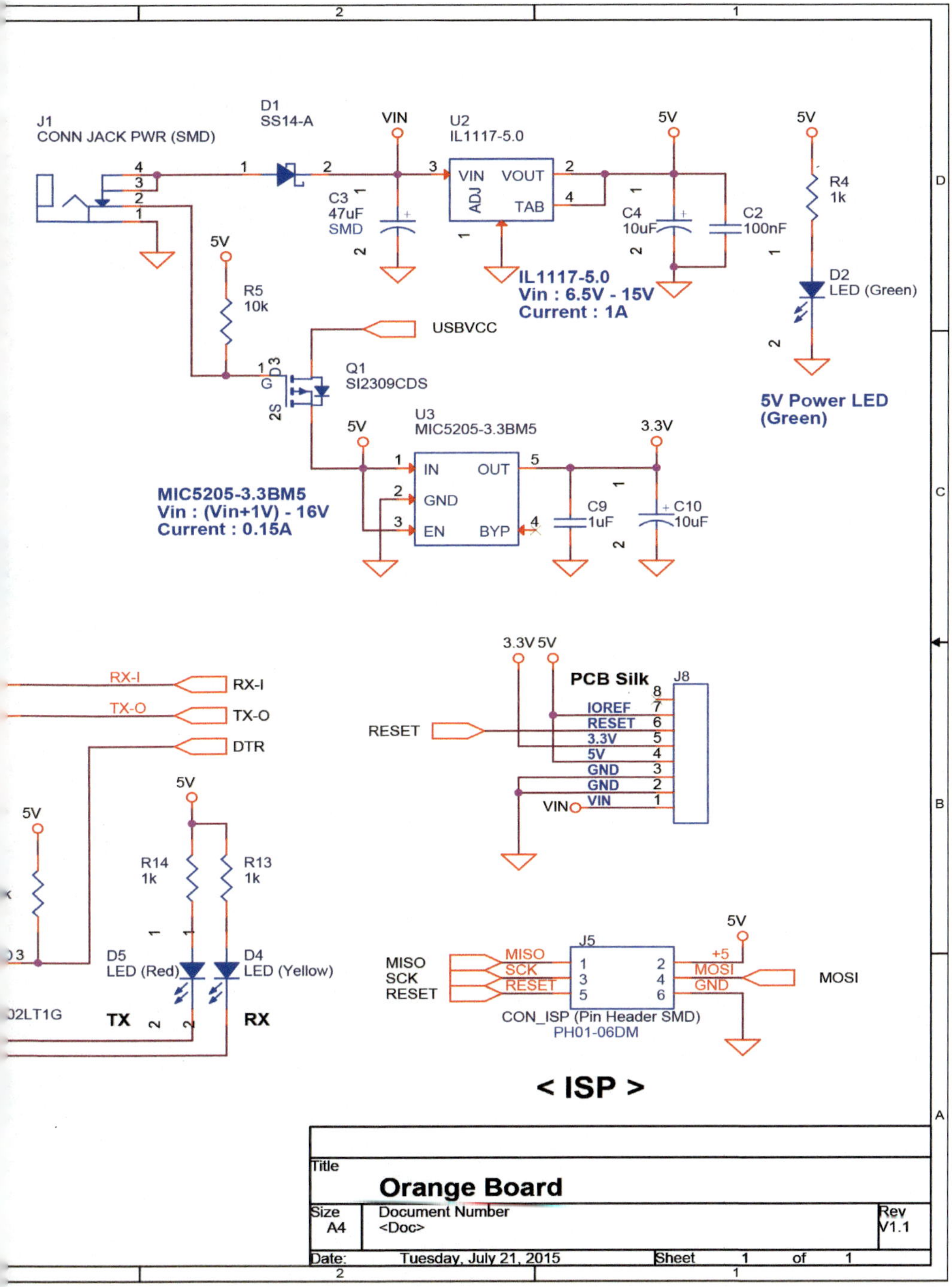
J1
CONN JACK PWR (SMD)
D1
SS14-A
VIN
U2
IL1117-5.0
VIN VOUT
ADJ TAB
C3
47uF
SMD
C4
10uF
C2
100nF
5V
R4
1k
D2
LED (Green)
IL1117-5.0
Vin : 6.5V - 15V
Current : 1A
R5
10k
USBVCC
Q1
SI2309CDS
5V Power LED
(Green)
U3
MIC5205-3.3BM5
IN OUT
GND
EN BYP
3.3V
C9
1uF
C10
10uF
MIC5205-3.3BM5
Vin : (Vin+1V) - 16V
Current : 0.15A
RX-I
TX-O
DTR
RESET
PCB Silk
J8
IOREF
RESET
3.3V
5V
GND
GND
VIN
R14
1k
R13
1k
D5
LED (Red)
D4
LED (Yellow)
TX
RX
MISO
SCK
RESET
J5
+5
MOSI
GND
MOSI
CON_ISP (Pin Header SMD)
PH01-06DM
< ISP >
Title
Orange Board
Size
A4
Document Number
<Doc>
Rev
V1.1
Date: Tuesday, July 21, 2015
Sheet 1 of 1

부록 3. 오렌지 보드 핀 배치도

ORANGE BOARD

PINOUT DIAGRAM

Arduino UNO Compatible

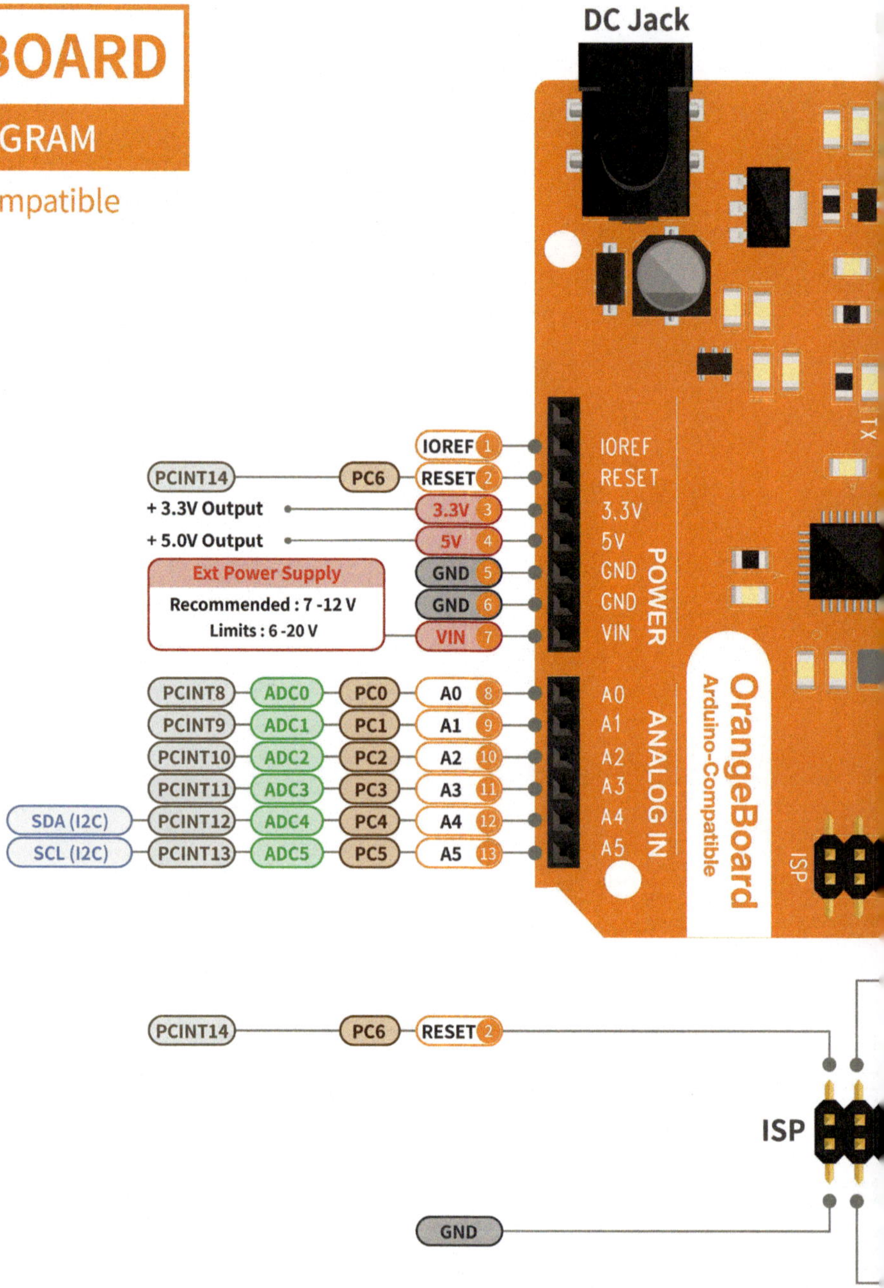

kocoafab
http://kocoafab.cc

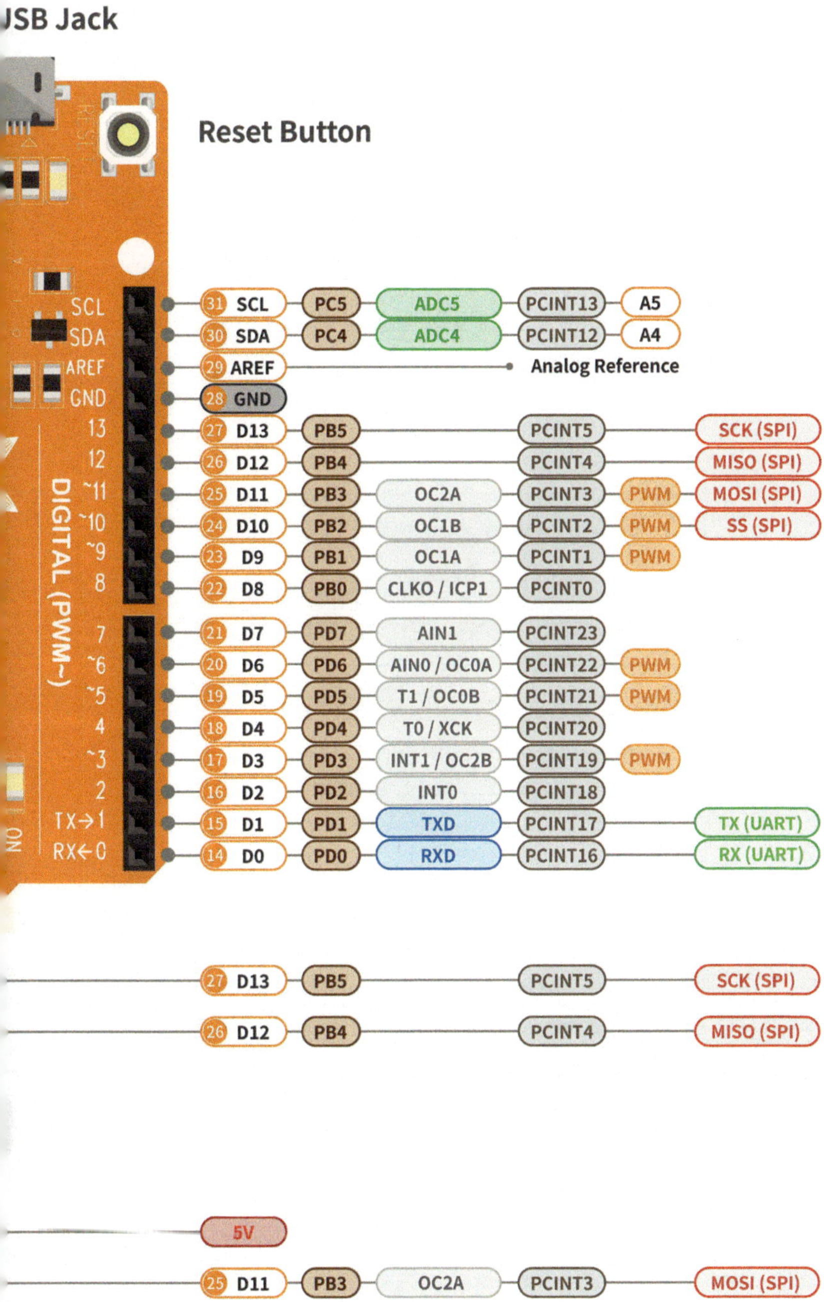

USB Jack
Reset Button
31 SCL PC5 ADC5 PCINT13 A5
30 SDA PC4 ADC4 PCINT12 A4
29 AREF Analog Reference
28 GND
27 D13 PB5 PCINT5 SCK (SPI)
26 D12 PB4 PCINT4 MISO (SPI)
25 D11 PB3 OC2A PCINT3 PWM MOSI (SPI)
24 D10 PB2 OC1B PCINT2 PWM SS (SPI)
23 D9 PB1 OC1A PCINT1 PWM
22 D8 PB0 CLKO / ICP1 PCINT0
21 D7 PD7 AIN1 PCINT23
20 D6 PD6 AIN0 / OC0A PCINT22 PWM
19 D5 PD5 T1 / OC0B PCINT21 PWM
18 D4 PD4 T0 / XCK PCINT20
17 D3 PD3 INT1 / OC2B PCINT19 PWM
16 D2 PD2 INT0 PCINT18
15 D1 PD1 TXD PCINT17 TX (UART)
14 D0 PD0 RXD PCINT16 RX (UART)
DIGITAL (PWM~)
27 D13 PB5 PCINT5 SCK (SPI)
26 D12 PB4 PCINT4 MISO (SPI)
5V
25 D11 PB3 OC2A PCINT3 MOSI (SPI)

부록 4. HSG & JK Electronics 실습 보드

1. 제품명

HSG & JK Electronics Rev2.0

2. 제품 소개

ATmega128A-AU CPU를 테스트 해볼 수 있는 테스트 보드로 1602 Char LCD를 포함하고 있고 조도 센서, 온도 센서 등의 센서와 8개의 LED, DOT Matirx, 7-Segment의 표시장치, 8개의 버튼 입력 장치 등을 테스트 할 수 있습니다. 또한 특이 사항으로 Arduino UNO R3 호환 보드를 같이 포함하고 있어서 ATmega128 마이크로컨트롤러와 아두이노를 동시에 학습할 수 있습니다.

3. 제품 사양

Hardware Feature	
Serial Port	1 x DB9 포트(UART1)
전원 공급	1 x 5 V DC 어댑터, 1 x USB 전원, 전원 입력은 5 V이고 CPU 동작 전원도 5 V
Buzzer	1 x Buzzer
EEPROM	1 x AT24C02 EEPROM
온도 센서	1 x DS1B820 온도 센서
7-Segment	1 x 7-Segment
Char-LCD	1 x 1602 Char-LCD Interface
LEDs	1 x power LED, 8 x user LED
DOT Matrix	1 x DOT Matrix(8행, 8열 붉은색)
Buttons	8 x User Buttons
JTAG/ISP 포트	1 x 6핀, 1 x 10핀 표준 ISP 포트, 1 x 10핀 JTAG 포트
DIP Switch	1 x 4 DIP Switch
Arduino(아두이노)	1 x Arduino UNO R3 호환 포함
사이즈(W * H)	150 mm * 130 mm

4. 제품 구매

* HS글로벌 : 031-5183-5222 / www.hsgbiz.com
* JK전자 : 070-7510-4840 / www.jkelec.co.kr

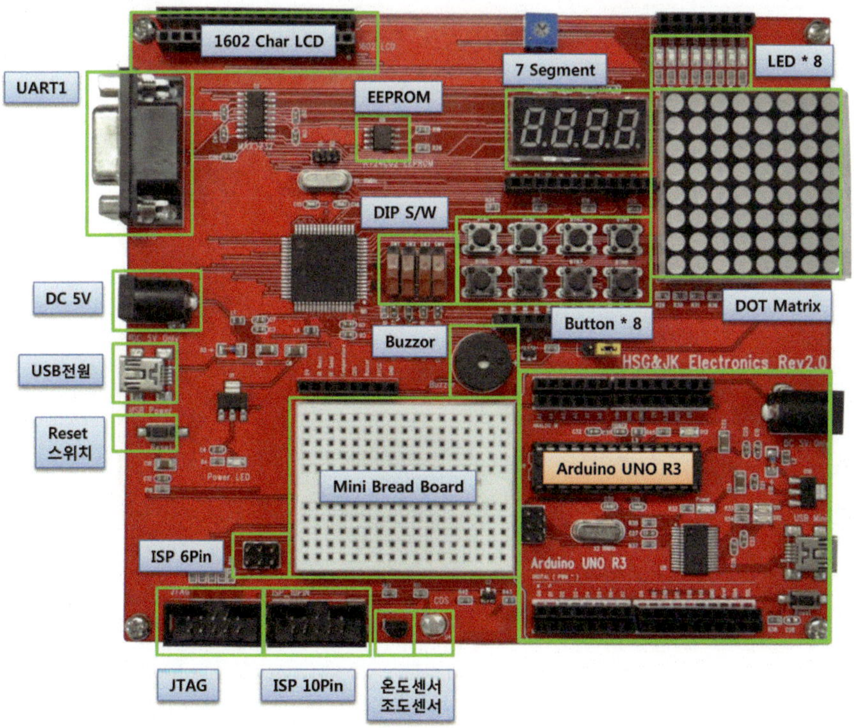
1602 Char LCD
UART1
7 Segment
LED * 8
EEPROM
DIP S/W
DC 5V
Button * 8
DOT Matrix
Buzzor
USB전원
Reset
스위치
Arduino UNO R3
Mini Bread Board
ISP 6Pin
JTAG
ISP 10Pin
온도센서
조도센서

찾아보기

한글

가속도 센서(Accelerometer) 133
가청 주파수(audio frequency) 124
각속도(angular velocity) 134
감속비 155
검사 합(Check sum) 115
고정 IP 주소 314
고정자 151
공통 애노드 형 160, 161
공통 캐소드 형 160
교류(alternating current) 140
국제전기전자기술자협회(IEEE) 312
근거리 무선 개인 통신망(Wireless Personal Area Network) 202
근거리 무선 데이터 통신 202
근거리 통신망(LAN) 310
기울기 센서 129
깃허브 240
끓는점 112
난수 생성기 359
내부 인터럽트 283
널(NULL) 369
논리연산 81
다비드 쿠아르티에예스(David Cuartielles) 16
단말 장치(E) 203
달링턴(darlington) 152
도메인 주소(domain address) 314, 320
동작 모드(running mode) 238
듀티비(Duty Ratio) 44, 45
드론(drone) 134
디바운싱(Debouncing) 76
디지털 신호 43
라우터(R) 203
라즈베리파이(Raspberry Pi) 333
래치 클록(Latch Clock) 50
래칭(latching) 63
레귤레이터(regulator) 238
레벨 시프터(level shifter) 237
리셋(Reset) 50
리튬 이온 폴리머 배터리 352
릴레이 63
마시모 밴지(Massimo Banzi) 16
마이크로 5핀 20
마이크로컨트롤러(MCU) 114
마크 와이저(Mark Weiser) 310
매크로 함수 94
멀티마스터 271
메시(mesh) 네트워킹 표준 204
무접점 릴레이(SSR. Solid State Relay) 63
물체 감지 센서 131

밀리초(milliseconds) 77, 178
바이폴라(bipolar) 151
베이스(Base, B) 141
보 레이트(baud rate) 239
부논리 71
분주기(prescaler) 264, 292
불리언(boolean) 274
브레드보드(Breadboard) 41
블루투스 203
블루투스(Bluetooth) 186
비교기(LM393) 129
비교 연산자 81
비교일치 인터럽트 292
비래칭(non latching) 63
비트 밴딩(bit banding) 237
사물인터넷(Internet of Things) 186, 310
사물지능통신(Machine to Machine) 310
사이즈모 시스템(scismic system) 133
상 151
상대 습도(relative humidity) 113
상승 에지(rising edge) 265
샤프트 151
서보 모터(servo motor) 146
섭씨(Celsius) 111
소프트웨어 시리얼(software serial) 236
소프트웨어 인터럽트 283
솔라 트래커(solar tracker) 156
슈미트트리거(Schmitt-trigger) 76
스마트(Bluetooth Smart) 186
스위칭 소자 143
스테핑 모터 151
스텝 모터 151
스텝퍼 모터 151
시리얼 통신 86
시리얼 포트 32
시프트레지스터 47, 49, 90
시프트 클록(Shift Clock) 49
실드(Shield) 204
아날로그 신호 43
아두이노(Arduino) 16
아두이노 UNO 보드 주요 부분 19
아두이노 우노(UNO. ATmega328) 17
아두이노 이더넷 실드 315
압전 효과 100
애드혹 모드(Ad-hoc Mode) 233
앱 인벤터(App Inventor) 193
어는점 112
역기전력 65
오렌지 보드(Orange Board) 20
오버플로 인터럽트 292
오픈 드레인(open drain) 271
오픈소스 피지컬 컴퓨팅 플랫폼 16
오픈 콜렉터(open collector) 271
옥텟 318
온도 센서 109
온・습도 센서 113
옴(ohm, Ω) 39
옵셋(offset) 112
와이파이 다이렉트(Wi-Fi Direct) 233
외부 인터럽트 283
요청(request) 314
유니폴라(unipolar) 151
유도 모터 151
유동 IP 주소 314
유비쿼터스 컴퓨팅(Ubiquitous Computing) 310

음계 주파수 103
음파의 속도 125
응답(response) 314
이미터(Emitter, E) 141
인터럽트(Interrupt) 282
인터럽트 벡터 테이블 282
인터럽트 서비스 루틴(Interrupt Service Routine) 282
인프라스트럭처 모드(Infrastructure Mode) 233
일대다 통신(point to multipoint) 202
일대일 통신(point to point) 202
잔상 44
저전력 블루투스(BLE) 186
저항(Resistor) 38, 39
적외선 근접 센서 131
전압(V) 39
전압 분배 법칙 108
전압 스파크(spark) 142
절친한 친구 16
정논리 71
주기(sec) 103
주파수(Hz) 103
주파수 호핑(Frequency Hopping) 187
지그비(Zigbee) 202, 203
지그비 단말 장치(ZigBee End Device) 202
지그비 라우터(ZigBee Router) 202
지그비 코디네이터(ZigBee Coordinator) 202
직류(direct current) 140
진동 감지 센서 131
채터링(Chattering) 76
초음파(ultrasonic wave) 124
초음파 센서 124
최상위 비트(MSB. Most Significant Bit) 52
최하위 비트(LSB. Least Significant Bit) 52
칼만필터(Kalman filter) 134
캐터필러(caterpillar) 339
컴파일 32
케빈 애쉬턴(Kevin Ashton) 310
코디네이터(C) 203
코코아팹(kocoafab) 20
콘덴서(capacitor) 76
콜렉터(Collector, C) 141
큐(queue) 274
크로초(ms) 129
클록 극성(Clock Polarity) 265
클록 속도(Clock Speed) 19
클록 위상(Clock Phase) 265
타이머/카운터 291
테크놀로지(Technology) 17
토양 수분 센서 120
토크(torque) 341
통합 개발 환경(IDE, Integrated Development Environment) 16
트리거 신호 124
펄스 모터 151
페어링(pairing) 191
포텐셔미터(potentiometer) 149
폴링(polling) 282
풀다운(Pull-down) 71
풀업(Pull-up) 71
프로파일(Profile) 187
플래쉬 메모리(Flash Memory) 19
플래싱 모드(flashing mode) 238
피에조 부저(piezo buzzer) 100
피에조 효과(Piezoelectric effect) 100

핀 변화 인터럽트(pin change interrupt) 286
핀 코드 191
하강 에지(falling edge) 265
하드웨어 시리얼(hardware serial) 236
하드웨어 인터럽트 283
하이임피던스(Hi-Z) 261
하이퍼텍스트(hypertext) 314
함수의 원형 94
헤럴드 블루투스 곰슨 186
화씨(Fahrenheit) 111
화염 감지 센서 131
회전자 151

영문

ADC 109
ADXL335 3축 가속도 센서 134
analogRead() 107
analogWrite 107
analogWrite() 42, 44
AND(&) 연산 57
AP(Access Point) 232
API(Application Programming Interface) 322
arduino.h 94
Arduino srl 24
ASCII Table 92
ASCII 코드 92
AT+GMR 244
atoi() 370
attachInterrupt 287, 301
AT 명령 243
autoscroll() 177
available() 190, 276
AVR 마이크로컨트롤러 16
begin() 173, 263, 273
beginTransmission() 274
bitRead() 94
bitSet() 94
bitToSet 92
bitWrite() 94
BJT(Bipolar Junction Transistor) 140
BJT 트랜지스터 141
blink() 176
Blink 28
BlueStick control 347
Bluetooth Low Energy) 186
BT Chat 191
Calibration 107
CdS 광전도 셀 105
CdS 광전도 셀(CdS photoconductive cells) 104
CHANGE 288
clear() 173
cli() 289
Common Anode 160
Common Cathode 형 160
concat() 369
createChar 179
CSMA/CD(Carrier Sense Multiple Access with Collision Detection) 310
Daisy-Chain 방식 262
DC 모터 140
Debounce 74
delay 30
delayMicroseconds 287
detachInterrupt 302
detachInterrupt() 288

DHCP 314
DHCP 서버 321
DHT11 센서 113
digitalWrite 30
DIP(Dual In-line Package) 20
disablePwm 301
display() 176
DPDT(Double Pole Double Throw) 63
DPST(Double Pole Single Throw) 63
dtostrf() 370
EEPROM 19
end() 263
endTransmission() 275
ESP8266 234
ESP8266EX 235
Fading 42, 44, 61
FALLING 288
FET(Field Effect Transistor) 140
FND(Flexible Numerical Display) 160
FTDI USB to Serial 모듈 237
FTDI USB 직렬 드라이버 칩 18
FTDI 드라이버 207
full step 154
GND(Ground) 38
half step 154
H-Bridge 회로 143
HC-06 블루투스 모듈 188
HC-SR04 124
HC-SR04 초음파 센서 126
HD44780 168
HelloWorld 178
highByte() 94
home() 174
HTML5 315
HTML(Hypertext Markup Language) 315
HTTP(Hyper Text Transfer Protocol) 314
II^2C(Inter-Integrated Circuit) 260
I^2C 통신 271
ICSP 핀 267
ICSP 헤더 18
IEEE 802.11 232
IEEE 802.15.4 202
IN74HC595AN IC 48
initialize 299
INPUT_PULLUP 72
interrupts() 289
ipconfig 입력 317
IP 주소 311
ISM(Industrial Scientific and Medical) 186
isnan() 370
ISO(International Standard Organization) 313
jQuery 252
Knob 149
L293D 143
L293 모터 쉴드 보드 339
L298N 143, 343
L9110H 143
L9110S 343
LCD(Liquid Crystal Display) 168
LED_BUILTIN 304
leftToRight() 177
LiquidCrystal 라이브러리 173
LOW 288
lowByte() 94
LSBFIRST 52

MAC 주소 312
map() 107, 151
map() 함수 108
MISO 260, 261, 267
MOSI 260, 261, 267
MSBFIRST 52
MsTimer2 292
MSTR 266
NACK 272
NAT 312
NC : Nomal Close 64
noInterrupts() 289
NO : Nomal Open 64
noTone() 102
onReceive(handler) 276
onRequest(handler) 277
OSI 7계층 네트 313
P2P(peer to peer) 233
PinChangeInt 287
pinMode 30
POSIX 시간 368
print() 175
pulseIn() 128
pwm 301
PWM(Pulse Width Modulation) 42, 44
random() 359, 360
randomSeed() 359
read() 273, 276
receive() 함수 273
requestFrom() 274
restart() 300
resume() 300
RFID 187
RGB LED 59
RGB 색상표 62
RISING 288
RJ-45 318
RJ-45 커넥터 316
RS232C 97
RS422 97
RS485 97
RTC(Real Time Clock) 371
SCK 260
SCL(Serial Clock) 271
scrollDisplayLeft() 176, 179
SDA(Serial Data) 271
sei() 289
SEN0019 적외선 근접 센서 131
send() 273
Serial.available 89
Serial.print 89
Serial.println 89
Serial.read 89
setBitOrder() 263
setClockDivider() 264
setCursor() 174
setDataMode() 265
setPeriod 299
setPwmDuty 300
setSpeed 155
shiftOut() 52
SIG(Special Interest Group) 186
SMD(Surface Mount Device) 20
SoftwareSerialExample 188, 198
Sonic Burst 125
SPCR(SPI Control Register) 레지스터 266

SPDT(Single Pole Double Throw) 63
SPE 266
SPI(Serial Peripheral Interface) 260, 316
SPST(Single Pole Single Throw) 63
SRAM 19
start() 300
step 155
Stepper 155
stop() 300
strcmp 231
Stream 클래스 276
stricmp 231
String 클래스 368
strncmp 231
substring() 369
SW-520D 기울기 센서 130
Sweep 148
TA8050P 143
TB6612FNG 343
TCP 313
TimerOne 292, 298
Time 라이브러리 362
toCharArray() 369
tone() 102
toneKeyboard 101
toneMelody 101
toneMultiple 101
tonePitchFollower 101
transfer() 266
TWI(Two-Wire Interface) 271
UART 97
UART/DLIN 221
UDP 313
ULN2003 152
Unix 시간 368
USART 97
USB 직렬 변환(USB-to-serial converter) 18
void loop 29
void setup 29
volatile 287
WebClient 317, 318, 320
Wi-Fi 203
Wireless Fidelity 232
Wire 라이브러리 273
Wiznet W5100 ethernet IC 316
write() 175, 273, 275
XBEE/USB 221
XBee USB 어댑터 206
XCTU 208
YL-69 센서 120
_BV(bit) 270
/SS 260
7-세그먼트(Seven-Segment) 160
28BYJ-48 152

저자 약력

- 에이치에스글로벌㈜ 대표이사 • 공학박사

[주요 교육 경력]

- 삼성전자 System Board Design
  HW/SW Co-Design 입문
  C/C++ Programming 기본 · 활용
  C 활용 H/W 제어 기본
  HW 개발자를 위한 SW의 이해
  오픈 플랫폼을 활용한 프로토타이핑
- 엘지전자 C 언어를 이용한 MCU 제어 기본
  엔지니어를 위한 Arduino Prototyping Design
- 한국전자통신연구원 오픈 소스를 활용한 HW 제어
  (라즈베리파이/아두이노)

[저서]

- 마이크로컨트롤러 ATmega128 – 시뮬레이터로 쉽게 배우고 아두이노로 정리하기 – 홍릉과학출판사(2014. 04)
- 새로운 세대를 위한 코딩 엔트리와 아두이노 – 홍릉과학출판사(2018. 05)

부담없이 쉽게 정복하는 사물인터넷(IoT)을 위한
아두이노 프로그래밍

2016년 10월 19일 초판 인쇄
2018년 12월 10일 수정판 발행

저 자 | 정보권
발행자 | 우명찬, 송 준
발행처 | 홍릉과학출판사
주 소 | 01093 서울시 강북구 인수봉로 50길 10
전 화 | (02) 999-2274~5, 996-8341, 903-7037
팩 스 | (02) 905-6729
이메일 | hongpub@hongpub.co.kr
등록일 | 1976년 10월 21일 제5-66호
ISBN | 979-11-5600-469-1
http://www.hongpub.co.kr

값 27,000원